主编 刘士林 洛秦

人文江南关键词

刘士林 编著

上海音乐学院出版社

主编人语

西洲在何处,两桨桥头渡。

想好好地做一点江南的书,这个愿望实在是不算短了。

每登清凉山,临紫霞湖,看梅花山的灿烂云锦,听秦淮河的市井喧阗,这种想法就会更加难以抑制……更不要说在扬州瘦西湖看船娘腰肢轻摇起满湖涟漪、在苏州的网师园听艺人朱唇轻吐"月落乌啼霜满天",以及在杭州的断桥边遥想许多已风流云散的"三生石上旧精魂"了。这是一片特别容易招惹起闲情、逸致甚至是几分荒凉心的土地,随便一处破败不堪的庭院,也许就是旧时钟鸣鼎食的王谢之家,而山头上一座很不起眼的小小坟茔,也许深埋的就是曾惊天动地的一泓碧血……而在江南生活的所有诗性细节之中,最令人消受不起的当然要算是还乡感了。特别是在明月之夜、风雨之夕的时候,偶尔走进一个陌生的水乡小镇,它一定会勾起那种"少小离家老大回"的人生沧桑。在这种心情和景物的诱惑下,一个旅人会很容易陷入到一种美丽的幻觉中,搞不清楚此时此刻的他和刚才还在红尘中劳心苦形的那个自我,谁的存在更真实一些,谁的音容笑貌更亲切温柔一些……

然而,毕竟是青山遮不住逝水,一如江南佳丽总是难免于"一朝春残红颜老"的命运,像这样的一种诗性江南在滚滚红尘中的花果飘零,也仿佛是在前生就已签下的悲哀契约。而对于那些生逢其时的匆匆过客们,那交集的百感也不是诗人一句"欲说还休"就可以了断的。一方面是"夜深还过女墙来"的旧时明月,另一方面却是"重过阊门万事非"的江边看月之人;一方面是街头桂花的叫卖声、桂花酒酿的梆子声声声依旧,另一方面却是少年时代的长干、横塘和南浦却早已不可复闻;一方面是黄梅时节的细雨、青草池塘的蛙鼓依然如约而来,另一方面却是采莲、浣纱和晴耕雨读的人们早已"不知何处去";一方面是在春秋时序中的莼菜、鲈鱼、荸荠和茨菰仍会历历在目,另一方面在夕阳之后却再也没有了夜唱蔡中郎的嗓音嘶哑的说书艺人,还有那良辰美景中的旧时院落,风雨黄昏中的客舟孤侣,浅斟低唱的小红与萧娘,春天郊原上的颜色与深秋庭院中的画烛,以及在江南大地上所有曾鲜活过的一切有声、有形、有色、有味的事物。如果它们的存在不能上升到永恒,那么还有什么东西更值得世人保存呢? 对于这个世界上存在的万物来说,还是苏东坡的《前赤壁赋》说得好:"盖将自其变者而观之,则天地曾不能以一瞬;自其不变者而观之,则物与我皆无尽也。"而对于一切已经丧失物质躯壳的往昔事物,它们的存在和澄明当然只能依靠语言和声音来维系。用一种现代性的中国话语去建构一个有生命的古典人文江南,就是勉励我们策划"江南话语"并将之付诸实践的最高理念和实践力量。就像东山魁夷在大自然中写生时的情况一样,漫步在美丽的江南大地上,我们也总是会听到一种"快把我表现出来"的悲哀请求。而有时这种柔弱的请求会严厉得如同一道至高无上的命令,这正是我们必须放弃许多其他事务而首先做这样一件事情的根源。

记得黑格尔曾说古希腊是"整个欧洲人的精神家园",而美丽的江南无疑可以看作中华民族灵魂的乡关。尽管正在人们注目中的这个湿润世界,已经更多地被归入历史的和怀旧的对象,但由于说话人本身是活的、正在呼吸着的生命,因而在他们的叙事中也会有一种在其他话语空间中不易见到的现代人文意义。让江南永远是她自身,让江南在话语之中穿越时光和空间,成为中华民族生活中一个永恒的精神家园,这就是《江南话语》希望达到的目标和坚持不懈的人文理想。

2003 年 7 月 7 日于南京白云园

目 录

前记：此情无计可消除

■ 刘士林

壹

有一个声音，一旦进入心间就不会消逝。

有一种情感，一旦有了就很难再一如继往地过粗鄙的日子。

她就是在吴侬软语中柔肠百转的江南。

如果像这样的开场白仍嫌笼统，那么还可把它讲得更细致一些。这个江南不是政治、经济、地理上的长江三角洲，而是一种在中国文化地图上的一片永恒的青山绿水；她不是现实世界中那片富足的养活了无数南国儿女的鱼米之乡，从唐诗宋词乃至更早的南朝开始就已然是一个只有诗性心灵才能忆起的美丽梦境。而这个非心非物同时又亦心亦物的"声音"，这个脱有形似、握手已违的"情感"，就是我

们所要讲述的人文江南的故事梗概。在此我觉得特别需要指出的是，人文江南不是随便什么人在自然地理上简单地附加上人类活动的痕迹；她更是江南民族那种特有的诗性主体在这片中国最美丽的水土上生活与创造的结果。仅仅说"多亏了劳动人民一双手，绘出了锦绣江南鱼米乡"是不合适的，因为她同时还包含着劳动人民以及脑力劳动者的想象力与艺术生产的成果。也正是因为这个道理，她的美才特别地不一样。

按照一般的道理，是不应该有人怀疑人文江南存在的，除非那些已完全丧失了审美需要、或者说他的心灵中只剩下一种只能与饥饿本能、物质刺激发生关联的感觉机能。从这里出发，当然也就更不能怀疑人文江南最根本的特征在于她特有的审美内涵。中国文化

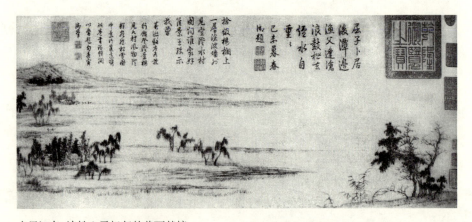

水墨江南，诗性心灵忆起的美丽梦境

向有南北之分，即北方是实用的、政治的、道德的，而南方则是飘逸的、艺术的、审美的。尽管这个二分法在叙事上稍嫌宏大，不见得可以用来解释每一个中国的事物，但在大体上则可以说是"八九不离十"的。而在这种以"美不美"为分类原则的背后，实际上也恰好把人文江南的审美本体论内涵澄明了出来。也就是说，尽管人文江南本身在内涵上也是一个无所不包的"小世界"，但它最本质的特征与最扎眼的部分无疑就在此。江南的美，除了青山绿水中的诗情画意，除了眼是横波、眉如翠黛的姣好面容，更重要的则是"为此江南文化所化之人"以及他们在江南文化背景中获得充分发展的、主要用来从事超越现实利害、作为自由生命之象征的情感机能。

　　古代诗人说："此情无计可消除。"这话当然正确，但却不够全面。而在今天需要补充的则是，这种无可消除的"此情"本身，不仅只有在由情感机能获得充分发展的诗性主体中生产出来，而且也只有一种诗性文化的生态环境里才能存在下去。这样说当然包含着对现代文明——这个自从来到世间，每一个毛孔都散发着功利性与欲望气息的利维坦——的批评与抗议。"玉户帘中卷不去，捣衣砧上拂还来。"而如果想到在古典中国诗性文化中曾

"画楼音信断，芳草江南岸"，此情意难平

鸢飞鱼跃的一切，一种"到底意难平"的悲凉与无奈也就不可释然，特别是在古人所说的"明月之夜"与"风雨之夕"。"埋玉树于土中，使人情何能已矣！"如果能像作一幅古代的工笔画，把正在彻底消失的东西尽可能地完整地描摹下来，那该是一件多么有意味的事情呀！但是在当代条件下做这样一件事情，都免不了遇到像泰戈尔诗中所说的那种情况：我们的运气很坏，而时间是短促的。所以，尽管"关键词"已经是一个在市场上做俗了的题目，我们还是做了这件"做了总比不做好"的事情。至于是聊以自慰或是应付一个当代人文知识分子的"差事"，也就都不去管它了。

贰

　　在最初准备做这样一本书时，我

"小桥流水人家"的诗意生存空间在江南比比皆是

曾设计了一个关键词的条目与写作方式。前者是想尽可能地捕捉住人文江南飘飘然的精灵，后者则希望在古典江南与现代阅读之间努力建立起一种桥梁。由于得到许多朋友的支持与援手，它完成的可以说比我计划得要好。但出于这样两个原因：一是像这样一个粗线条的叙事能否代表人文江南，它的主要责任当然在于图纸的设计者；二是在设计图纸与实际文本之间，实际上也必然要产生或多或少的疏离。此虽属正常，但由于陈寅恪先生所说的"其中复有可惜者存焉"，所以在这里顺便把最初的设计附上。而这也是我自己的一个习惯，总是希望把一个事物最初的风貌保存下来，至于它到底有没有意义或者能够说明什么，这是连自己都不能弄明白的。反

正它总可看作是我们这次江南精神漫游的一个纪念吧。

原文如下：

人文江南与地理区划不完全一致，以南京、扬州、苏州为中心，向南辐射到杭州一带。

设计：以最能代表江南人文的文化符号的解读与阐释为对象，以一种最简捷的方式来表现江南人文的整体风貌和深层内涵。三个原则：一是不能缺少；二是耳熟能详；三是以内容厚实取胜。

拟选定的关键词主要有：

金陵王气（地缘政治，古迹中的颓唐气）

苏州园林（园林的缘起，园林的代表以及园林理论，诗意栖居）

西湖（上有天堂，下有苏杭，杭州主要是有一个西湖，一半勾留是此湖，白蛇传）

二十四桥明月夜（扬州的明月，桥文化）

周庄（地理沿革，水乡意境是如何生成的）

寒山寺（江南的寺庙及其文化，禅智山光好墓田，禅宗的情怀人生归宿与意义的探询）

西塞山前白鹭飞（不同于北方的旱作文化；欸乃一声山水绿：船文化；画船、乌篷船、渔船）

莼菜与鲈鱼（文人的还乡）

东林书院（诗文与政治社团，江南人的柔中有刚）

名门望族（江南的旧日世家及其著名子弟，人才培养模式的现代意义等）

吴侬软语（吴方言的审美意味，吴方言的源流，以及在文学艺术中的表现）

南朝民歌（民间文化）

昆曲（文人戏，包括越剧、评弹，以《西厢记》为最高代表）

扬州八怪（文人画与江南文人的文化性格）

秦淮河（六朝脂粉气，歌伎文化）

唐伯虎（风流才子）

梁祝（江南的爱情，包括《牡丹亭》的故事）

有丝竹之悦耳（江南音乐，古琴与洞箫）

藏书楼（有些建筑是专门给书居住的）

风流儒雅亦吾师（江南的商贾文化：经商、商人妇，江南商贾痛苦的文化追求）

鱼米之乡（苏杭熟，天下足，农业社会的日常生活）

杭州丝绸（特别是一个成熟的女人，如果没有几件丝绸衣服，那真是一种悲哀）

咸亨酒家（绍兴的黄酒与茴香豆）

五亭包子（以及扬州的腌制酱菜）

采莲与浣纱（古代普通妇女的两个诗意细节）

读书与学术（读书是普遍的：带经锄于野，学术特别是文字训诂方面的人文内涵）

茶楼与酒肆（日常生活的诗意）

二泉映月（江南的民间艺人）

春花秋月何时了（春社与中秋及江南的民间风俗）

写作方式：一般包括（1）关键词的出处或源流；（2）相关的历史文化社会事件；（3）关键词的特色分析；（4）人文内涵的解读与阐释等几个方面。

现在看来，这其中有些想法得到实现，甚至是超额完成了，比如后来又补入的"太湖"、"富春江"、"梅雨"等，但也有一些遗憾与不足于其中矣。当然，这些都是难免的，在此仍要对各位朋友的支持予以真诚的感谢。

叁

工作着是快乐的。

记得这好像是大学时代读过的一部苏联小说的名字。而今思来，却可以说工作着不见得是快乐的，因为问题的关键在于：你干的是什么工作？你干这个工作是否源自实现生命本质力量的内在需要，或者说劳动者本人对他的工作是否有审美态度……这些问题说来话长，对于许多人来说甚至连想都不曾想过，有一碗饭吃就不错了，哪里还管得了许多。但有一点可以肯定，随着在消费时代中人的欲望越来越膨胀，随着各种现代性体制的压抑与异化的增长，工作是不快乐的，也就成为当代人一个最基本的生命感觉。而在这样一个焦虑不安的时代氛围中，我们在这一段时间内却找到一个相当快乐的工作，中国古人讲得"少小离家老大回"，西方哲人讲的"人诗意地栖居在大地上"，也无非都是指这样一种生命体验吧。

这是一次美学的散步，还有一些细节值得叙述。

例如有一个是关于杭州丝绸的。并且在最初设定这个词条时，随手就在键盘下敲出"特别是一个成熟的女人，如果没有几件丝绸衣服，那真是一种悲哀"。谁知刚过几天，就在书店里看到友人的一段文字：

我从廿岁至今大概有过四五件旗袍，最爱的是一款上下相分的少女旗袍，白色的真丝绸，细细地滚着紫色边。穿到后来都有了一种旗袍情结——1995年春我感觉到自己的前生，就是一个这样装束的17岁夭折的

有琅琅溪堂读书声，才会有江南千山千水千才子

苏州女孩，以至于后来我读一本《江南老房子》的书，里面的几座有着青苔的石阶的旧房子，总是会令我泫然而泪。……

一个女人的一生如果必须拥有几件东西——一件做工精良的旗袍，大概是不可少的吧？（刘桂苓《布衣暖暖》）

所谓有偶然才有惊人的美丽诗意。于是总是希望朋友送书的我，当即购下，好像生怕来回索要的时间过长而影响了阅读。后来我曾把这个细节告诉了词条作者，但他终于没有把这个意思写进去，所以只能把它补在这里聊以纪念那种已经飘逝的心情了。

还有一个是关于江南学术的。在确定了这个词条之后，我曾写下这样一段话："在那散落在江南大地的蚌壳一样的深宅大院中，那朝暮不绝的读书声，正在痛苦地孕育的是一颗颗文化的明珠，这些读书的种子，他们日后总是像珍珠一般点缀中国历史的长夜，使黑暗中的大地不至于过于寂寞。"我原本希望作者可以在读书、治学与一个民族的文化传承之间找到一些重要的关联，但是这个愿望也最终没有实现。

当然，遗憾的事情还有一些，一是一些后来想增补的条目最终没有落实，如山阴道上、沈园、横塘、"梅花三弄"（赏梅）、"暮鸦与蛙鼓"等。而最痛苦的则无过于一些最重要的江南感受，很可能没有被我和朋友们在文本中叙述出来。比如像蒋捷在《虞美人》中客舟听雨的感觉，就是许多遗憾中最遗憾的之一。由此可知，对江南的叙述本身也是一种破坏，在打捞出来的过程中，是否也会把一泓清水般的

江南搅扰得心神不安呢？只是我们希望不要把她搅得过浑而已。

在人文江南中漫步，各种美感可谓令人眼花缭乱。它直接带来的一个困惑是我们不知道该如何给这些难分前后伯仲的关键词排座次，最后只能选择一种最机械的国际惯例，按照音序轮到谁是谁。在此，我一方面衷心地希望被列入的诸位不要因座次闹情绪，另一方面又想对那些由于工作疏忽而没有被再现好以及被遗漏的"关键词"表示深深的歉意。

古典江南如同一个故居，已经永远失去了。而这当然涉及做这样一件事情的意义。对此我总是会想到曾在西湖边上隐居的马一浮先生，他有一个时期就是把全部精力物力投入到中国典籍的刻印之中。他的想法是为以后的读书种子保留些食粮。而我们在这里所做的人文江南重建工作，则是要为在当代世界中日益干瘪的民族心灵，努力提供一点来自古典时代的阳光、地气与雨水。对一个民族的生存来说，培养智性的读书种子当然是重要的，但在另一方面，如何捍卫这个民族的诗性智慧与心理情感，也同样不是无足轻重的。如果说，中华民族的心灵情感是一种与西方人讲的"情商"很不相同的东西，那么它的根源、它们复活的契机可以说都深埋在江南大地

的深层结构之中。

最后想到元人耶律楚材的一首词：

花界倾颓事已迁，浩歌遥望意茫然。江山王气空千劫，桃李春风又一年。

横翠嶂，架寒烟。野花平碧怨啼鹃。不知何限人间梦，并触沉思到酒边。（《鹧鸪天·题七真洞》）

希望我们这次在江南的跋涉与探索，会对这些尽管很迷人的古典事物能有所超越，阿门！

碧螺春

■ 刘士林

在跟友人吃饭聊天时，偶尔会讲自己青年时代的两大遗憾之一，就是在最能喝酒的时候，只能喝那种一块钱多一点的伏牛白。后来尽管有好酒，但自己却已无福消受了。这时便会以一个当代笑话自我解嘲，就是"贼心贼胆贼机会都有了——贼没有了"。不能大碗喝酒以后，人生的乐趣当然丢掉许多，但好在天生万物中有意思的东西极多，我很快就喜欢上了饮茶。差可慰藉的是，在经历了许多风雨的中年以后，终于可以有一杯碧螺春和自己相濡以沫了。

江南的名茶很多，为什么偏偏喜欢碧螺春呢？这当然是要有足够的理由的。

首先是它的名字，比起铁观音、龙井、乌龙茶、雨前、毛尖等，碧螺春一名简直是悦耳极了。一个美丽的东西应该有一个充满诗意的名字，才能做到形式与内容的完美结合。在日常生活中经常可以碰到，一个天生丽质的女孩子，她们的名字往往冠以金、银、梅、凤之类，就难免美中不足甚至深感遗憾了，因为一看到类似这样的名字，不用问就可知她的出身和渊源。在古代文人笔记中，常有士大夫为贫寒子女易名的记载，大约也是因为古人希望名实能更相宜一些吧。记忆中就有一个女子被主人改作"小茶"，但至于其中更详细的细节，比如与主人的喜爱茶是否有关或者有什么关系，就搞不清楚了。但在今天推测起来，那个本来很土气的女子，在有了这样一个雅号以后，在精神气质上一定应该有不小的变化吧。想到这个细节的原因，实因为碧螺春的得名，也有一个相类似的"先质而后文"的故事。清人在一则笔记中对此解说甚详：

洞庭东山碧螺峰石壁，产野茶数株。每岁土人持竹筐采归，以供日用，历数十年如是。未见其异也。康熙某年，按候以采，而其叶较多，筐不胜贮，因置怀间。茶得热气，异香忽发，采茶者呼"吓杀人香"，"吓杀人"者，吴中方言也，因遂以是名茶云……（王应奎《柳南续笔》"碧螺春条"）

直到康熙三十八年，皇上南游太湖，江苏巡抚宋荦以"吓杀人香"进献。我想文化品位很高的康熙，在当时的感觉一定别扭极了，如此好的东西竟背着如此之恶名，于是他御笔一挥书写下"碧螺春"三字。康熙做这件事情一定是极畅快的，就好像是又平反了一桩大案要案一样。而"天生丽质难自弃"的"吓杀人香"，则像唐代那些骁勇的胡人被赐姓一样，一个新的家族便从此开始在历史中和记忆里蔓延起来。

二是它的产地。如同一个人的出生环境一样，碧螺春从一开始就生活在江南的中心地带。尽管一般的说法长江以南都叫江南，但实际上很多地方难免有"高攀"的嫌疑。在我的知识考古中，江南是南朝文化的产物，它不仅是在这个时代才进入到政治家们玻璃体异常浑浊的眼球，更重要的还在于，如同西方哲人说人类文明产生于轴心时代（公元前8世纪~公元前2世纪）的精神觉醒一样，也正是在充满血腥和灾难的六朝时期前后，那种具有诗意栖居和人文内涵的江南意象才真正地成为一个务实民族倾心向往的对象。这就正如宗白华评价魏晋六朝时所指出的：一方面它是"中国政治上最混乱、社会上最苦痛的时代"，另一方面却又是"精神史上极自由、极解放，最富于智慧、最浓于热情的一个时代"。因而，在人文阐释学的语境中，江南的中心就特别应该是设定在南京和苏州一带。尽管历史上政治中心与文化中心的变迁不定，使江南概念的内涵总是要受到这样那样的冲击与涂改，但从古代诗人经常吟咏的"江南曲"来看，它无疑就在由扬子江和太湖所环围的那片青山绿水间。如果把依托长江的南京看作是江南的政治中心，那么它的人文中心和生活世界无疑就散落在环太湖沿岸。在太湖的东南是美丽的吴县，在吴县的西南

百个"茶"字依旧道不尽喜茶人对茶的偏爱与品味

中国凤——江南文化系列丛书

刘士林 万宇

就是碧螺春的故乡洞庭山。洞庭山一名包山，又分作东西两山，如果说东山是刚刚泊岸的巨舟，那么西山则如在风浪中行驶的航船。古人笔记中碧螺春的最初产地碧螺峰，就是洞庭东山的第一峰。

在一个网页上对此有这样的描述："两山气候温和，年平均气温15.5℃~16.5℃，年降雨量1 200毫米~1 500毫米，太湖水面，水气升腾，雾气悠悠，空气湿润，土壤呈微酸性或酸性。加之质地疏松，极宜于茶树生长。"（http://www.teanet.cn/bilochun.html）这些科学知识当然不错，但仅仅局限于此则是不足以了解碧螺春的真正魅力的。好像是"南方嘉木"的共同特征，碧螺春很容易使人想到屈原的《橘颂》："后皇嘉树，橘徕服兮，受命不迁，生南国兮。"尽管茶树不像橘树那样"深固难徙"或"过淮为枳"，但在种植时也是需要特殊条件和环境的，一如美丽、干净和高尚的江南，容不得平庸、肮脏和卑俗一样。明人《茶解》说："茶园不宜杂以恶木，惟桂、梅、辛夷、玉兰、玫瑰、苍松、翠竹之类与之间植，亦足以蔽覆霜雪，掩映秋阳。"在这样优越的精神条件和人文环境中，当然可以生长出三闾大夫所期冀的"木兰"和"宿莽"。此外洞庭西山也值得一提，它在很早的时候就以隐士闻名，唐代诗人许浑、李频都曾用诗歌把那些坚定的隐者送归此地。在另一位诗人张松龄的《渔父词》中，有"太湖水，洞庭山，狂风浪起且须还"的句子，这对于每天在政治的血盆大口中谋食的古代士大夫们，它的内涵也不是一般的旁观者所可以咀嚼出来的。在这样一个自然环境和精神氛围都难得一遇的地方，还有什么大自然的生命不能健康、自由自在地成长呢？

三是它的形式与色泽。先说形式。在古人笔记《随见录》中，就有"洞庭山有茶，微似芥而细"的记载，可见它在形制上古来如此。据说，上等的碧螺春只能在春分至谷雨之间采摘，而且一般只摘取刚刚生出的一叶一芽，其中作为极品的"雀舌"在尺寸上更是讲究，它的芽长要在1.6厘米~2厘米之间，它的叶子在形状上也一定要如同雀舌。一般说来，一斤高级碧螺春大约需要采摘7万颗左右的芽

碧螺春

头，在历史上也有一斤碧螺春芽头9万颗的纪录。碧螺春在工艺制作上则更加繁复，一般是早上5点到9点采，9点到下午3点拣剔，下午3点到晚上炒制。如同古人讲的"今日事，今日毕"一样，炒隔夜茶是制茶工艺中的大忌。想一想这些数字化工艺就难免叫人心惊胆战，像这样一种"玄之又玄"的精工制作，大约也只能是以细腻著称的江南文化的特产。

再说它的颜色，碧螺春的颜色好看极了，特别是和花茶一类的相比。碧螺春的颜色是包含在它的名字之中的，"碧"在现代汉语中已经不大用了，但它无论在声音上还是在外观上都是一个最文人化的概念。一种像碧玉一样的叶芽，在清澈的白水中舒展开来，就像一个艺术家在纸上泼出的

刘梦得曾云："何处人间似仙境，春山携妓采茶时"

一幅水墨丹青一样。如果一说到颜色就会想到的是女子，那么碧螺春最容易使人想到小家碧玉的美。它不是金碧辉煌的大家闺秀，但却更加朴素、本色、真实，一切都可以直观到。每天早上冲一杯碧螺春，看着细小的茶芽如同一簇蓬蓬松针，如同一簇簇春天里新生的纤纤细芽，然后再看着它们在白水中慢慢展开它美丽的螺纹，这时我就总是要想到自己的一段童年经验。那时和父母一起居住在豫东的曹辛庄，在车站上有几台方桌和板凳，是一家家境不好的职工家属的卖茶水摊子。在到开封念初中之前那个最后的小学暑假中，我有许多白昼就在那小小茶摊上度过。看茶摊的小姑娘也常招呼我喝水，但那与其说那是什么茶叶，反倒不如说主要是白杨或其他什么树的树叶，而二分钱一大碗的茶水的味道当然就更无法恭维了。尽管如此，我仍然愿意保留这些童年的镜头，在今昔对比之际，才能更加珍视眼前这一杯在手的碧螺春。而如果在记忆与现实之间再多徘徊一阵，则还要勾起我的青春岁月中许多艰辛的奔波和劳累，尽管那么多的美好岁月的意义好像仅仅是换了一杯茶水，但是再转念一想，如果连这样一杯茶水都不能置换到，那么又该怎样面对和评价那些已逝的、流水一般的时光呢？这当

刘士林 万宇　中国风——江南文化系列丛书

然是一种自己不想、也不敢深想的东西，就此打住吧。

碧螺春最好的一点是它的不走味，不知道这能否算我自己喝茶的一点独得之秘。过去在中原时喝得最多的是花茶，有时晚上忘了泼掉剩茶，第二天早上咕咚喝上一大口，一种怪异的味道有时会使人反胃一整天。而碧螺春完全不是这样，即使放了一夜，它第二天只是变淡了一些，而不会有什么质的变异，如同旧女人的一件越洗越白的素花衣服，它总能使人想到曾经简单的生活和简单的心。除了不变味，碧螺春最难得的是它的气息，那是一种说不清、道不明的神秘存在。以前只知道文学史上惯用的"隽永"一词，最初就是唐人用来指称他们以为最佳的第一杯茶的；而碧螺春好像不是这样，据说，它的特色是"头酌色淡、幽香、鲜雅，二酌翠绿、芬芳、味醇，三酌碧清、香郁、回甘"，尽管实际上不可能这样清清楚楚，但碧螺春的确有它不足为外人道也的内涵。关于碧螺春的本质，我能想到的一个形容就是"清而且纯"，无论形式、颜色还是它的内容，都是如此。它常能使人想到唐诗、宋词或昆曲中的十七八江南女子的明眸、皓齿和清音，想到在扬子江和环太湖一带江南山水的清洁和无尘。

"平生于物原无取，消受山中茶一杯。"
正是古人追求的诗意生活方式

在看着那螺纹般的叶片慢慢舒展开来的时候，我总是不由自主地体会到一种幽静而透明的江南气质，一种出水芙蓉般的清丽和纯洁。这时也就深深理解了陆羽的"不羡黄金罍，不羡白玉盏。不羡朝入省，不羡暮入台"，有了一杯清澈碧绿的碧螺春，如同一个贪杯之徒"有酒万事足"一样，他们不会再有更多的欲望和非分的想望了。

古人喝茶的讲究和技术很多，如陆羽所谓的喝茶"九难"与煮茶"三沸"，还有更加复杂的包含着极其深微的中国文化妙理的苏廙"十六汤法"，对于我们这些已经破落不堪的不肖子孙来说，要想像先人那样正襟危坐地摆谱儿，在今天则无异于痴人说梦。时至今日，像水呀、茶叶呀、炭火呀等等，实际上都不能讲究了，而惟一可以满足一下自己的颓愿的，就是用心去挑一种茶具。我常想，对于碧螺春来说，最好的应该是印有蓝色花纹的白细瓷小碗，如果要用有些名贵的青花，那也要以青花疏散者为佳。淡青色的小碗，细细的白瓷，碧绿的茶芽，若有若无的茶气，这就是我现在所能想象的一个最有诗意的江南早晨的美丽光景吧。而这一点在总是繁忙的早晨，当然也多半是想象的。实际上我常常是选一个自己喜欢的小茶馆，比如像南京鼓楼茶艺馆那样的，古香古色，茶客稀疏，旧式的木桌木椅，房间中有些薄阴之感。闲暇中与妻子或两三知己，在一片古香古色的静谧之中坐定，等身着明清服装的侍者问"您喝什么茶"之时，我会用一种异乡人的口音轻轻地说："碧螺春。"每当在茶馆中说出这三个字的时候，出于一种莫名的感伤，以至于我常感到自己的嗓音都在轻轻地发颤……

采莲与浣纱

■ 刘映红

　　在长江及其支流的滋养下，江南的文明离不开"水"的色彩和特点，可以说江南的文明本质上就是水的文明。在江南水乡，在水网纵横、湖汉交错之地，采莲与浣纱自然成为民间重要的生产活动。它们原本是与人们的衣食有关的农事活动，且都是女子的活动，由于长期延续下来，便成了一种风俗活动，成了一种更具有江南色彩和丰富文化内涵的人文活动。

　　采莲最早是一种农事活动，是一种民间生产活动。自古江南吴、楚、越之地，水道纵横，池塘遍布，多植莲藕。夏秋之际，少女多乘小舟出没莲荡中，轻歌互答，采摘莲子。采莲活动最早至少在春秋时代就有，到了汉代，这一农事活动非常普遍。东晋时，采莲活动蔚兴，而到了南朝，则已经风靡于楚、吴两地。梁元帝萧绎的《采莲赋》云："紫茎兮文波，红莲兮芰荷，绿房兮翠盖，素实兮黄螺。于时

"莲"、"连"谐音，这种农事劳动在百姓眼里也是对未来的祝福

妖童媛女，荡舟心许。鹢首徐回，兼传羽杯。棹将移而藻挂，船欲动而萍开。尔其纤腰束素，迁延顾步。夏始春余，叶嫩花初，恐沾裳而浅笑，畏倾船而敛裾。"可见当时植莲之多，采莲之热闹兴盛。自古以来从事采集活动的多为女子，从文中可以看出，去采莲的也多为女子尤其是年轻女子。这一活动本来只是民间女子的普通的日常的生产活动，但随着这一活动的普遍而加入的是更多诗意的、精神的、审美的内容，使这一民间俗事成为了整个江南的盛大的堪称经典的审美事件。其中最重要的内容之一就是历代文人词客们的描画采莲情景的诗、词、赋等抒情作品。我们可以从以下几个方面去看采莲这一活动所具有的诗意内涵。

　　这其中所展现的是具有江南风情的美妙画面。采莲是最美的劳动之一，是劳动与美的完美结合，整个的采莲画面就是一首永远也吟唱不完的唯美的诗歌。在农历六月，江南采莲的六月，到处都流动着一种令人心旌摇荡的美，因为江南的莲塘太多、荷叶太盛、莲花太艳。采莲的日子里，采莲女子荡舟清波上，于是她们那明媚的笑脸、娇娆的容颜，那纤纤的素手、轻柔的罗袖，就随着那一叶叶小小的莲舟穿行在荷塘中，她们的小船划到哪儿，

荡舟采莲自古与女子密不可分，从而被赋予了一种诗意

哪儿就有挡不住的诱惑与风流。再加上满池弥漫着田田的叶子，虽是星星点点但却夺人眼目的莲花，这是一幅多么纯洁又多么明艳的采莲风情画！在这幅图画里，荷花美人更美，荷花娇艳人更柔媚，人与荷花形成了一种互相映衬的效果，女子的笑脸与荷花、玉腕与茎梗、衣饰与翠叶相互比照，于是整幅画面就更加如诗如画，更加富有生活情趣，也更加耐人寻味。"紫茎翠盖，素实红妆"，"接天莲叶无穷碧，映日荷花别样红"，"擢素手于罗袖，接红葩于中流"，"莲花乱脸色，荷叶杂衣香"，"荷叶罗裙一色裁，芙蓉向脸两边开。乱入池中看不见，闻歌始觉有人来"。这些正是那些伫立在江南莲塘边看采莲的人被那美妙的画面所诱惑而写出来的。

采莲还洋溢着江南女子浪漫热烈的爱情，代表着江南人们自由快乐的生活。"江南可采莲，莲叶何田田，鱼戏莲叶间。鱼戏莲叶东，鱼戏莲叶西，鱼戏莲叶南，鱼戏莲叶北。"从这首最早的采莲民歌开始，那些江南的女子们，那些极其普通但又饱含生命激情的江南女子们，就已经把她们的情愫含蓄而又大胆热烈地表达出来了。"鱼"是匹配的隐语，"莲"是"怜"的谐音，说起来是采莲，可在这样的情景里，采莲显然已经成为一个美丽的谎言。少女少妇们为什么如此妖娆，难道她们仅仅是为采莲吗？不是！她们是要到这儿唱歌。她们要唱情歌，情歌是要有环境的，情歌是要唱得含蓄的，情歌是要用比喻的，这一切要求都能在荷塘里实现，所以，她们的歌就唱得大胆起来了，就唱得深情起来了，而且也唱得"乐而不淫"了。什么"低头弄莲子，莲子青如水"，什么"无端隔水抛莲子，遥被人知半日羞"，什么"郎见欲采我，我心欲怀莲"，假借眼前的莲叶莲花莲子，把心中对于情人的爱恋和悱怨，亲近和想念，热望和怅惘，都唱出来了。她们唱得那么冲动热切，又那么委婉缠绵，如同吹过荷塘上的阵阵夏风，又如同在荷叶下面潺潺流淌的河水。

这就是江南的少女少妇们，由于

她们，江南似乎进入了一个歌唱的时代。她们只是普通的劳动妇女，虽然她们只是出于本能的情感和欲望而略带放肆地歌唱，但无意之中却让她们的日常生活得到了艺术升华，并由此创造出一种令人难以忘怀的世俗之美。由于这种世俗之美中包含了江南女性充沛的生命气息，所以它格外动人，格外富于感染力和诱惑力。难怪那些在六月里伫立在江南荷塘边的人们，面对的不仅仅是优美的荷塘，不仅仅因为这些采莲少女少妇们的美丽颜色，更因为女性生命激情的歌声，才会使

何处浣纱人，红颜未相识

他们沉溺如斯。

江南的采莲到这里已经充分显示出了它全部优美的特点，因为它不只是写实，它更富于诗意的想象。它的优美因为想象的作用而被放大，以至占据了整个江南生活的审美中心。在江南诸多堪称经典性的审美事件中，还有比采莲更突出醒目的吗？也许就是浣纱了。

清清河水边一群女子在浣洗纱布，她们通过替别人浆洗纱布来添补家中的生计。虽是为生计，但她们是悠闲的，快乐的。年轻的女子同着女伴，虽然早早出门，虽然是累得腰酸腿疼，虽然拧纱布时需要一定的力气，但她们习惯于其中，乐于其中，她们互说互笑而来，洗纱时偶尔唱一两支轻柔的歌，洗完后又互说互笑而去。她们浣纱的过程很简单，可是她们浣纱的姿势很美，其中有一位女子就在这样劳动着的时候，被当时越国的相国发现，从而演绎出了一段尽人皆知的千古传奇。

春秋末期越国会稽城（今浙江诸暨）苎萝山下，一条被称作浦阳江的清溪蜿蜒流淌着，一位袅娜秀丽的窈窕淑女经常来这里洗衣浣纱，她姓施，名夷光，因居住在苎萝山下的西村，被唤作西施。西施是一个普通的民女，父亲卖薪，母亲浣纱为生，她继承母

业，天天和女伴来到江边浣纱。关于西施的传说，总是与她在溪边浣纱有着种种奇妙的牵连，比如"沉鱼"之说，沉鱼落雁，羞花闭月，"沉鱼"之说就源于西施的浣纱。当她在溪边浣纱时，常常漂浮在水面上的争奇斗艳的红鲤和金鱼们因被她的美丽所震慑，自叹弗如，纷纷沉入水底，而那个尽人皆知的历史故事也是在西施的浣纱中拉开它的帷幕的。越王勾践卧薪尝胆，要雪会稽之耻，兴复国大业，用美人计献美女迷惑吴王正是其中不可缺少的环节。相国范蠡正是寻美而来，被西施无与伦比的光环所吸引，并与

"朝为越溪女，暮为吴宫妃。"诗人笔下的西施在民间仍旧是勤劳纯朴的"浣纱神"

西施发生恋情，但是国难当头，他们必须割舍这份爱情，而西施也必须忍辱负重，以身许国，以柔弱之躯肩负起安国兴邦的鼎鼎大任，从此远离"浣纱弄碧水，自与清波闲"的自由、朴实、悠闲的生活，投入交相攻伐、你死我活的政治漩涡。"今朝还是浣纱女，明日已是吴宫妃"，不仅要割舍情爱，而且要远离故国，到吉凶巨测的异国深宫去陪伴国家的仇人，这对于一个纯真善良的农家女来说，是多么的无奈和痛楚！西施是一个美人，正因为她的美，才承受了不该承受的重负；西施是一个善良的人，正因为她善良，才失去了善良人不该失去的拥有。但西施更是一个执著的人，正是因为她的执著，她才能坚持忍辱十年，希望既能完成灭吴复越的使命，又能和心上人团聚。关于西施的下落和结局，后世有各种各样的传说：有说越王勾践恩将仇报，赐西施沉江而死；有说越王勾践也迷恋西施美色，越夫人嫉妒，派人把西施沉入江底；有说西施自觉内疚对不起吴王夫差，在异常矛盾中自缢而死。而我们更愿意相信那个童话般美好的结局：吴被灭后，西施随范蠡弃官离井，泛舟五湖，过着逍遥温馨的生活。美丽而善良的西施终于等来了她曾经拥有过后来也一直向往的东西，依然是自由、朴实、快乐的生活，依然

是坚强、热烈、浪漫的爱情，这正是西施浣纱的特色，也是江南的特色。

现在浦阳江有一段已经被称作"浣纱江"，江边一块巨石被称作"浣纱石"，唐朝诗人李白《送祝八之江东赋得浣纱石》云："西施越溪女，明艳光云海……未入吴王宫殿时，浣纱古石今犹在。"相传这块石头就是西施当年浣纱的地方，也是西施和范蠡相遇的地方，更是当年西施与范蠡互赠信物、订下百年之好的地方，故浣纱石又名结发石。据说，凡到过结发石的情侣，他们的爱情就会分外美满，人们已经把对美好爱情的向往与祝福融入了这块浣纱石中，这是后人对浣纱这种江南女子活动所隐含的人文特色的认同和延续。

采莲和浣纱是江南水乡所特有的民间活动，是古代江南女子普通的日常生活中的一部分，因了水的缘故，它们带给人们明丽、柔和与灵动的美感。但其中令人难以忘怀、带给人们久远的审美情趣的是这两个活动所象征着的自由快乐的生活方式和真挚美好的爱情，其中包含了江南女性生命中既柔和又富有激情、既朴实又浪漫的气息，这是属于江南女子的诗意的细节，是真正的江南水乡的特色。

藏书楼

■ 万 宇

江南是一个偏安于时间逻辑之外的存在，兀自发生着自己的故事。故事总是有着种种不同的主题与缘起，在这里我们说的是藏书楼的故事。因为收藏者的爱惜与虔诚，图书这一文化消费品成为矜贵的藏书，而藏书楼正是它们居住的房子，藏书也因此保持着一种骄傲的姿势，漠视着时光的逝去与历史的变迁。在这里，时间停止了流逝，连同书籍一起被妥帖地收入藏书楼中的杉木大橱，书中夹放芸草以除蠹鱼，书橱安放英石以避潮湿，在这个安静稳妥的所在似乎能暂时躲避战火与江南特有的潮湿梅雨。

中国的藏书事业起源很早，据说在夏商周三代就已经有了"藏室"、"册府"等藏书机构，而且出现了私人藏书家。据藏书史研究者范凤书在《中国私家藏书概述》一文中统计，古代

朱熹曰："藏书楼上头，读书楼下层。怀哉千载心，俯仰数椽足。"可见藏书楼对于士人来说是何等重要

至近现代的藏书家，共得4 715人，按籍贯来算，浙江1 062人，占22%，排名第一。其次为江苏，967人，占20.5%。虽然关于"藏书家"的标准或定义，学者们有不同看法，但江浙两省是中国历代藏书最盛的地方，这一点是毫无疑义的。

江南文胜，书香盈邑。江南的藏书家多，保存下来的藏书楼也最多。建于明嘉靖年间的宁波范氏天一阁，已有四百多年的历史，为我国现存最早的藏书楼。此外杭州的文澜阁、建于清乾隆年间的余姚梁弄黄氏五桂楼、建于道光年间的海盐蒋氏西涧草堂、建于光绪年间的瑞安孙氏玉海楼、建于民国初年的宁波冯氏伏跗室及湖州南浔的刘氏嘉业堂等，藏有江南仅有的《四库全书》和其他许多珍贵的孤本、善本图书。

中国古代的藏书楼，大体上可以分成官方藏书、私人藏书以及书院藏书三个部分。它们在历史文化的创造、积累、传播和继承过程之中发挥了决定性的作用，从而使得大约8万多种古籍得以保存至今。但是，由于历代战乱接连不断，图书纸质易变，印刷不便，因此保存图书极为不易。脆弱的书页似乎无法抵御来自水火兵虫的无情侵袭，但我们仍能从这些藏书楼的不同命运中解读出相同的东西

来,"私"藏与图书的"公共"流通之间存在着不可逾越的鸿沟,而图书的公共流通又决非是"私"藏能够解决的问题。

为什么古代私人藏书楼的藏书终究逃不过流散的厄运呢?藏书楼之"私"是最重要的内在因素。当时的社会缺乏大规模生产图书的条件,私人收集图书艰难,耗费无数心力、财力,若流通开放既要投入精力、财力,又会使藏书破损,甚至流失,以至于极大多数藏书楼不愿将其藏书拿出来与他人共享。宁波范氏天一阁自建阁至1949年,历十三代,薪火相传而不衰,对图书的管理制度不可谓之不严。天一阁一直有着禁止书籍下阁梯,禁止子孙无故开门入阁等极其严厉的规定,这种禁止流通、封闭甚严并且缺乏起码开放性的做法,实际上导致图书的利用价值大大降低。藏重于用,秘不示人,藏书的价值发生异化,垄断性与封闭性成为我国古代藏书楼相当普遍的特征。

随着印刷文明的不断发展,社会对图书不断的文化需求,明清时代已有一些开明的藏书家开始意识到藏书利用的重要性,他们大胆抨击了藏书楼自我封闭的传统劣性,提出了藏书开放的重要思想。最早明确提出藏书开放主张的是明末清初的曹溶。曹溶,浙江秀水人,其著《流通古书约》

中第一次阐述了开放藏书的思想,对那种"以独得为可矜,以公诸世为失策"的褊狭传统进行了抨击。曹溶之后,清代有两位藏书家丁雄飞、黄虞稷为互通有无,订下互借协议《古欢社约》。最有代表性的是清代乾隆年间的藏书家周永年,他撰写了《儒藏说》,建立了"籍书园",提出了"天下万世共读之"的鲜明主张。他所提倡的"儒藏",是从社会文化的需求着眼,从知识分子,尤其是贫寒书生的需求出发的:"果使千里之内有儒藏数处,而异敏之士或裹粮而至,或假馆以读,数年之间,可以略窥古人之大全,其才之成也,岂不事半功倍哉!"这是公开利用藏书的首倡。

近百年来,科举制的废除,连年不断的战争,传统意义上的"士"的消失,对于文化的冲击力相当巨大,传统意义上的藏书楼怡然自得、安闲自在的文化梦境已不可寻,读书闲情逐渐不为所重。身遭"国变",忧思满怀,"故乡千里尽沉沦,何物还堪系此身。只有好书与良友,朝朝肠转似车轮"(钱钧《自题忆书图》)。此时读书、校书就有些追求精神寄托的意味了,藏书家叶昌炽称之为"此亦荆棘丛中安身之一法也"。

近代藏书家们的藏书观念也有了很大的转换,藏书相互借录、传抄,十分普遍，藏书大忌——"鬻书"（即卖书）也成了寻常事。蒙在藏书上的道德因素与祖先的符咒被理智地剥离，图书的进出、聚散恢复了流通的本来面目。公共图书馆的出现，对于私人藏书的影响、接替所起到独特的作用。

1840年之后，官办民办学堂（1896~1898年建学堂137所）、藏书楼如雨后春笋般地涌现，各地学会林立（1896~1898年成立学会87个），翻译西洋书籍，传抄历代文献风盛行，社会对改革旧式藏书楼的愿望日益迫切。清末近代图书馆的雏形在此条件下开始形成，私人藏书楼开始向公共图书馆转型。

西方新型图书馆（或藏书楼）在中国纷纷建立，如徐家汇天主堂藏书楼、工部局公众图书馆（Public Library,S.M.C）、圣约翰大学图书馆、格致书院藏书楼、文华公书林等，它们起到了良好的启蒙、示范作用，为中国变革旧式藏

传统意义上的"士"的消失，近代图书馆的出现，使私家藏书楼淡出历史

书楼带来了新的模式。洋务、维新运动之后，新式藏书楼在国内出现。19世纪末20世纪初各地以浙江的古越藏书楼（1897年）、北京的京师大学堂藏书楼（1898年）为代表的新式藏书楼纷纷建立。特别是清朝末期，废科举，办学堂，建立了一批以南京的江南图书馆、北京的京师图书馆为代表的官办省级、国家级图书馆。从此，中国的藏书楼真正走入一个新的历史时期。

藏书楼就这样渐渐淡出了历史，淡出了人们的文化视野，但其仍有着不少值得研究的线索。首先是如何理解这些藏书家的文化意义。藏书楼物质化的建筑背后隐藏的是历代藏书家的追求、信念与文化理想。

洪亮吉在《北江诗话》将藏书家分为了五类，除了"掠贩家"（书贾）之外，大多是学者或知识分子。他们爱书如命，"菲饮食，恶衣服。减百俸，买书读"，到处搜罗故书，面对藏书的散失或毁灭，而仍然矢志不移、孜孜以求。购书不得则抄书。其中以抄书闻名于世的有朱彝尊、徐时栋、丁丙等等。朱彝尊还因偷抄史馆藏书而被贬，在"书"（文化知识）与"官"（政治权力）之间他宁肯要书，用他自己的话来说："夺侬七品官，写我万卷书，或默或语，孰知孰愚。"

这的确是个耐人寻味的选择。在

朱彝尊画像

政治权力组织的社会中，知识分子具有什么样的文化信念来支撑他的选择？他的文化选择有什么样的物质生活基础呢？这是很有意思的问题。在印刷业不断普及的明清，这些藏书家又成为多重身份的知识分子，校勘学者、版本学家、出版家或是考据学者，他们的藏书所起到的文化价值决非简单的"守书奴"，他们的自主性、创造性使我们重新理解了藏书家的"藏"。

其次，藏书楼所藏的藏书，具有什么样的文化意义及其在文化地理学中

的价值。藏书楼不仅在历史的侵袭中为我们保存了先人的精神遗产，而且在不断的文化传播中也起到了重要的作用。文献不仅仅是静止的，它也映射出地区的文化环境，并对地区的人文素质起到了相当大的熏陶作用。藏书的意义不仅在于"藏"，还在于它对地区人文性格的"塑"的反作用力。大量文化典籍的积淀，增加了这一地区的文化底蕴，提升了这一地区的文化环境、人文素养。江南是文献资源极为丰富的地区之一，文献活动也相对活跃，我们可以说，江南文化的水准与大量文化典籍积淀是息息相关的。为什么江南的藏书楼特别多？江南文盛，科举的成功所带来的政治话语权为江南带来了什么样的改变？江南藏书楼往往注重乡邦文献的收藏，这对于地域文化的自我认知、地域性格的自我塑造具有什么样文化地理学意义？藏书家在藏书过程中，有取有舍，那么他们选择藏书的标准与当时的社会文化特征有何联系？"却有平生如意事，书满青箱。"书负载了先人的情感与文化宿命，绵绵一脉书香流传至今，更多了一份沉甸甸的分量。承继之余，更需要平心静气地看待与研究。

第三，需要注意的是藏书楼与当时的知识分子文化环境。"一个学术共同体要形成公认的话语就要求相关学科具有用途广泛的文献积累。知识系统

必须积累有关文献，才能加快新的学术著作发表与出版的速度。"（［美］艾尔曼《从理学到朴学：中华帝国晚期思想与社会变化面面观》）藏书楼构成了当时知识分子文化环境的因素之一，这是一个由藏书家、出版家、书商组成的交流网络，学者从中获取文献资源，进行信息交流，赢得出版机会，形成一定的学术影响，学术研究、藏书楼和书商形成了三位一体的文化网络。在这个以促进学术研究的发展的文化网络中，藏书家起到了重要的作用，有时他们本身就是学术研究圈子中人。"藏书楼、出版业对江南学术共同体中考据学派的兴起发挥了重要作用。"（同上）出版家向江南学术界及其学校、书院、藏书楼提供了前所未有的接触珍本古籍的机会，推动了考据学的发展。考据学者辑录了佚失的文献，纠正了过去千百年来文献积累的错讹、附会之处，以显示自己的复古愿望。在文禁森严的时代中，知识分子的这个学术交流环境值得关注。

18世纪，中国出版业迅速发展，大规模的图书收藏及刊行成为现实。明清时期，随着江南商业的发展积累了巨大的财富，这使当地出版家能以前所未有的规模出版图书。出版业的发展改善了江南及其他地区发表、流通及查阅资料的条件，使上述的图书收藏及交流形式成为现实，并推动各种史料系统、广泛的收集。对学术研究而言，它使学者可以迅速和对同一题目感兴趣的同行交流研究成果。值得注意的是，乾嘉时代的图书业在重建中国传统中发挥了重要作用。《四库全书》是在当时的学术交流环境下规模最为庞大的学术工程，它需要不同学科的学者共同合作。它为建立一种有助于资料交换及相应的成果发表的学术与社会交流体制树立了榜样。藏书家和学者们投入到这样一个图书整理工程，完成了一部内容极为丰富的丛书与目录。政府修书和地方官员招募幕友的著述也为当时的知识分子提供很多就业与参政的机会，这些文化影响很少被人注意到。

尽管藏书有聚有散，但这些藏书楼都能完好地保存至今。藏书楼是一个奇特的地方，一个时间与空间的奇妙交叉点。书本的脆弱与精神的绵长，砖石的坚固与文字的韧性，文字的时间性与建筑的空间感得到了和谐的统一，有时又似乎对着历史与岁月做出微讽的笑容，收藏的图书已经历经千年沧桑，而墙外正是现代都市的车水马龙。

高墙的胡同/深锁着七家的后庭
谁是扫落叶的闲人
而七家都有着：重重的院落
是风把云絮牵过藏书的楼角

每个黄昏/它走出无人的长巷
（郑愁予《网》）

时间是江南的梅雨季节，雨丝无声无息地笼罩着一切，笼罩着思绪的奔涌。

文化具有时代性，同时具有历史的延续性。一所古色古香的藏书楼，是所在地区经济建设和文化发展历史成就的结晶，是乡土文化教育的优良场所，更是所在地区的人文标志。保存、修复和开发当地的藏书楼，对于地方社会经济建设和文化旅游事业，具有不可估量的内在价值。更为重要的是，藏书楼是当地经济发展和人文面貌的历史见证，对于了解传统文化，进行知识分子、文化地理学研究、文化认知、文化建设的内在意义重大。

风雨藏书楼，走过飘摇千年岁月。而在每一个现代藏书人、爱书人的心里，有着一座物质存在之外的藏书楼——一个永不被风雨侵袭的藏书楼。

江南藏书家为《四库全书》的收录编写作出了贡献，更以四库全书收录编选自己的藏书为荣

春花秋月何时了

■ 李正爱

鹅湖山下稻粱肥，
豚栅鸡栖半掩扉。
桑柘影斜春社散，
家家扶得醉人归。

第一次知道"社"是从儿时读唐王驾"社日"诗，但不明白为何春秋都要祭社。而鲁迅《社戏》曾这样描写江南绍兴社戏，人们坐着乌篷船从四面八方来看社戏，"最惹眼的是屹立在庄外临河的空地上的一座戏台，模糊在远处的月夜中，和空间几乎分不出界限。我疑心画上见过的仙境，就在这里出现了。这时船走得更快，不多时，在台上显出人物来，红红绿绿的动，近台的河里一望乌黑的是看戏的人家的船篷"，似乎更能引起一个少年的好奇。

城隍出巡，何处寻诗心

《说文解字》解"社"字为从示从土。"示"即祀，表天象，见吉凶，所以示人也，示神事也。又曰："社，地主也。"地主即土地神。春社秋社是在特定的日子里祭祀土地神以求神灵庇佑和回报神灵的厚赐，所以要春祈秋报。南宋辛弃疾有词："旧时茅店社林边"，"社林"所指即为江南的社庙和社旁的树林。不远处村庄社鼓的热烈与喧闹与清风明月下神社的几分苍凉与肃穆、悠远与神秘，颇能使人想起"佛狸祠下，一片神鸦社鼓"这样的词句。

在江南，春社，一般在农历正月初二起到十五为止；秋社，一般在农历七月初七起到二十为止。春秋祭社，一乡之人，无不会聚。清人曾详细记载了当时苏州社祭风俗，春社祭神，各乡要向土地神庙供纳"钱粮"给诸神解天饷："司香火者，董其事。庙中设柜，收纳阡张、元宝，俗呼钱粮。凡属境内

王羲之墓

居民，每户献纳一副、十副、数十副不等。每完一副，必输纳费制钱若干文，名曰解费……"（顾禄《清嘉录》卷二）献纳稍迟时还要"催钱粮"，派人沿街鸣锣通告催促。献纳时间有头限、二限、三限之分。在限满之日，用披彩的甲马载着鼓乐，盛设仪从，将神抬到城郊的穹隆山上真观里，在玉帝殿庭将收罗到"钱粮"焚化送给各路神仙，为境内居民祈福。

三月三上巳节本源于古代的春社和高禖祭礼。江南的文人学士则把社祭、社日以及上巳节变成为文人雅集赋诗的盛会。东晋穆帝永和九年（353年）三月三日上巳节，王羲之与当时名士孙统、孙绰、谢安、支遁等文人名士41人在会稽境内的兰亭集会。与会

古版画《虎丘灯会》部分

在歌声的清婉里，器乐的喧哗中，不仅可以体验江南逝去的繁华，也让人触摸到跳动着的江南诗性精神之真正脉搏

者临流赋诗，吟咏风物，感触民风或寄身于山水，"屡借山水，化其郁结"（孙绰《三月三日兰亭集诗序》）。汇集成册后王羲之写成序文《兰亭集序》："永和九年，岁在癸丑。暮春之初，会于会稽山阴之兰亭，群贤毕至，少长咸集。此地有崇山峻岭，茂林修竹。又有清流激湍，引以为流觞曲水。列坐其次，虽无丝竹管弦之盛，一觞一咏，亦足以畅叙幽情。是日也，天朗气清，惠风和畅。仰观宇宙之大，俯察品类之盛，所以游目骋怀，足以极视听之娱，信可乐也。……"王羲之不仅书法独绝，其文也才思俊朗，触景兴怀，俯仰有余情，飘渺旷达，苍凉感叹之中逸趣无穷。

八月秋社又是一番热闹非凡。二十四日秋社。江南习俗人们各以社糕、社饼、社酒祭祀馈送；煮糯米和红豆做成团用来祭祀社神后称作"糍团"；做社饭，以猪羊肉、腰子、肚肺、鸭饼、瓜姜等，切成细片，调好味盖在饭上，请客供养。社日中秋士女成群出游，翩翩相随，兴致追逐，随意而往，或至琳宫凡宇烧香求愿。城中圆庙观尤其为游人所争集，来自四方杂耍诸戏各献所长，使游客流恋忘返。"至城外西园则掷馒首于放生池，引鼋浮水馂食以为乐；妇女暗数罗汉，卜年庚之顺逆。"（清顾禄《清嘉录》）

中秋之夜，不管有无月亮，苏州虎

说书艺人
民间的又一种精神生活方式

丘都要举行一次赛曲大会，即有名的"虎丘灯会"。明代袁宏道《虎丘》文和张岱《陶庵梦忆》卷五都详细描写了虎丘中秋夜赛曲的盛况和曲艺的艺术水准。这一天全城轰动，士子士女及丫鬟仆役都精心打扮，靓妆丽服，于此时带着席子置酒菜前往虎丘赏月听曲游乐。从千人石上至山门，戏班栉比如鳞，檀板丘积，樽罍云泻。远远望去如雁落平沙，难以尽数。其曲精妙绝伦悠扬缠绵，往往叫人叫绝称快。时人称是"林间度曲鸟栖息，石上传杯兔影凉"（明·邹迪光《中秋虎丘纪胜》诗）。艺术水平竟达到使欣赏行家们"摇头顿足""不敢击节，惟有点头"。

《湖州府志》载："立冬至岁底数月，乡村皆演戏酬神，谓之社戏。""春秋二季，迎神赛会，演戏出灯，几无虚日，争奇竞胜，呼朋引类，沉酣酒食。"（顾禄《清嘉录》）

林立的祠庙千百年以来或临江渚或傍山野，年年拜祝酬谢山神土地，隆重而又庄严。人们至今已无法知道请过多少次神又送过多少次，只是年复一年请求神灵保佑要晴时许放晴，要雨之时能得雨，但愿人所祈愿的神都会许诺准允。神庙前女巫跳着神巫的舞步唱着祝神歌，呜呜喑喑歌讴声伴随咚咚的乐鼓，假扮成社神的模样为博得神的欢心，赐予人类丰收的稻谷，神灵则以烟云团聚暗示神语。江南的社戏并不是单纯的娱乐，而是与祭神娱神，祈福巫祝结合在一起的祭祀仪式当中的一个部分。在唱社戏前总是要先祭神祈愿，酬神，举行赛神大会。范成大《乐神曲》记当时的赛神情况：

豚蹄满盘酒满杯，
清风萧萧神欲来。
愿神好来复好去，
男儿拜迎女儿舞。
老翁翻香笑且言：
今年田家胜去年。
去年解衣折租价，
今年有衣著祭社。

另唐栖县志略稿载《吕水山五显神赛会诗》曰：

栖水一隅耳，有庙临河边。

年年逢赛会，不惜挥金钱。

沿塘舞鱼龙，并舫行秋千。

百戏续续来，歌鼓声连延。

江南的社戏当是非常热闹有趣的。总记得小时候社后有社戏上演，戏台上有咿咿呀呀翻滚打唱的戏子，台下人声鼎沸热闹好玩而已，而那戏子是不被在意的，关心的只是台下的小玩意、各种吃食。清人顾禄《清嘉录》卷二中这样记载：苏州"二三月间，里豪市侠，搭台旷野，醵钱演剧，男妇聚观，谓之春台戏，以祈农祥。……于田间空旷之地，高搭戏台，轰动远近，男妇群聚往观，举国若狂"。苏州的豫园、晴午、景轩眉，同时上演春台戏，几乎天天都有社戏。农

人甚至为了去看社戏，呼朋邀伴，相约着一起早早地停下手中的活儿，老早来到

社戏
曾经的露天剧院，人们的休闲趣味

庙楼前的戏台边抢一块好地方看戏。陆游曾这样描写江南百姓观看社戏："太平处处是优场，社日儿童喜欲狂。且看参军唤苍鹘，京都新禁舞斋郎。"（《春社》诗）可以想见当时春社、秋社的盛况非同一般。

　　明人张岱对戏曲的喜爱受江南社戏的影响很大。他自小生活在江南，习惯了江南社戏的演出方式、场面和艺术品位。他在《陶庵梦忆》卷七"润中秋"和"西湖七月半"中记载：自己曾于明崇祯七年（1634年）润中秋时仿苏州虎丘赛曲会，约集友人会于蕺山亭，各人"携斗酒、五簋、十蔬果、红毯一张"，与会70多人，加上歌童乐伎共700余人。"同声唱澄湖万顷"，"声如潮涌，山为雷动"。半夜时分，再于山亭"演剧十余曲"。一时间观者千人，如此直到"四鼓方散"。

　　到了社日这一天，村民抱出自酿的好酒，呼朋引伴第邀相饮，酒有秋露白、杜茅柴、十月造、三白酒等。"柏酒初开排次饮，辛盘速出隔年藏。""沾习乡风最直率，五侯鲭逊一锅香。"（范来宗《留客诗》）虽然没有像屈原《招魂》"挫糟冻饮，酎清凉些。华酌既陈，有琼浆些"那样的上等美酒与佳肴，女乐陈钟按鼓，新歌相伴，阵阵的社鼓神歌也同样令人沉醉喜悦；虽然村姑小妇比不上美人朱颜红酡，但那多情的娱光眇视，秋波流转也不乏动人的娇媚，还多一点憨厚淳朴。"娱酒不废，沉日夜些"，这喝酒的心情总是一般的相同。人神沟通起来忘掉彼此的界限，惟有酒能将狂欢热闹的气氛推到顶点。唐代诗人王驾《社日》诗家家扶得醉人归描写了江南山青水秀的农村春社，全村出动做社祭祀社神，热闹欢乐到日影西斜方才散社，亲朋故人相聚，尽情痛饮，稻花香里醉眼朦胧地说着丰年好景，直到点点星辰上来、片片的蛙声响起，才意犹未尽地由家人扶着歪歪斜斜的醉人归来。读来也似乎令人醉了一般的轻飘愉悦。

　　辛弃疾当是真正体会过江南社酒的氛围的。贬谪闲居江南农村时，被农人邀去参加春社，气氛热烈淳厚深受感染，畅饮到夜而返，酒意正浓时夜行黄沙道中，路遇溪头的茅店社林，触景生情写下脍炙人口的《西江月》词：

　　明月别枝惊鹊，清风半夜鸣蝉。
　　稻花香里说丰年，听取蛙声一片。
　　七八个星天外，两三点雨山前。
　　旧时茅店社林边，路转溪头忽见。

　　听过萧萧的江南社鼓，酣饮过芳淳甘冽的社酒，就能体会江南的古朴简洁纯净典雅。有"此身原作君家燕，秋社归来也不归"（韩偓《不见》诗）。这种感情想必也是非常真切可爱的。

■ 刘士林

莼鲈之思

莼鲈之思的出处在《晋书·张翰传》:"翰因见秋风起,乃思吴中菰菜、莼羹、鲈鱼脍,曰:'人生贵适志,何能羁宦数千里,以要名爵乎?'遂命驾而归。"

而这个本就逆反着孔孟之道的言行,在后来理所当然地要受到诗仙李白的高度赞扬,他为此写下了畅快淋漓的"君不见吴中张翰称达生,秋风忽忆江东行"。以后,大凡士大夫在官场上"偶感不适",便都会有意无意地作"莼鲈之思"状。尽管有这种想法的许多人都不是江南人,有些甚至根本不知道莼鲈的滋味,但想到古人所谓"人生失意无南北",所以就没有必要再追究他们的里籍或乡关究竟在何处了。鲈鱼还有一个著名的细节,就是《三国演义》中的异人左慈,在远离吴中千里之外的魏宫许昌竟然钓出了鲜活的松江四鳃鲈鱼。记得最初读《三国演义》时,自己并不喜欢这个细节,心头一个最大的疑问是,如果你左慈真有那么大的本领,为什么不直接把曹操杀了算了,玩这些小把戏有什么意思呢?后来随着人生的历练,便渐渐明白了,这不过是书的作者趁便炫耀一下自己的学识而已。

中国有句老话,叫"听景不如看景"。苏东坡也有一首小诗:"庐山烟雨浙江潮,未到千般恨不消。及至到来无一物,庐山烟雨浙江潮。"这无非在讲一种人生经验,就是说很多东西不过是"说得好听",而实际上却不过是一种人造的幻像,或者说主要是在精神再生产过程中由无事生非的文人创造的附加值。但"莼鲈"却可以说真正地有些特别,因为它们实在是两样好东西。莼菜与鲈鱼都是江南名产,按照一般的看法,最好的鲈鱼是松江鲈鱼,而至于最好的莼菜品种则有太湖与西湖两说。后者以杭州西湖之上泗、萧山之湘湖为正宗,是浙北一带最有名的土特产,而太湖莼菜则以吴县所出为佳,其中又尤以木渎、横泾为极品。

莼菜旧作蒪菜(蒪乃莼之异体字),属睡莲科,水生宿根草本植物。叶片椭圆形,深绿色,浮于水面,长叶柄与水下根相连,嫩茎与叶背有胶状透明物质,据说这层薄膜类的东西很金贵,不仅具有补血、润肺、健胃和止泻等医药功能,而且含有丰富的蛋白质、脂肪、多宿戊糖、没食子酸等。据现代的技术测定分析,在100克鲜莼菜中就含有蛋白质900毫克、糖分230毫克,以及大量的维生素C和少量铁质。由于初春新叶的胶状黏液尤多,因而如同雨前的茶叶一样,春天的莼菜也是最受青睐的。在夏季,莼菜会开出一种暗红色的小花,到了秋天尽

莼生南方湖泽中，吴越人喜食之

件之便利，据说它的最大特点是质嫩味美和卷叶上粘胶质浓厚。在莼菜身上的这些附加条件，也可以用来验证古人"天人相应"的道理，尽管这些宇宙有机体理论在中国现代学术叙事中被批驳得体无完肤，但在中国大地上许多真实的事物，却也只有借助那些古代的范畴和诗性智慧，才能得到有效的解释。这些话有点扯远了，还是暂且打住罢。

莼菜还有一个最直观、同时也是熟吃无睹的特质是它的口感好。这使人很容易想到江南自然与人文的一个基本特点，就是凡事不仅有实用价值，而且一般来说比北方诸物会多一层审美形式感，在莼菜也恰好实现了"口之于味"与"目之于色"的完美统一。也可能出于同样的原因，秦淮河上的柳如是与李香君，才与巴黎的茶花女有了本质的区别，而是可以成为一个民族的"独立之精神，自由之思想"。记得中国有许多传统名菜，都是用西施、貂婵、贵妃等大美人命名的，在其内里也都隐约可见出一种形式与内容的统一。但两者的不同之处在于，前者是文明中心的产物，而后者则生长于健康的大自然，所以莼菜常使人可以想到小家碧玉的江南女子，她们的天生丽质完全是用来装点普通人家的院落和普通人的日常生活的。李时珍

管莼菜还会再生新叶，但却如同北方果园中的"二茬果"一样，它的质地与味道与春天的已不可同日而语。莼菜原来是野生于池塘中，后来才被人们种植。而产地不同，名称与品质也会有差异。苏南太湖的莼菜又称"水葵"。据《苏州府志》记载："莼向出三泖，今出太湖中……东山之南湖滨，东山尤盛。初山中人未知食莼，食之自明万历间邹舜五始。"而产于杭州的西湖莼菜则又名马蹄草，或称水莲叶，它的成名莼是因为得西湖土壤和水质条

在《本草纲目》中尝云:"莼生南方湖泽中,惟吴越人喜食之。"其实绝不仅是吴越人,上至帝王将相,下至普通市民,只要他们有机会品尝一下江南的莼菜,都会一下子喜欢上这"柔波中的青草"。

据说,自明代的万历年间起,苏州莼菜就成为皇廷的"贡品",清代的康熙大帝还曾尝试过在自己的畅春园移植。在历朝名臣中,喜欢喝莼菜汤的也不少。如左宗棠在调任新疆军务大臣之时,就是身在瀚海戈壁却心在杭州的新鲜莼菜汤。左大人的心事被著名的红顶商人胡雪岩探得,据说这个精明的商人把新鲜莼菜逐片夹在一匹纺绸里,居然使左大人真的在大漠孤烟的新疆喝上了只有在江南杭州才能一饱口福的新鲜莼菜汤。也不仅是古代,在今天,西湖莼菜汤仍是杭州菜中最具特色的一道羹。也不仅是大城市,如果你有机会到周庄一游,也随处可以碰见周庄莼菜的广告。据说周庄莼菜的特点是娇生惯养,它只生长在水质清纯、风平浪静的港汊里,茎叶滑嫩,而煮汤最鲜美。我在周庄还品尝过一道莼菜鲈鱼羹,因为小老板在推荐过周庄莼菜之后,又推荐了作为蚬江三珍之一的鲈鱼(另外两珍是白蚬子、银鱼),于是我们就点了这道菜,真正品尝了一回"莼菜加鲈鱼"。当然,

现在周庄的饮食已经不行了,除了感到有一些农家菜的土腥味之外,所谓的鲜美和爽口,实际上都是不存在的。但是,由于食客之意不在莼鲈本身,所以大家也都吃得很高兴,也没有什么人一定要同食物的内容计较了。

在这里需要补充的一点是,如果仔细考较,太湖与杭州的莼菜实际上已是第二义了。根据一些方志的记载,最好的莼菜是在苏州木渎镇的灵岩山。山上有浣花池,传说是吴王专为西施赏荷而凿。想一想当年西施过得也真不错,一边眼观池中的四色莲花,一边品尝据说是"夏能解热,冬可驱寒,入口而化"的葵莼。这种葵莼在清代以前是贡品,很名贵。但据民国《木渎镇志》记载:"灵岩山顶之池有葵莼,夏能去热,秋则去寒,吴中每年曝干供进。其池水旱不竭,今不复采。按今市上所见,皆太湖莼也。"由

莼菜汤

"山资足后抛名路,莼菜秋来忆故乡。"此种莼菜情结已深深积淀在江南人的情感里了

此可知，至少在民国时代，已经是太湖莼菜一统天下了。而今看来，正如所谓的"风水轮流转"，现在已经是西湖莼菜包打天下了。而且精明的杭州人除了食用之外，据说还想出了用莼菜制作美容品的高招，只是不知它的美容效果究竟如何。

松江鲈鱼与黄河鲤鱼、松花江鲑鱼、兴凯湖鲌鱼号称中国四大名鱼，而鲈鱼之中又以松江北门秀野桥下之鲈鱼为最佳。据说松江鲈鱼的特点一是肉嫩而鲜美，二是长着四个鳃儿。鲈鱼的味美是无可争议的，范仲淹就有"江上往来人，但爱鲈鱼美"的佳句。而松江鲈鱼的霸主地位也是毫无疑义的。在苏东坡《后赤壁赋》中有"巨如细鳞，状如松江之鲈"一语，本来只是

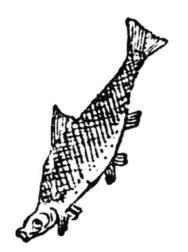

江上往来人，但爱鲈鱼美

在长江中游打到一条鲈鱼，但却偏要把它和松江鲈鱼拉扯上一点关系，由此可见至少在北宋，松江鲈鱼的地位就已经不可动摇了。真正的松江四鳃鲈鱼比较短小，长不盈尺，重不逾斤。所谓"四鳃"则如同"文革"年代的"四眼"称谓，并不是鲈鱼真有四个腮帮子，而仅仅是在鱼鳃的鳃孔前各有一呈鳃状的凹陷，由于乍看极似真鳃而被误为"四鳃"，这也纯是松江人炫耀土风的结果。

松江鲈鱼在吃法上也有独特之处，据说要保持鱼味的鲜美，在宰杀时不能用刀破腹，而须使用竹筷一类的器物从鱼口插入鱼腹，把内脏取出洗净后再放回腹中，然后再把它投入加有白菜或菠菜的咸汤中，这样可以久煮不老而保持鲈鱼的鲜美品质。现在的一般人是没有这口福了。尽管清蒸鲈鱼是我们家上饭店时的一道必点菜，但每一次吃的鲈鱼都是被开膛破腹的，只要能够做得比较可口就可以了，像那种工艺上的精细以至于审美，是根本不敢奢望的。但鲈鱼也有一个可能是不算缺点的缺点，正如苏东坡诗中所说"鲈鱼无骨海棠香"，它的意思即所谓"鲈鱼鲜美，偏偏多骨；海棠娇媚，却无香味"。所以说它是一个不算缺点的缺点，关键则在于对谁来说。对于怕麻烦的北方人来说，他们往往宁可不要鱼的鲜美，也不愿在

餐桌上小心翼翼地侍弄鱼刺。记得我小时候在山西黎城县东阳关时，那里满水库养的都是鱼，但因为当地老百姓害怕被鱼刺扎了喉咙而拒绝吃鱼，所以我们可以自由地在水库中钓鱼，碰到了老乡，他们还会善意地笑话我们："日他大，麻烦不……"而对于真正秉承了"食不厌精"的江南人来说，这不仅不是缺点相反还是他们的长处。比如李渔在吃蟹时的讲究，他说吃蟹必须亲自动手，如果"人剥而我食之"，则"不特味同嚼蜡"，这和"好香必须自焚，好茶必须自斟"在道理上是一样的。

还有一个问题是，鲈鱼怎么吃，是红烧还是清蒸？根据《张翰传》的记载，他所思的"鲈鱼脍"是红烧的吃法，与中原一带的红烧黄河鲤鱼在技术上是一致的。而邓云乡先生在"文革"之前，也曾有幸吃到一回红烧鲈鱼，他记下了自己吃"鲈鱼脍"的感受：

晚饭时，一品尝，的确与众不同，第一是肉特别嫩，鱼肉一般都不老，且当时都是野浜的鱼，没有现在鱼人工饲料养的那种怪味，平时鲫鱼、鳊鱼、花鲢等都很好吃，也很嫩，但比之鲈鱼，则无法比。第二是鲜，这就更难用文字表达出来，因为各种鱼红烧，都有一个共同的味道，又有这一种鱼本身的味道，这鲈鱼的本身鲜味，又是十分特殊的，也是我从来没有尝过的，又是使我留下深刻记忆的味道。我只能用这三句话来写鲈鱼的味道，恐怕读者还是看不明白的。（《文人与鲈脍》）

尽管无缘去品尝最高档次的松江四腮，但从文化心理上讲，我觉得红烧鲈鱼应该不是最好的吃法，尤其是它不应该是江南文化的产物。所以每次和家人上馆子，我们总是要先点上一道清蒸鲈鱼。而清蒸鲈鱼吃得多了，也就开始怀疑张翰的"鲈鱼脍"来。为什么说"红烧"一类的方法不合江南口味呢？因为我想到李渔的"世间好物，利在孤行"。什么意思呢？比如李渔最喜欢的是吃螃蟹，而且他特别提出要清蒸而反对红烧。他说："以之为脍者，腻则腻矣，而蟹之真味不存。更可厌者，断为两截，和以油、盐、豆粉而煎之，使蟹之色、蟹之香与蟹之真味全失。"所以"凡食蟹者，只合全其故体，蒸而熟之，贮以冰盘，列之几上，听客自取自食"。而这个道理同样也是适合鲈鱼的。

清蒸鲈鱼的鲜美真是一种说不出来的感受。在鱼类中要超过鲈鱼之鲜美的，也许不能说完全没有，比如河豚就同样是极端鲜美的，但另一方面，河豚的鲜美本身却是建立在一种剧毒的基础上，因而像鲈鱼这样一种安全的鲜美，则可以说是鱼类中独一无二的。

清蒸鲈鱼

鲈鱼千头酒百斛,酒中倒卧南山绿。

——李贺

由此而来的另一个想法是鲈鱼的美似乎很符合中国文化的深层结构。西方文化也追求人生的刺激和绚丽,如唯美主义、生命哲学、存在主义等,但它们在本质上无疑更接近于河豚般"有毒的美"。而中国文化,又特别是以日常生活诗意为旨归的江南文化,它也追求人生的刺激和快感,但这种快感和刺激却是一种有限度的、精致的颓放,而它的精髓则正如鲈鱼这种安全的、微微有些变化与刺激的"鲜美"。由此引发的一个矛盾是,在两种表层相似而深层结构迥异的鲜美之间,"余将安处乎"? 这个问题对很多人都应该是有意义的吧。对此我没有特别好的答案,只是一味地感到困惑,这种现代性的困惑可以北方的羊肉汤为例简略阐说。一方面,任何一个受到些现代启蒙的个体,当然希望生命能够更加丰富和刺激一些,但另一方面,如同北方人在喝羊肉汤时的反应一样,一方面希望它更鲜美一些,另一方面却又担心它被放了罂粟壳,而不是羊肉汤的本味。但是,我想,当生命机体遭遇到一种更大的威胁之时,一般的中国人还是希望选择一种"有安全感的刺激",这是否也可以看作是在江南饮食文化中蕴涵的一种人生之道呢?

最后,从我本人的中国文化学术经验,对莼鲈之思的深层结构还想再说几句。中国历史上所谓的"莼鲈之思",实际上是不能简单地解读作对江南的莼菜与鲈鱼的思念,或者按照现代美学文艺学的思路理解为一种思乡情感。而是可以说它依然包括着中国诗人政治家惯有的政治苦闷以及由此而生的幽昧情怀。对此可以略说为二:一方面,从《张翰传》的文本记载看,思乡最直接的心理基础乃是"羁宦"、"名爵"所产生的心理压抑,如果没有这个前提,那也是绝不会启动张翰的江东之念的。另一方面,从中国文化史的大背景看,莼鲈之思则可以看作是南北政治势力相互斗争的一个诗学产物。由于生活经验、思维方式以及价值观念的巨大差异,中国政治话语中的南北之争是十分自然的。这里可以略举几例,如西晋时代的"二陆入洛,三张减价",所谓二陆就是江南人陆机与其弟陆云,而三张则是指安平(今山东益都西北)人张载、张协、张亢兄弟。而据历史学家的研究，当年入仕西晋的江南人士如顾荣、戴渊、纪瞻、贺循、张翰等，实际上对当权者都是三心二意的，"入仕西晋的吴地世族中，惟有以武风见长的义兴周氏，曾比较自觉地替西晋王朝效力"（李学勤等主编:《长江文化史》）。而在北宋政治文化中著名的"庆历党争"、"贡院取士"之争以及王安石变法，也都是有南北文化冲突这个地域背景作前提的。

对此还可找到一个旁证，由于张翰故事的广泛流传，一般人都误以为莼菜是秋天吃。其实，正如乾隆《苏州府志》所记载："莼菜……出松江，味甘滑，最宜羹，叶似凫葵。四月生名雉尾莼，最肥美，自此叶舒长足，茎如钗股短长。随水浅深名丝莼，五月六月用之入秋，冬有蜗虫著其上，不可辨，食之损人，水冻虫死乃可食。"也正是由于这个原因，韩奕曾有诗嘲笑张翰："采莼春浦作羹尝，玉滑丝柔带露香。却笑张翰未知味，

鲈鱼莼菜羹
犹有鲈鱼莼菜兴，来春或拟往江东
——白居易

秋风起后却思乡。"对此可作两种解读：一方面是如诗人所说，张翰根本不知道故乡的莼菜的真味，另一方面它似乎也可以用来说明，思莼鲈不过是南方士大夫摆脱北方政治倾轧的一个借口，由于主要意图在于摆脱政治旋涡，所有回乡的真正目的，也就正如醉翁之意不在酒的道理一样，对此则是完全不能按照字面意思去索解的。

■ 姜晓云

帝子词人

江南是一片诗性的土地,在历史上有过不少白衣卿相,也不乏帝子词人。在这些性情中人里,李煜李后主是最有名的一位。

李煜是幸运的,生在富贵无比的帝王之家。李煜出生之年,正是先主李昪称帝之年。李昪勤于治国,"宫衣无锦绣,宫乐尽尘埃",将江南治理得锦片儿一般,成为动乱时代的一方乐土。当他"托体于山阿"时,李后主七岁了,"生于深宫之中,长于妇人之手"。李煜是幸运的,因为他还出生在一个文艺之家,我们知道,文艺之家往往充满着自由快乐的空气。李昪就有点文艺才能,九岁时为久病的义父掌灯,触景生情,随口就吟出了《咏灯》诗:"一点分明万点金,开时惟怕冷风侵。主人若也勤挑拨,敢向樽前不尽心?"李昪倾心于政治谋略,文艺方面的潜能被极大地扼制,但却成功地遗传给他的长子——李煜之父、中主李璟。李璟自有词人风度,绝少帝王威仪,他醉心于作词,词作流传至今虽仅存五首,但篇篇精彩,如《望远行》:

南唐钦陵

林花谢了春红,太匆匆。无奈朝来寒雨晚来风

"手卷真珠上玉钩，依旧春恨锁重楼。风里落花谁是主？思悠悠。 青鸟不传云外信，丁香空结雨中愁。回首绿波三峡暮，接天流。"境阔思深，一扫当时花间词人的纤弱病态。受李璟及时尚的影响，李璟诸弟诸子皆爱诗词，他们常欢聚赋诗，优游度日。

因为李后主生有"异相"，长得阔额丰颊，骈齿重瞳，所以很受长兄弘冀猜忌，但这种猜忌使他更偏离政治，雅爱文艺。他"思追巢许之余尘，近慕夷齐之高义"，自号钟隐，别号钟山隐士、钟峰隐居、莲峰居士、钟峰隐者、钟峰白莲居士。这种老庄式的遗世独立的思想也表现在他的早期诗词中："浪花有意千重雪，桃李无言一队春。一壶酒，一竿身，世上如侬有几人。 一棹春风一叶舟，一纶茧丝一轻钩。花满渚，酒满瓯，万顷波中得自由。"(《渔父》)

李后主不仅爱填词，也酷爱书法，在书法名家中最崇奉书圣王羲之的老师卫夫人。他作大字爱以卷帛甚至以衣袖蘸墨狂写，世称"撮襟书"；书写时喜作颤动，字"瘦硬而风神溢出"，世称"金错刀"。他也善画，创"铁钩锁"画法。书画时所用的文房四宝，如诸葛氏的鼠须笔、李廷圭的墨、澄心堂的纸、龙尾砚，皆成为后世书画家梦寐以求的宝物。他也善音乐歌舞，他的妻子娥皇善舞蹈尤善琵琶，他们合制了乐舞《邀醉舞破》、《恨来迟破》，整理排演唐玄宗与杨玉环合创的《霓裳羽衣舞》。年轻的李煜诗词歌舞，挥毫泼墨，饮酒赏月，生活过得真是神仙也难比，有他的词《浣溪纱》可证："红日已高三丈透，金炉次第添香兽，红锦地衣随步皱。 佳人舞点金钗圆，酒恶时拈花蕊嗅，别殿遥闻箫鼓奏。"

李煜生活在书斋中，闺房里，皇宫内，在歌舞中度日，如温室里娇贵的花朵，在温润的环境里长得枝叶婆娑，有一种生命的鲜活，也有一种生命的柔嫩。王国维认为他是主观的诗人，"阅历愈浅，则性情愈真"。唐圭璋认为他"纯任性灵，直言本事，一往情深"，"在他欢乐的词里，我们看见一朵朵美丽之花"。他的词《一斛珠》就集中表现出他的这种单纯而又明净的自然美："晚妆初过，沉檀轻注些儿个。向人微露丁香颗，一曲清歌，暂引樱桃破。 罗袖裛残殷色可，杯深旋被香醪涴。绣床斜凭娇无那，烂嚼红茸，笑向檀郎吐。"

然而深宫之外，特别是南唐境外，一切却残酷无比！五代十国的创建者大多出身低贱，许多人上位后只知道纵情声色，于是臣子乘机拥兵自重，夺位篡权成为必然。五代十国中鲜有传位三代的国家，有的只存在十多年，荣乐止于一身。为此，这些皇帝极端敌视贵族文人。朱温就以"浮薄"罪名驱逐出身贵族和科举的大臣，曾在白马驿将包括原宰相裴枢在内的30多人一次性杀死；南汉末帝刘鋹只信宦官，他重用某官员或某人获进士第一，首先将他们阉割掉然后再用。五代十国是一个将儒家伦理教条践踏于脚下、人的私欲得到极端放纵的时期：为阻追兵，后梁两次将黄河决堤，并毁长安为废墟；为防逃兵，朱温、秦宗权发明了在士兵脸上烙字的方法；为防民间兵变，石敬塘见两小儿使用竹竿模仿战斗，竟将他们抓来杀死。更有甚者，汴军将人与牲畜杀死用来加高土山；秦宗权用盐腌死人当作军粮；杨行密围扬州，城内的秦彦军士抓活人卖给屠夫，这些在古代社会为人所不齿的东西，在这个时代变得司空见惯。

李煜当然感受不到这些时代的苦难和历史的纷争，他在宁静而又温馨的帝王之家过着无比自由的幸福生活，"花月正春风"；而且作为排行第六的王子，上有当了多年太子的大哥弘冀觊觎着皇位，李煜不想也不敢去想自己能成为一个皇帝。但不幸抑或幸福还是降临到他的头上。太子弘冀在八月鸩杀对其皇位威胁最大的皇叔晋王景遂后，九月就病卒了，太子之位意外地落到李煜身上。两年后，中主李璟也病卒，他嗣位成为国主。从诗人到太子到国主，李煜一下子从一个自我世界被推上政治最前沿。

而且此时的南唐已非李璟即位时的南唐。李昇临终前，遗嘱李璟要保境睦邻；为了让李璟牢记，甚至不惜咬破李璟的手指。一年之后，李璟就忘了手指之痛，大规模兴兵入闽、入吴；虽一度攻城略地甚至灭楚，但最终走向失败。后周郭威的义子柴荣三度亲征南唐，李璟遭遇一连串的重大失败后，不惜割地称臣，为避周讳甚至更名为景。强劲的冷空气一下子由北方铺入南方，南唐从此处在风雨飘摇之中。

李煜嗣位后，既没有选择卧薪尝胆，也没有选择屈膝投降，而是选择了退让，选择了委曲求全。如果说柴荣玩李璟于股上，那么代周而帝的赵匡胤则玩李煜于掌上。李煜上台伊始，就开始了他政治上的屈辱生活。李煜对赵匡胤，就是不断地乞和、进贡。而宋呢，早于京师凿水池习水战以准备进攻南唐，并在汴梁风景绝佳处造礼贤馆以待煜降。金陵城破之后，李煜率子弟亲属45人肉袒出降。

李煜政治上的受辱，与其说因为软弱无能，不如说是因为单纯善良；李煜亡国有人说根子在于他纵情声色，不如说纵情声色加速了他的亡国。在动乱的时代里，在北宋的威压下，他过分地放纵了自己。他毕竟与他所欣赏的魏晋名士不同，因为他是一个帝王，而且是处在"山雨欲来风满楼"中的帝王。他的放纵违背了自己的现实角色，伤及自己最主要的身份，亡国成了他身上最鲜明的符号。但这不妨碍他将词作得更好，他的政治对手赵匡胤也这样评价他：把作词的工夫用在治国上，国何至于亡。

李煜不像个君主，而是一个情感真挚的诗人，对一切不是通过政治家的心术权衡出来，而是靠他情感的体验。于是，身边的一些私事、小事在他真诚的心中重过了政治、重过了国家大事。李煜丧父不久，妻子娥皇病重，随后次子仲宣因意外惊吓夭折，娥皇亦伤心而死。失父、失子、失妻，美满的家庭顿时与国家一样破败不堪，这给李煜比国家破败更沉重更直接的打击。《南唐书》云后主"哀苦骨立，杖而后起。每于花朝月夕，无不伤怀"。《挽歌》一诗怀妻念子，读之裂人心肝："珠碎眼前珍，花凋世外春。未消心里恨，又失掌中身。 玉笥犹残药，香奁已生尘。前哀将后感，无泪可沾巾。"这决不是帝王的情感，而是真正的诗人的情感，是人性的自然流露。在《昭惠周后诔》中，李煜直称自己为"鳏夫煜"，为后来许多道学家所摇头不解。李煜诗词中没有一首直接写国

事、政事。他的弟弟从善出使汴梁遭羁留，他对弟弟的思念是诗一样的纯净无滓的思念。他在《清平乐》中写道："别来春半，触目柔肠断。砌下落梅如雪乱，拂了一身还满。 雁来音讯无凭，路遥归梦难成。离恨恰如春草，更行更远还生。"

国家的不幸与家庭的不幸交织在一起，使李煜放浪形骸。娥皇病重期间，他与娥皇的妹妹（后为小周后）相见生情，幽期密约，并作《菩萨蛮》一词："花明月黯笼轻雾，今宵好向郎边去。刬袜步香阶，手提金缕鞋。 画堂南畔见，一向偎人颤。奴为出来难，教君恣意怜。"虽然以后李煜守丧三年才娶小周后，虽然以后李煜专宠小周后并相濡以沫，虽然这对皇帝来说也算不了什么，但对他来讲仍是个骇俗之举。据史书记载，李煜是个"处处循规蹈矩，事事谨小慎微"的人，但他太不懂得政治游戏规则了。你做就做呗，去找个好的理由，或者干脆保持沉默，别把这些都写出来啊，还写得这么真实，让大家浮想联翩、广为流传。再说开一点，李煜的纵情声色，从根本上来讲是为了逃避，特别是逃避政治。小周后为了替李煜解忧，在花园中建了只可二人对坐的花房，两人在里面醒则举杯畅饮，醉则交臂酣睡。《乌夜啼》写道："昨夜风兼雨，帘帷飒飒秋

风。烛残漏断频欹枕,起坐不能平。

世事漫随流水,算来梦里浮生。醉乡路稳宜频到,此外不堪行。"

为了逃避,李煜还在国内广建庙宇,帝与后在宫中头戴伽帽,身着红袈裟身体力行地事佛。李煜是不懂得政治游戏规则的,这在礼佛上也可见。李煜遇僧尼宿奸,他不是用政治的方法解决,将他们杀死或驱逐,而是认为他们这样做是七情六欲使然,去同情他们,只让他们礼佛百遍。有一次他来到佛寺,见僧人正在削如厕用的厕简(作用相当于现在的手纸),便拿起一块,放在自己的脸上刮了几下,看伤不伤皮肤。李煜没有用皇帝的光环将自己笼罩起来,获得超越众人之上的"天子"威仪。甚至李煜很少意识到自己是一个君主,一个面临强敌即将走上政治刑场的君主;他更多地将自己定位为一个词人,一个有才情的词人,他的放纵与寻求解脱也体现了这一点。

《后山诗话》载徐铉当着赵匡胤的面夸李煜的诗《秋月》,而此诗却被赵匡胤讥为"寒士语尔"。《石林燕语》记李煜降后,赵匡胤让其举自己最为得意一联,李煜诵其《咏扇》诗中"揖让月在手,动摇风满怀",赵匡胤夸他"好一翰林学士"。赵匡胤从政治标准看出其中政治色彩,我们也可以在赵匡胤的评述中看出李煜对诗词艺术上的追求,看出李煜的词人本性。李煜亡国之时,竟仍在写一首未完成之词《临江仙》:"樱桃落尽春归去,蝶翻金粉双飞。子规啼月小楼西,画帘珠箔,惆怅卷金泥。门巷寂寥人去后,望残烟草低迷……"里面有对亡国的惆怅,有对未来的迷惘,但这一

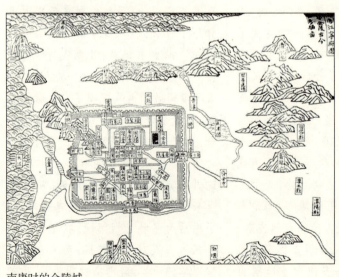

南唐时的金陵城

江南江北旧家乡,三十年来梦一场

切都是淡淡的、隐隐的,感情的抒发也委婉曲折。这决不是一个贪恋政权的亡国之君的呐喊与悲嚎,更像是一个亡国士大夫的浅吟低唱。李煜还没有意识到亡国后他的帝王角色带给他的屈辱与悲哀;即使他意识到,那也是模糊的,甚至带着点诗情画意。在他的潜意识里,他根本就不是个政治犯,而是个词人。

公元975年末,古城金陵天低云暗,冰凉的雨滴洒满江天。李煜终于要告别故土,北上汴梁,去过降王的生活。在告别太庙的那一刻,李煜听到了离别的歌声,忽然一下子明白了些什么,深刻地意识到些什么。他在《破阵子》中写道:"四十年来家国,三千里地山河;凤阁龙楼连霄汉,玉树琼枝作烟萝。几曾识干戈。

一旦归为臣虏,沈腰潘鬓消磨。最是仓皇辞庙日,教坊犹奏别离歌,垂泪对宫娥。"李煜率宗族三百人冒雨登舟。船从秦淮河出发,驶入长江北上。李煜远望石头城,见宗庙渐远,石头城融入一片苍茫,江南故土不再是他的家乡,不禁为失去的一切黯然泣下:"江南江北旧家乡,三十年来梦一场。吴苑宫闱今冷落,广陵台殿已荒凉。 云笼远岫愁千片,雨打孤舟泪万行。兄弟四人三百口,不堪闲坐细思量。"远离过去的一切,身在孤舟,驶向一个不可预

测的远方,去接受一个不可预知的命运。在漫长的水道上,李煜今昔对比,开始了深深的反思。他的词人之心再也无法"闲"下来,他要"细思量"!此时正值春节,一路上家家欢欣、户户喜悦,鞭炮声、锣鼓声响彻一片,这更衬托出这支船队的凄惨悲切,更让李煜想得更深、更远。

正月初四,赵匡胤冕旒衮服,意气风发,站在高高的明德楼上接受"受降献俘"的庆典。李煜一行无论君臣后妃一律白衣纱帽,在高大的骑兵的押送下从城市主干道步行前进。在明德楼前的广场上,他们齐刷刷地跪成一片,静等赵匡胤的发落。李煜终于知道了自己所处的政治地位:一个阶下囚,而不是披着帝王外衣的词人。宋太宗赵光义虽让降王李煜住进了仅次于皇宫的豪华宅第,但不知道李煜更需要精神上的自由与宁静。赵光义虽略有文才,却没有文人的慧心,总把李煜放在被污辱、被损害的位置上,来满足他作为政治家的膨胀着的胜利的欲望。李煜的行动极不自由,没有皇帝的手谕,他不能外出或接见任何人。最让李煜难以忍受的是,赵光义经常召小周后入宫侍宴、侍寝,对她进行威逼与侮辱。李煜生活在孤寂、恐惧与失望之中。他在《相见欢》中写道:"无言独上西楼,月如钩。寂寞梧桐深

院锁清秋。 剪不断,理还乱,是离愁,别有一番滋味在心头。"

李煜生活在巨大的落差中,周围到处是不自由、受辱和伤害。"此中日夕,只以眼泪洗面。"唯一排泄情绪的方法便是借酒消愁、长歌当哭。残酷的压抑的生活,使他更想念过去的美好的生活;现在要想重温这种生活,只有在梦中:"闲梦远,南国正芳春。船上管弦江南绿,满城飞絮滚轻尘。忙煞看花人。 闲梦远,南国正清秋。千里江山寒色远,芦花深处泊孤舟。笛在明月楼。"美好的一切可梦不可及,梦醒之后,一切成空,才知道梦想与现实之间的鸿沟。他一边哀叹人的命运的无常,一边又想从无常的命运中得到安慰:"人生愁恨何能免?销魂独我情何限!故国梦重归,觉来双泪垂。 高楼谁与上?长记秋晴望。往事已成空,还如一梦中。"(《子夜歌》)

"林花谢了春红,太匆匆。无奈朝来寒雨晚来风。 胭脂泪,留人醉,几时重?自是人生长恨水长东。"(《乌夜啼》)当命运也无法安慰这颗受辱的心灵后,想到以死来解脱。一次醉后,他在窗纸上信手书了十四个大字:"万古到头唯一死,醉乡葬地有高原。"李煜终于清醒地认识到这一切都是政治带来的,是他过去的帝王

南唐陶俑
雕栏玉砌应犹在,只是朱颜改

角色招致而来的。意识到这一点,他内心更有一种说不出的巨痛,甚至有一种追悔。他情感上的重负又加了一层,抒发出来也更有力:"往事只堪哀!对景难排。愁风庭院藓侵阶,一任珠帘闲不卷,终日谁来? 金锁已沉埋,壮气蒿莱。晚来天净月华开,想得玉楼瑶殿影,空照秦淮。"(《浪淘沙》)

"独自莫凭栏!无限江山,别时容易见时难。"(《浪淘沙令》)赵光义用政治家的嗅觉从李煜的词中探出了政治的意味。李煜哀身世、思家国的词也不可小视,它们在江南产生了巨大的影响。赵光义为了准确地了解李煜

的内心,派他的旧臣徐铉去探视。李煜见之,涕泣交流了半晌,只说了句:"悔不该当初错杀潘佑、李平。"潘佑是何许人,值得李煜发此感慨?潘佑原是南唐旧臣,曾上书李煜,劝他振作起来,不要做亡国之君。李煜盛怒之下,将他与同党李平关入狱中。后来他们不忍亲见南唐灭亡,在狱中上吊自杀。徐铉回去后如实向赵光义汇报,事实证明了赵光义的猜测。

七夕到了,四十二岁生辰。对着凄凉、冷清的庆典,万千往事涌上心头。他无法压制下自己的悲伤,只好拿起笔来,挥笔写下了《虞美人》一词:"春花秋月何时了,往事知多少。小楼昨夜又东风,故国不堪回首月明中。 雕栏玉砌应犹在,只是朱颜改。问君能有几多愁,恰似一江春水向东流。"李煜写罢,立即交付歌妓排演。少顷,悲歌飘出窗外。密探火速将这首词录交赵光义。李煜怀念故国,而不是乐不思蜀,一直是赵光义心中的一个隐患。李煜活着,南唐就有复起的可能;李煜的词作,就是一种私下的反抗。赵光义火速派人赐李煜"牵机妙药"以祝寿。李煜服下后即中毒,全身痉挛,头足相向,状似牵机而死。

李煜生于七夕,死于七夕。李煜死后,赵光义赠之以太师头衔,又追封为吴王,特诏辍朝三日以哀悼,并以王礼葬之于北邙山。在仁义的招牌下,赵光义用一颗虎狼之心,杀害了一个文学天才,消灭了一个纯真的灵魂。小周后亦于此年卒,与李煜同葬。

王国维认为李后主后期的词"以亡国之怨思,突破花间的窠穴。"唐圭璋说在李煜"悲哀的词里,我们看见了一缕缕血痕泪痕"。李煜以赤子之心,融血和泪,直面人生,不加掩饰,直抒胸臆,不愧为光照千古的"词中之帝"(王鹏运语)。"豪华落尽见真醇",在这些性情中人里,李煜李后主是最有名的一位。他的自身角色定位集中体现了帝王与词人的矛盾,他的故事集中反映了北方文化中政治——伦理精神和江南文化中自然——审美精神的差别。可以说,李煜是江南诗人政治家中政治上最失败的一位,也是江南诗人政治家中文艺上最成功的一位,他是江南诗人政治家的典型。随着岁月的流逝,世上许多事物都会失去它的存在;李后主留下的小词,却常读常新,有着生命的鲜活,有着永恒!

东林书院

■ 田崇雪

老大帝国，书院千座，谁比我东林用信仰做砖石磊落出如此的气象和魂魄；峨冠博带，往来穿梭，谁比我东林用热血做浓墨挥洒出如许的浩然与巍峨。

"风声、雨声、读书声，声声入耳，家事、国事、天下事，事事关心。"

从贴着这副对联的大门内走出来的只能是中国书生："吾善养我浩然之气"的传承者，"天下兴亡，匹夫有责"的践行者，道德理想主义的殉道者，因为，他们是孔孟的后人。

那么，就让我们来看一看这座书院，听一听东林的"三声"。

在东林书院的院志上，最早出现的一个名字，并不是后来名噪华夏的

东林书院的创建者杨时是洛学的传人，洛学正是以二程为代表的

东林党人当中的任何一个，而是杨时，宋徽宗龙图阁直学士杨时，为后学创造了"程门立雪"佳话的杨时，是他创建了东林书院。杨时，号龟山，曾受学于理学家程颐。杨时在无锡讲学达18年之久（1111—1129年）。所以东林书院又称"龟山书院"。杨时离锡后，无锡人士在书院东面建造了"道南祠"纪念他。据载：杨时在河南学成南归时，程颐对他这位学生说过一句夸赞的话："吾道南矣！"

在理学思想的传播上，东林书院是一座举足轻重的桥梁，而杨时便是这座桥梁的建造者。儒学为国学，古今尽知。而儒学到了宋代，便发展成为儒、道、佛互相渗透的唯心主义思想体系——程朱理学。程颢、程颐兄弟与朱熹之间，地距千里，人隔百年，二程居河南洛阳，朱熹乔居福建建阳，理学南迁，杨时是当之无愧的播种人。杨早年受业于二程，学成后在无锡讲学，后又南下福建讲学数十年，朱熹为其三传弟子。朱子能在二程理学上有所发展，青出于蓝而胜于蓝，理学的播火者杨时功不可没。他是洛学的传人，又是闽学的鼻祖。

杨时走后，东林书院便是400余年的荒废和寂寞，直到明万历三十二年，也就是1604年，一位从"庙堂之高"走向"江湖之远"的学人的出现。

他就是顾宪成,"断头政治"时代的落魄者,东林书院的修复者,试图用"讲学"这种方式来对"大黑暗时代"行使"舆论监督"的观察家。东林书院因他的出现而名满天下,他也因东林书院而使一生的事业走向辉煌。

顾宪成,字叔时,号泾阳,无锡泾里(今无锡县张泾)人。生于明嘉靖二十九年(1550年)八月初七,卒于万历四十年(1612年)五月二十三日。幼时家贫,父亲顾学开了爿豆腐作坊,艰苦的生活环境激发了顾宪成奋发读书的决心与进取向上的志向。

万历四年(1576年),27岁的顾宪成赴应天(今江苏南京)参加考试,结果以第一名中举,真可谓"一举成名"。

万历八年(1580年)顾宪成赴京参加会试,又被录取在二甲第二名,被赐进士出身。从此,怀瑾握玉的顾宪成踌躇满志地踏上了仕途,开始了他10多年的宦海生涯。书生气十足的顾宪成哪能想到,专制王权所需要的并不是他这种"虽千万人吾往矣"的个性张扬的"人",而是"奴才",于是,未经几个回合便败下阵来。

万历二十二年(1594年)九月,顾宪成因"忤旨"的罪名被放回原籍。

从北京回到家乡泾里,顾宪成认为:讲学,可以传授知识,风范人物,扶持正论,为国家培养人才,这和自己重人才、重舆论的政治思想是一致的。于是便把精力集中到讲学上来,顾宪成一生最辉煌的事业就此展开。

由于顾宪成在学界政界都有很高的声望,所以慕名来请教他的人很多。顾宪成不顾病体,不管其贫富贵贱,一视同仁,热情接待。后来,他看到前来泾里的人很多,小小的泾里镇上,连祠宇、客栈和自己周围邻居家都住满了客人,还容纳不下,就与长兄性成、次兄自成及弟弟允成商量,在自己住宅南边造了几十间书舍供来人居住,顾宪成的夫人朱氏给学生们烧饭做菜,使学生来了就像回到家里一样。泾溪

顾宪成试图用"讲学"行使"舆论监督"

南北，昼则书声琅琅，夜则烛火辉辉，一派日以继夜奋发攻读的景象。即使许多已有功名、才学亦高的学者也争相前来求教。

在讲学活动中，顾宪成迫切感到必须具备一个固定的讲学场所，从而将分散的讲学活动变成一个有协调组织的统一活动，从而对吴地乃至整个社会产生良好的影响和作用。万历三十二年（1604年），经顾宪成和吴地学者的共同努力，官府终于批准在无锡城东门内的东林书院遗址重建复兴东林书院。重建工程开始于这年四月十一日，至九月九日告竣，共用了1200多两银子。作为首倡发起人之一的顾宪成捐银最多，又去策动吴地官员和缙绅捐资助修，出了大力。顾宪成又亲自为书院讲会审订了宗旨及具体会约仪式。这年十月，顾宪成会同顾允成、高攀龙、安希范、刘元珍、钱一本、薛敷教、叶茂才（时称东林八君子）等人发起东林大会，制定了《东林会约》，顾宪成首任东林书院的主讲。

晚明社会，世风不正，尤其是读书人，是非观、荣辱观颠倒，为了矫正这种颓坏的世风，早年的顾宪成自撰了一副对联："风声雨声读书声声声入耳，家事国事天下事事事关心。"书联言志，这在常常舞文弄墨的中国书生来说并不为怪，但我惊异于这副对联所表现出的一种宏大的胸襟和浩然的气魄，与"惟楚有才，于斯为盛"比起来，后者无论如何都显得局促和逼仄。尤其难能的是，对联并没有透露出多少具体的诸如"鲲鹏"、"鸿鹄"之类的愿望和抱负，而只是一种对"风雨"、"家国"的"入耳"和"关心"，无论他是"居庙堂之高"还是"处江湖之远"。后来的顾宪成用一生来践行着这副对联。可他也许永远没有想到，这"三事"、"三声"竟然成了千百年来像他一样的中国书生群体人格精神的怆然象征。

是的，从轴心时代由于食物的匮乏而被排挤出政治中心的中国书生从来就没有放弃过重返祭坛的努力，尽管每一次都是以鲜血和生命做代价。但是，我想，无论如何，它对"两耳不闻窗外事，一心只读圣贤书"的纯"学究派"、"学成文武艺，货与帝王家"的纯"功利派"和"黄金屋、千钟粟、颜如玉"的纯"欲望派"都是一个极大的匡正，甚至反动。值得注意的是这副对联的位置，由"书房"而"祠堂"，由"祠堂"而"小学"，由"小学"而"书院"，对联位置的几次迁徙反映出了后学对这副对联和东林前驱们的价值认识是一个逐渐深化的过程。

我想，能为这么一座书院撰写了这么一副对联的顾宪成即使什么都不做也够了。

由于东林讲会开创了一种崭新的讲学风气，引起了朝野的普遍关注。一些学者从全国各地赶来赴会，学人云集，每年一次的大会有时多至千人，不大的书院竟成了当时国内人文荟萃的重要会区，和江南讲学者遥相应和。东林书院实际上成为一个舆论中心，这里的人们便逐渐由一个学术团体形成为一个政治派别，从而被他们的反对者称为"东林党"。东林党也靠着一种"舆论"的话语权与朝廷中的腐朽势力展开了殊死的抗争，主讲顾宪成则自然以其卓越的思想气度成为东林党的精神领袖。

万历四十年（1612年）被指控为"讲学东林，遥执朝政"的顾宪成走完了他62岁的人生历程。然而，东林的"风雨"并没有因顾宪成的离去而停歇。

由万历（四十八年）而泰昌（一年）而天启（七年），大明王朝走向了他腐朽的顶点，不幸的是东林书院的"第一届毕业生"也"生正逢时"。之所以说他们"生正逢时"，是因为天启皇帝给他们带来了命运的转机，由在野的清

东林书院，积淀着中国书生群体人格精神，用"舆论"话语权与政治权力分庭抗争

流，一变而为主持朝政的主要力量，首辅刘一景、叶向高，吏部尚书赵南星、礼部尚书孙慎行、兵部尚书熊廷弼，都是东林党人或东林的支持者，可以说王朝的军事、政治、文化、监察和人事大权全都被东林掌握，《明史》记述此时："东林势盛，众正盈朝。"可谓盛极一时。之所以他们"不幸"是因为他们碰上了一位集天下万恶于一身、背靠天启、目不识丁的宦官魏忠贤。

"为什么这样一批声势显赫的饱学之士，不能提防一个目不识丁的宦官从背后举起的屠刀？这样一个苦心经营十七年，中国历史上历时最久，影响最大的士大夫集团，失败得如此惨重？"这是历史学家、明史专家刘志琴教授在东林书院的一次演讲当中的设问。问的好！可是她给出的答案是："作为当权的群体力量，没有利用有利的时机，拿出一套行之有效的治国方案，把主要精力和才智都消耗在党派斗争上，这是招致失败的一大失误。在他们踌躇满志的时候，对阉党的聚集力量麻木不仁，丧失警惕，而且提出一个错误的政策，那就是'笼络群阉'，姑息养奸，试图劝告魏忠贤不要干政，这无异是与虎谋皮。眼看阉党势力日益壮大，他们认识既不一，行动又迟缓，放着兵部不抓，不用武力做后盾。魏忠贤的爪牙插手内阁，首辅、吏部尚书相继被逐，次

辅竟然胆怯得辞职，以图息事宁人。在大敌当前之际，没有反对最大的敌手，而是忙于提携同党和派系斗争，所以被阉党轻而易举地一举扑灭，肇成千古冤案。"那么，东林党人"不这样"，"千古冤案"就能避免了吗？事情远没有那么简单。

说到底这牵涉到对东林士人的再评价问题。

慷慨激昂之后我们是否该冷静地反思我们以往对东林的评价是否有点过高了呢？

从东林领袖们一个一个"慷慨赴死"的姿态可以看出，他们并没有把自己的死亡看成是一种大悲剧：个人的悲剧进而推想为朝廷的悲剧、国家社稷的悲剧，相反他们一个个都觉得自己"死得其所"：

高攀龙本可以不死，可他在缇骑到来之前就写下"君恩未报，结愿来生"的遗言投水而死，遗嘱还要家人变卖田产供缇骑费用。

杨涟本可以不死，在他被押解途中，"都城士民数万，拥道攀号，争欲碎官旗而夺公"，可他却在"四向叩道，告以君臣大义，始得解散"。

左光斗本可以不死，被捕时，县民散发传单，动员殴打捕人的缇骑，左却苦苦劝阻，俯首就擒。

黄尊素本可以不死，听说缇骑将

逮捕证遗失,竟然自动换上囚服投案,在临刑前还赋诗叩谢君父。

李应升被捕时,数万人出动拒捕,李却一再拜求市民解散,还说什么:"臣罪应难赦,君恩本自宽。"

周顺昌也可以不死。

……

从死亡的迹象看来他们似乎是在"表演"、在"作秀"、在以高昂的生命换取"忠烈千秋"的美名。"名"高于"命",这是东林士人的价值尺度。这样评价是否"有污先贤"之嫌呢?是

古人云:"顾宪成之学,乃朱子之学也。"从东林党人表现出的人格精神可证明这一点

否有"以今匡古"之弊呢?非也,回顾一下晚明的思想史就可以了然。

李贽,中国思想史上第一位"思想犯",无论如何都该成为东林士人们的前驱,可是没有。作为国学的"理学"在"异端"思想家李贽们的抨击下已经开始动摇,至少开始让人生疑,可是东林士人们非但没有生疑,反而更加坚守。

"市民意识"的觉醒、扑面而来的"海风"在东林士人的心灵里竟然没有划过任何痕迹,真的不明白为什么在东林人的"三事"、"三声"里竟然听不到一点"市声"、"涛声"。

倘若把高攀龙的投水自杀看成是"蹈义",那么比高氏年长30多岁的李贽的"割脉"该算做什么?

这是专制王权精神深入骨髓的悲剧。

面对父辈们的自蹈死地,黄宗羲终于接过了李贽手中的火炬。

"风"太紧,"雨"太急,启蒙的"火炬"熄了燃,燃了熄,直至200多年后,在北平,燃成了冲天的大火,烧成了燎原之势。

所谓东林精神,一言以蔽之,就是反对"读死书、死读书"的精神,所谓东林评判,似乎不应该仅限于"道德的评判",还应当有"历史的评判",尽管它们之间有可能是悖反。

二泉映月

■ 田崇雪

行走在江南的青石小巷，总有一种声音会牵动你的衣裳，不思量，自难忘。五十三年了，蚕死丝尽，桐枯成琴，一代乐魂华彦钧（阿炳）在留下了六首音乐作品（二胡曲：《二泉映月》、《听松》、《寒春风曲》；琵琶曲：《大浪淘沙》、《龙船》、《昭君出塞》）之后，选择了一个天地一片银白的季节，喷鲜血成梅花，向世界关闭了他所有的感觉器官，魂归大荒。

如果说"埙能击破苍穹，箫能吹瘦晚风"，那么二胡呢？二胡能拉长夕阳，拉短岁月，拉近心灵。在诸般民族

阿炳正是用这民族乐器二胡奏出了艺术最高境界："歌哭无端字字真"的感伤

器乐中，我偏爱二胡，在二胡的经典作品和经典作家中，我偏爱"二泉映月"和创造了这人间绝响的瞎子阿炳。这源于我一种根深蒂固牢不可破的艺术观念：艺术的最高境界应该是"少年哀乐过于人，歌哭无端字字真"的感伤，而不应该是什么"曲终人不见，江上数峰青"的空灵。"感伤"总不脱烟火气，而"空灵"则近乎泯灭，而一个泯灭的灵魂还奢谈什么意境。

夜深人静，万籁俱寂，一轮皓月，一把胡琴，听半个世纪前的那个老人用一生的坎坷换回的命运之音。我听到的不是空灵，而是感伤。一个民间艺人对命运的感伤。

阿炳，原名华彦钧，在民族的音乐史册上这样记载着他的生平：

1893年8月17日，阿炳出生在无锡雷尊殿旁"一和山房"。父亲华清和（号雪梅）为无锡洞虚宫雷尊殿当家道士，母亲秦氏出身农家，曾嫁与秦家，婚后不久便守寡，与华清和的结合遭到族人痛骂，在阿炳出生一年后便悒郁而死。阿炳一生下来就被父亲送至无锡县东亭镇小泗房巷老家，托族人抚养，8岁后带回道观，取学名华彦钧，小名阿炳，并被送入私塾读书。

华雪梅精通各种乐器和道家音乐。而阿炳幼时便表现了罕见的音乐天赋，在他10岁那年，父亲便教他

迎寒击石、模拟击鼓,练习各种节奏(后成为当地有名的司鼓手)。12岁那年,阿炳开始学吹笛子,父亲经常要他迎着风口吹,且在笛尾上挂铁圈以增强腕力,后来索性将铁圈换成了秤砣;阿炳在学二胡的时候,更加刻苦,琴弦上被勒出血痕,手指也拉出了厚厚的茧。阿炳演奏用的二胡的外弦比一般弦粗得多,这与他常年练习分不开的。17岁时,阿炳正式参加道教音乐吹奏,他长得一表人才,还有一副好嗓子,被人们誉称为"小天师"。

1914年,华雪梅去世,阿炳成为雷尊殿的当家道士,与堂兄华伯阳轮流主管雷尊殿的香火收入。后由于经营不善,阿炳又染上恶习,生活逐渐潦倒,在他34岁那年,双目相继失明,为

生活所迫,流浪街头,卖艺为生。1939年,阿炳与江阴农村寡妇董彩娣结为夫妇。

1950年夏,中央音乐学院杨荫浏、曹安和教授专程来无锡为阿炳演奏录音,此时阿炳已完全荒弃音乐达三年之久。经过三天的练习,分两次录音,共留下《二泉映月》《听松》、《寒春风曲》三首二胡作品和《大浪淘沙》《龙船》《昭君出塞》三首琵琶作品。后《二泉映月》《大浪淘沙》获20世纪华人经典音乐作品奖。

1950年9月,中央音乐学院民乐系拟聘阿炳为教师,但当时他已身患重病,无力应聘。12月4日与世长辞,葬于无锡西郊山脚下"一和山房"墓地。1951年3月27日,其妻董彩娣病故。

又是一个关乎艺术与生命的永恒话题。

在进入这个话题之前,先让我们来看一看关于这位盲艺人的一些轶闻趣事,也许更能有助于对这一宏大课题的理解。

其一,阿炳有"三不穷":人穷志不穷——不怕权势;人穷嘴不穷——不吃白食;人穷名不穷——正直。

乡间盲人行唱道出的是艺人辛酸与苦涩。阿炳街头卖唱,其中又有多少酸楚呢

其二，在无锡，有个地主强奸了家中的一个13岁丫头，阿炳知道后，马上把此事编词演唱，揭露其罪恶之举，激起民愤，吓得地主外逃好几个月都不敢回家。

其三，国民党军阀汤恩伯要阿炳给他的十三姨太唱生日堂会，阿炳断然拒绝，遭到一顿毒打。可阿炳毫不屈服，并编了唱词，拉起二胡痛骂他。

其四，抗战时期，日寇占领无锡，一个叫章士钧的人当了汉奸，阿炳知道后，就编词骂他，又遭到一顿毒打。后来，这个汉奸被日本人杀了，阿炳拍手称快，并编了一首《汉奸的下场》，沿街演唱，无锡人士无不叫好。

其五，阿炳的朋友陆墟曾这样描写过阿炳拉奏《二泉映月》时的情景："大雪像鹅毛似的飘下来，对门的公园，被碎石乱玉堆得面目全非。凄凉哀怨的二胡声，从街头传来……只见一个蓬头垢面的老媪用一根小竹竿牵着一个瞎子在公园路上从东向西而来，在惨淡的灯光下，我依稀认得就是阿炳夫妇俩。阿炳用右胁夹着小竹竿，背上背着一把琵琶，二胡挂在左肩，咿咿呜呜地拉着，在飞蒲扯絮般的风雪中，发出凄厉欲绝的袅袅之音。"

"三不穷"昭示着一个虽然穷困

但未潦倒的民间艺人傲骨嶙峋、坦荡峻朗的人格风范，《二泉映月》惊人的深沉便发端于这种以高贵作底蕴的人格音域，这便是诸般行业中为什么总是要强调"先做人"的原由，这也是为什么在艺术院校的高等学府里产生不了艺术大师的原因。以傲岸的人格支撑起脆弱的生命，生命便不再脆弱；以坚韧的生命抵换艺术，艺术便因了生命的注入而万古长青。而今呢？从天资聪慧的琴童到时刻巴望着磁带唱片一路飙升的歌星，你再也找不到一个甘于也敢于把生命抵押给艺术的真正天才。

技巧代替了精神，专业态度代替了灵魂，大师云云，能不沦为传媒时代的炒作新闻？

面对军阀汤恩伯的堂会，一个瞎子的惟一的选择就是手中的那把胡琴，用他做工具来反抗强权的淫威。在这里，我所感兴趣的倒不是阿炳的骨气和勇气，而是怀疑当听者把奏者当成奴隶的时候，听者是否还具备听者的资格。它一下子使我想到一个久远的故事：

《左传·成公九年》中记载，历史上第一个职业琴家钟仪，楚国人，身陷晋国。晋侯想听他演奏琴曲，面对强权，钟仪没有惊慌，弹奏起楚国的琴曲。也许是钟仪在囚徒生涯中对世界有了顿悟，这些当年没有让他避免灾难的音乐，却在这次偶然的演奏中起了大作用。晋侯感其人身在囹圄而不忘本、不奉承、不流俗，便将他依礼送回了故乡。钟仪即后来钟子期的先祖。琴学家杨典这样评价道："他在强权面前的心静，不但衬托了春秋时代乐人与伶人的悲哀，也第一个作为音乐家反抗了世界的浮躁。更重要的是，这事件赋予了春秋政治史一种伟大的弹性，即先秦中华帝国君主与诸侯对于音乐与音乐家的态度：以演奏水平定生死。乐人虽然是玩物，但如果你的音乐境界达到了某种高度，即使你是阶下囚，也可以立刻被尊为贵宾，以礼待之。奴隶也可以通过音

"如伯牙鼓琴，子期听之，不相语而意相知也。"音乐大师杨荫浏初听《二泉映月》时的感受也是如此吧

乐的美而蜕变为权力的主人。"诚哉斯言，由此所引出的话题应该很多，但"听琴是一种资格"，却是需要强调的。惟有天才才能欣赏天才，惟有天才才能激发天才。可是这种"资格"在这个惯于"复制"的年代被"降格"了，只要你还没有丧失听觉，你就可以"享受"到被"复制"的古今中外的经典音乐，有时候，你想不听都不行。比如夏夜，城市的夜被各种"卡拉OK"所塞满，铺天盖地，震耳欲聋。

这令我再次想起琴艺荒废了三年的阿炳为什么能在告别这个世界之前还能重操旧技为我们留下了这千古绝唱？是知音的激赏！

1950年8月，江南名城无锡，51岁的一代音乐大师杨荫浏到这座百废待兴的江南小城采风。同行的还有他36岁的学生兼助手曹安和。一阵如泣如诉、凄婉曲折的胡琴咿咿哑哑地自门外传来，一位30多岁的青年人正坐在门前的石墩上，信手拉着一段曲子。听出来了，听出来了！这是一曲生命的诉求，这是一曲灵魂的告别，这是一曲源发于个体生命，生长于民间荒野，跨越了邈邈时间和茫茫空间，向无数生命展开的稀世之音。杨荫浏先生停住了脚步，急切地叩问："这是谁的曲子？"拉琴的无锡乐人黎松寿告诉杨先生，这是无锡街头卖艺的瞎子阿炳

常拉的曲子，没有名字，并且50岁的阿炳常常吐血，身体极度虚弱，恐怕不久于世了。事不宜迟，杨荫浏先生匆忙赶向阿炳的"家"——一座废墟般的破庙。

数天之后，就是在这座破庙里，一首世界级的民乐经典就这样定型、诞生。许多年之后，一位散文家为我们描述过这一场面："满面灰尘气喘吁吁的瞎子阿炳在五六双眼睛期待的注视下，又拉起了那首重复了千百次的曲子，沉郁的二胡的琴音百感交集地在空气中波动，穿越时空，盘旋往复，重重的敲击着每一个人的心脉。一根细细的钢丝嘎嘎地拉动那

《二泉映月》得名于此

架借来的全国仅有的两台老式录音机，记录下了这首未名的民间曲调，使这一刻成为永恒。阿炳一首首地拉着，手不再抖动，一个个音符缓缓地流出，他沉浸在自己的世界中，与音乐融为一体。"

音是录完了，但却没有名字。据祝世匡先生回忆：当年录音后，杨荫浏先生问阿炳这支曲子的曲名时，阿炳说："这支曲子是没有名字的，信手拉来，久而久之，就成了现在这个样子。"杨先生又问："你常在什么地方拉？"阿炳回答："我经常在街头拉，也在惠山泉亭上拉。"杨先生脱口而出："那就叫《二泉》吧。"我说："光名《二泉》，不像个完整的曲名，粤曲里有《三潭印月》，是不是可以称它为《二泉印月》呢？"杨先生说："印字抄袭得不够好，我们无锡有个映山河，就叫它《二泉映月》吧！"阿炳当即点头同意。《二泉映月》的曲名就这样定下来了。

所谓"知音"，就是这样一些人：一曲响处，奏者与听者关闭的是眼睛，洞开的是心灵，"转轴拨弦三两声，未成曲调先有情"，这声情可以超越时空，跨越年龄，直达心灵。

小泽征尔尝言：《二泉》应跪听。是的，应该跪听！

最后，我想借花献佛，用王健填

词，阿炳原曲，彭丽媛演唱的这首《二泉映月》来送别这位4岁丧母，20岁丧父，21岁患眼疾，35岁双目失明，早年曾当过道士，后因其叛逆精神而被逐出道教，沦为街头流浪艺人的阿炳。

听琴声悠悠 是何人在黄昏后 身背着琵琶沿街走 背着琵琶沿街走 阵阵秋风吹动着他的青衫袖 淡淡的月光 石板路上人影瘦 步履摇摇出巷口 弯转又上小桥头 四野寂静 灯火微茫隐画楼 操琴的人 似问知音何处有 一声低吟一回首 只见月照芦荻洲 只见月照芦荻洲 琴音绕丛林 嗯——琴心在颤抖 声声

犹如松风吼 又似泉水淙淙流 又似泉水淙淙流 憔悴琴魂做漫游 平生事啊难回首 岁月消逝人淹留 年少青丝转瞬已然变白头 苦伶仃 举目无亲友 风雨泥泞怎忍受 荣辱沉浮无怨忧 荣辱沉浮无怨忧 惟有这琴弦解离愁 晨昏常相伴啊苦乐总相守 酒醒人散余韵幽 酒醒人散余韵幽 莫说壮志难酬 胸中歌千首 都为家乡山水留 天地悠悠 惟情最长久 共祝愿 五湖四海烽烟收 家家笙歌奏 年年岁岁乐无忧 纵然人似黄鹤 一抔净土惠山丘 此情绵绵不休 天涯芳草知音有 你的琴声还伴着泉水流。

二十四桥明月夜

■ 刘士林

青山隐隐水迢迢，秋尽江南草
未凋。

二十四桥明月夜，玉人何处教
吹箫。

如同现代战争小说中经常写到
的"五步一岗，十步一哨"，在"户藏
烟浦，家具画船"的江南水乡，随处可
见则是大小不一、或直或曲以及有名
无名的桥。对此园林专家陈从周先
生有一段精美的叙述："在水道纵横、
平畴无际的苏南浙北地带，桥每每五
步一登、十步一跨，触目皆是。在绿
满江南的乡村中，一桥如带，水光山
色，片帆轻橹，相映成趣。……每当
舟临其境，必有市桥相迎，人经桥下，
常于有意无意之中，望见古塔钟楼，
与夹岸水阁人家，次等照眼了。数篙
之后，又忽开朗，渐入柳暗花明的境
界。"（《水乡的桥》）但也仅仅是因为
杜牧这一首诗的缘故，我把二十四桥
看作是这些江南岗哨的"班头"。但
是另一方面，说这句话的最大悖论
却在于：在扬州是否真有一座二十四
桥，或者说二十四桥本身是不是一个
明明白白的存在？

这种疑问由来已久，据吴锡平
《二十四桥何在》一文的钩沉，二十四
桥主要有这样几种说法：

一是"一桥说"，即在扬州有一座
叫"二十四桥"的桥。它的主要证据
是许多宋人在诗词中都写到过它，如
姜夔的"二十四桥仍在，波心荡、冷月
无声"；韩琦的"二十四桥千步柳，春
风十里上珠帘"；赵公豫的"桥在大业
间，今日已倾圮"；吴文英的"二十四
桥南北，罗存香分"等。清初学者谈
迁曾亲自探访过二十四桥，并留下
了"斜阳古道接轮蹄，明月扶疏万柳
西。桥上行人桥下水，落花尚自怨香
泥"（见《北游录·纪程》）的诗句。
而学者的研究显然有助于诗人之实
的客观性。尽管对此也有一些争议，
如清人吴绮以为"出西郭二里许，有
小桥，朱栏碧甃，题曰烟花夜月，相
传为二十四桥旧址，盖本一桥，会集
二十四美人于此，故名"（《扬州鼓吹
词·序》）；而李斗则把"美人之说"看
作"附会言之"，他说："廿四桥，即吴
家砖桥，一名红药桥，在春熙台后。"
（《扬州画舫录》卷十五）但小异不掩
大同，在二十四桥是一座扬州的桥这
一点上他们是一致的。此外，在《隋
炀帝艳史》中，还把二十四桥的来历
同炀帝的荒淫无道联系起来，此说虽
不可征信，但作为一种茶余饭后的江
南谈资也颇有意思。

二是"二十四座桥说"，即二十四
桥是指古代扬州的二十四座桥。此
说的始作俑者是北宋的沈括。他在

《补笔谈》中，花了不少力气，对二十四桥逐一调查取证。王振世《扬州揽胜录》将其考证转述如下："扬州二十四桥实有二十四桥之名，非指一桥而言。其桥名曰：浊河桥、茶园桥、大明桥、九曲桥、下马桥、作坊桥、洗马桥、南桥、阿师桥、周家桥、小市桥、广济桥、新桥、开明桥、顾家桥、通明桥、太平桥、利国桥、万岁桥、青园桥、驿桥、参佐桥、山光桥、下马桥。"但由于沈括的二十四桥中出现了两个下马

"高楼明月古扬州，二十四桥云雾里。"高翔笔下的二十四桥却添了几分野趣

丰子恺笔下的《二十四桥仍在》有几分落寞与无奈

桥，也就使后人产生了一些疑窦，他们以为一座城市中不可能出现两座下马桥。而在我看来，这种怀疑实际上意义不大。从下马桥的名称看，它类似于戏文中天波杨府的下马牌坊，由于杨家将为大宋立下了汗马功劳，所以才被恩赐享有"文官下轿，武将下马"的殊荣。如果在扬州恰好有两个享有此殊荣的官宦人家，那么出现两座下马桥也是不足为奇的。而我所以对沈括说法仍持保留态度，关键是因为头脑中总是抹不去他与杜甫的一种隔世笔墨官司。杜甫《古柏行》中有"霜皮溜雨四十围，黛色参天二千尺"，以科学家之眼观物的沈括就讥笑这样的树"无乃太细长乎？"如果沈括仍然是按

照这个思路去考证二十四桥，那么无论他的技术多么高明，但首先在方法论上就是站不住脚的。

此外还有"编号说"和"泛指说"。前者认为二十四桥是扬州桥编号系统中的第二十四位，它的主要证据是古代诗歌中常常出现带编号的桥，如杜甫的"不识南塘路，今知第五桥"；姜夔的"曲终过尽松陵路，回首烟波十四桥"。即使在扬州诗词中，也可以找到此类的例子，如施肩吾的"不知暗数春游处，偏忆扬州第几桥"；张乔的"月明记得相寻处，城锁东风十五桥"；林章的"不知今夜秦淮水，送到扬州第几桥"；姚世钰的"记取扬州郭，寻君第几桥"等。后者则把二十四桥看作是不可实证的"诗家语"，它最有力的证据在于作者杜牧惯用此法。如《江南春绝句》的"南朝四百八十寺"，《村舍燕》的"汉宫一百四十五"，《洛中送冀处士东游》的"四百年炎汉，三十代宗周；二三里遗堵，八九所高邱"等。既然这些诗家语都不够严谨甚至是有错误的，难免杜牧的"二十四桥"似乎也可当作如是观。表面上这两说也有一定的道理，但就我的中国诗学经验而言，却觉得它们是最靠不住的假说。尽管前者可以使人想到《水浒》或《说唐》中的一百零八条好汉，但它的根本问题在于，不懂得看似简单的编号

方法，实质上却是要根基于一种文化深层的分类原则。姑且不论这种数字化的编码机制与中国诗性文化的难以兼容，更重要的是古代的官吏都受过极好的人文教育，他们怎么能够像一文不文的当代官吏那样，在城市地名的编码中只知道什么一村、二村、三村，或者是更加机械的什么经几路或纬几路呢？而后者的问题则在于受现代文艺美学的影响太深，建立在这个西方话语基础上的诗歌释义学，总是倾向于把诗歌看作是诗人想象力的游戏产物，而一点不懂得中国古典诗歌在很多方面都是一种"诗性智慧"，它的一个基本特征，用维柯的话说就是一切都是"忠实的叙述"。

以上各种关于二十四桥的阐释，实际上都离杜牧的文本过于遥远，所以在这里我还想追究一下杜牧的本义。在这里首先遇到的是二十四桥的阐释语境，或者说是如何处理关于二十四桥的各种文献之相互关系的问题。在我看来，关于二十四桥的文献资料虽多，但基本上都属于顾颉刚所谓"层累发生的"一类。以把二十四桥写得最详细的《扬州揽胜录》的两段记载为例：

廿四桥即吴家砖桥，一名红药桥，出西郭二里许即至。清乾隆间，桥跨

西门街，东西两岸，砖墙度版，围以红栏。桥西吴家瓦屋围墙上，石刻"烟花夜月"四字，不著书者姓名。……自杜牧之诗出，二十四桥之名，由唐以来艳称海内。

清乾隆间，桥西岸旧有酒肆名"听箫园"，盖取杜牧之诗意命名。园内编竹为篱，诛茅为屋。《画舫录》云："桑鸡桂鱼，山茶村酿，朱唇吹火，玉腕添薪，当炉之妇，脍炙一时。故游人多集于是，题咏亦富。"《梦香词》云："扬州好，桥接听箫园。粉笔漫题今日句，水牌多卖及时鲜。能到是前缘。"金棕亭集联云："圣代即今多雨露，酒垆终古擅风流。"管希宁为之作图，可想见当日文酒风流之盛。

对此作一些引申，所谓"自杜牧之诗出……艳称海内"可以说是二十四桥的源头，而其他的一切，如这里的"听箫园"以及当代在瘦西湖上搞得不伦不类的二十四桥，则都是由于先有了诗的盛名才逐渐衍生的。而如果误以为杜牧的诗家语一定是"对存在的反映"，那结果则必然是十分可笑的。丰子恺先生年轻时的一段逸事恰好可说明这一点。据说他在教子读宋词至"二十四桥仍在"一句时，无论如何也按捺不住对二十四桥的向往，于是很快

携子乘车赶往扬州，径奔他心目中"大名鼎鼎的二十四桥"。但是到了扬州，车夫不仅坦言"这地方很远，而且很荒凉，你们去做什么？"甚至不愿意驱车带他们前往。而最后在实地的所见，则是"在田野中间跨在一条沟渠似的小河上的一只小桥边。……桥下水涸，最狭处不过七八尺……"(《扬州梦》)哪里有什么美丽月色和吹箫佳人呀。而至于杜牧诗中的本义，我以为借助张岱的一条笔记来索隐：

广陵二十四桥风月，邗沟尚存其意。渡钞关，横亘半里许，为巷者九

古人云："莫将风月比二十四桥"，可见二十四桥在古人眼里是风花雪月之代称

条。巷故九,凡周旋折旋于巷之左右前后者,什百之。巷口狭而肠曲,寸寸节节,有精房密户,名妓、歪妓杂处之。名妓匿不见人,非向导莫得入。歪妓多可五六百人,每日傍晚,膏沐熏烧,出巷口,倚徙盘礴于茶馆酒肆之前,谓之"站关"。茶馆酒肆岸上纱灯百盏,诸妓掩映闪灭于其间,疤痕者帘,雄趾者阃。灯前月下,人无正色,所谓"一白能遮百丑"者,粉之力也。游子过客,往来如梭,摩睛相覷,有当意者,逼前牵之去;而是妓忽出身份,肃客先行,自缓步尾之。……(《陶庵梦忆》"二十四桥风月")

由是可知,杜牧的二十四桥的本义应该是"二十四桥风月",即它是一个古代扬州的红灯区。如果联想到杜牧当年在扬州放荡的青春生活,则可为这种推测提供一条更有力的证据。在沈括《补笔谈》和《扬州揽胜录》中都提到的"烟花夜月",由此则可知至

"画舫空留波照影,香轮行远草无声。"瘦西湖中之画舫,与二十四桥同是扬州胜景

少上迄北宋下至清末,二十四桥和南京的秦淮河一样,都是所谓的风月圣地。而至于风月圣地与桥、河不离不弃的原因,则只要了解一下江南歌伎的日常生活就可明白。据九玉淇《三生花草梦苏州》记载:"妓家大都散居于阊门城内下塘一带,枕河居住。那时候,绅商应酬,生意来往,往往雇用这种花船,载妓侑酒,但一桌花酒,所费不赀。因为船身大,故而大都停泊在阊门外的城河里。我小时候,随父辈夜游金阊,曾看到过这种悬灯结彩大画舫。远远望去,明灯绣幕,衣香云鬓,隐隐管弦,绰绰绮罗。当时童稚无知,只是看热闹罢了。大约到了

20年代以后，大画船已经不见，小画船到了30年代以后，也逐渐绝迹了。"由此可知，直到20世纪初，江南的歌伎一般都生活在画船上，这说明二十四桥原本只是一个画船云集、纸迷金醉的码头，它的主要内容不是桥上的

二十四桥馀水波，扬州琼花人不睹

月光，而是游弋画船中的几家欢笑几家愁的风月。由此还可补充一点，即二十四桥只是在扬州最繁华的明清两季的一种特产，因而它在这个时代获得的内容也就比杜牧的诗歌更像它自身。由此亦可知，张岱的记载无疑是最符合二十四桥本身的。

但时至今日，扬州的二十四桥早已成为一抹残梦。但历代都有不甘寂寞的人们，他们热切期望能够重现诗人的二十四桥意境。除了古人在扬州经营的"听箫园"、"美人桥"之外，最大的动作要数20世纪80年代复制二十四桥了。据说它是按《扬州画舫录》的文字记载、故宫博物馆珍藏的《邗上八景·春台明月》册页以及乾隆

《南巡盛典图》等相关史料设计的。今天的二十四桥系单拱石桥，长二十四米，宽二点四米，上下均为二十四级台阶，上围二十四根白玉栏杆，柱栏板皆雕云镂月。用了这么多二十四，与其说是处处暗合"二十四桥明月夜"，其实反而不如说是出于经济上的考虑，如果真在瘦西湖边建造二十四座桥，那巨大的规模和开支是可想而知的。我去过这个二十四桥几次，但每次的感觉都如同在莫愁湖看假的周庄双桥。这是因为，一座桥的存在如同生命一样是不可复制的。不可复制的生命当然是悲哀的，但正也因此它才被赋予了独一无二的价值。即使人们已经解决了二十四桥的全部知识问题，

实际上仍然无法复活诗中长留在我们心中的桥,这正如再高明的工匠也不能像上帝一样把生命的灵魂吹进物质的躯壳内的道理一样。二十四桥不仅是桥,更是和扬州的明月、吹箫的佳人以及像杜牧一样潇洒的诗人一起呼吸、吟咏的生命体。要想复制出那种"看云影当空,与水平分秋一色;闻箫声何处,有人吹到月三更"的扬州风月,实际上更重要的是如何培养出一种能够领略"廿四桥头,箫声月色"的"逸兴雅怀",也就是说最重要的是人,是有能力按照诗性地图用想象力来抵抗时间之流中各种劫难和逝波的审美生命。而如果人没有了,或者说那种人性中的诗性灵明没有了,再造几个二十四桥又"干卿何事"呢?

每当我来到或想到二十四桥时,我内心深处总是会生出一种叹息:人啊,人……

富春江

■ 洪　亮

现代作家、富阳人郁达夫有一方闲章,上刻:家在富春江上。

钱塘江自萧山的闻堰至建德的梅城镇一段,称富春江,其中桐庐县附近,古又称桐江。南朝梁代文人吴均在《与朱元思书》中,描写的就是从富阳到桐庐的景色:

风烟俱净,天山共色,从流飘荡,任意东西。自富阳至桐庐,一百许里,奇山异水,天下独绝。水皆缥碧,千丈见底,游鱼细石,直视无碍。急湍甚箭,猛浪若奔。夹岸高山,皆生寒树,负势竞上,互相轩邈,争高直指,千百成峰。泉水激石,泠泠作响;好鸟相鸣,嘤嘤成韵。蝉则千转不穷,猿则百叫无绝。

吴均的这段经典文字,着眼于奇山异水。可惜他没有描写富春江两岸或中流的众多沙洲。这些沙洲绿野平铺,江柳摇青,芦苇丛生,繁花如锦。古人咏桐洲有"十里桐洲九里花"之句,曾将富春江沙洲想象成桃花源:"未必柳间无谢客,也应花里有秦人。"谢客指南朝宋代的山水诗人谢灵运,秦人即陶渊明《桃花源记》中所记的"先世避秦时乱,率妻子邑人来此绝境,不复出焉"的居人。郁达夫在《钓台的春昼》里,曾这样描写:"两岸全

富春江严子陵钓台

是青青的山,中间是一条清浅的水,有时候过一个沙洲,洲上的桃花菜花,还有许多不晓得名字的白色的花,正在喧闹着春暮,吸引着蜂蝶。"

富春江流过的百里沙洲,不但美丽,而且富饶。江名富春,秦时古人大概有见于此吧。

富春江最有名的古迹,大约便是位于桐庐县七里泷的严子陵钓台了。严子陵名严光,与汉光武帝刘秀是少年同学。刘秀即位当了皇帝,四处寻访他,后来有人报告见他披羊皮

隐居不仕的严子陵。此种隐士历来被人
敬仰，也是中国士人渴望的人生

"山色四时碧，溪光七里清。严陵爱此水，下视汉公卿。……"而那些事业有成的读书人，似乎也想借严光之名，或真或假地树自己之名。宋代名臣范仲淹自是真心的。他贬官睦州（辖桐庐、建德等），大概是有感于自己的遭遇，派人重建严子陵祠堂，并亲自作记云："云山苍苍，江水泱泱。先生之风，山高水长。"

与子陵钓台相邻，还有一座西台，即当年南宋爱国志士谢翱哭祭文天祥，写《登西台恸哭记》之所在。今人黄裳先生独具慧眼，在《钓台》一文中说，并立着的两座钓台，似乎向游人分别宣示两种截然不同的价值取向与人生意旨。一种是鸡鸣风雨之际，以极热的心肠，椎心刺骨，奔走呼号；另一种则是

裘垂钓于此，光武帝才把他找到，三请到京城。晚上两人一起睡觉，以叙旧情。睡着后，严光把脚搁在刘秀的肚子上，第二天太史上奏说客星犯御座，光武一笑置之。虽然光武一再请他出山，以佐帝业，但他始终不为所动，还是回到富春山。两千年来，他那笑傲王侯的品性，打动了许多读书人。既然有这么一位隐而不仕的榜样，那些怀才不遇的读书人，自然心气也舒坦了一些。唐人王贞白有诗：

惶恐滩头说惶恐，零丁洋里叹零丁

"苟全性命于乱世，不求闻达于诸侯"，一头扎进与世隔绝的空山……

七里泷的东西两台，在画山绣水之中，作乌黑色拔地而起，壁立千仞，明丽之中透出逋峭之气。

由钓台上行30余里，即为桐君山，位于富春江、天目溪汇合之处。据县志所载："桐君山，县东二里，下瞰二江。相传山侧旧有桐树，枝柯荫蔽数亩，常有异人采药于此，结庐桐下，或问其姓，则指桐以示之。因号为桐君山，县并以名。"梁代陶弘景的《本草序》和明代李时珍的《本草纲目》，均对桐君其人有具体记载，至今桐君仍被尊为中华医药之祖。山上有桐君祠。清代查慎行诗云："何年栖隐此高山，寂寂孤桐照自闲。漫说狂奴垂钓处，尚留姓名在人间。"严光（刘秀曾称其为"狂奴"）虽隐居不仕，但仍留姓名。而悬壶济人的桐君却指桐为姓，连姓名也不曾留下，品格似乎更高一筹。

其实对于严光，古人早有微词。明代王世贞就直指："渭水钓利，桐江钓名。"在他看来，姜子牙出仕是钓利，严子陵不仕是钓名。袁枚在《随园诗话》里也引了一首无名氏的诗："一着羊裘便有心，虚名传颂到如今。当时若着衮衣去，烟水茫茫何处寻。"

望着修缮一新、庄重典雅的桐君祠，我不禁轻吟起明人陶安的诗："风香药草春云暖，露冷桐花夜月明。"

郁达夫的故乡富阳，在水之北，朝南向阳，东晋定名时当为此意。这里出过三位诗人，唐代的施肩吾、罗隐和现代的郁达夫。达夫诗如其人，清新明秀，飘逸不群。其《自叙诗》云："家在严陵滩下住，秦时风物晋山川。碧桃三月花如锦，来往春江有钓船。"另有《题春江第一楼》："风月三年别富春，东南车马苦沙尘。江山如此无人赏，如此江山忍付人。"表达了对民族命运的深忧。不仅是江南才子，而且是爱国志士。

"春江第一楼"在富阳鹳山之上。山不高，但林木苍翠，如一鹳飞来，鹤立江边。山上望江，正是"富春渡口闲舒目，落日孤舟浪拍天"（宋·范成大诗）的意境。当年我来到这里，却丝毫也"闲舒目"不起来，写下过"一派潮声，应在凭吊国魂"的诗句。因为"春江第一楼"之侧，正有纪念郁华（曼陀）、郁达夫兄弟的"双烈亭"。郁华在沦陷时期的上海孤岛，曾以法院刑庭庭长的身份，掩护与营救了不少爱国人士，终遭日伪特务暗杀。郁达夫也于抗日战争胜利前夕，被日军秘密枪杀于印尼的丹戎革岱，其时还不到50岁。亭内现有1947年郭沫若撰

远岸平如翦,澄江静似铺。古人眼中的富春江景

文、马叙伦书写的《郁曼陀先生血衣冢志铭》碑,和茅盾书写的"双松挺秀"匾额。"双烈亭"不远处,为郁华奉养老母而建的松筠别墅。郁母于1937年12月,耻于当亡国奴,在此绝食而逝。真可谓一门忠烈!今松筠别墅已辟为纪念馆。

郁达夫在《钓台的春昼》中,曾记过自己造访东西钓台的情况:"走上严先生祠堂去的时候,我心里真有点害怕,怕在这荒山里要遇见干枯苍老的同丝瓜筋似的严先生的鬼魂。""……一上谢氏的西台,则幽谷里的清景,却绝对的不像是在人间了。我虽则没有到过瑞士,但到了西台,朝西一看,立时就想起了曾在照片上看见过的威廉·退尔的祠堂。这四山的幽静,这江水的青蓝,简直同在画片上的珂罗版色彩,一色也没两样。所不同的,就是这儿的变化更多一点,周围的环境更芜杂不整齐一点而已,但这却是好处,这正是足以代表东方民族的颓废荒凉的美。"

威廉·退尔是13世纪的瑞士猎人,以神箭手著称,他不畏强暴,终于率众推翻了奥地利人的统治,使瑞士重获自由。德国的席勒曾以他的事迹写成名剧《威廉·退尔》。郁达夫由谢翱联想到威廉·退尔,决非闲笔。他还专就西台写过一首七绝:"三分天下二分亡,四海何人吊国殇。偶向西台台畔过,苔痕犹似泪淋浪。"

从桐君、谢翱至郁达夫一家,似有一股血脉相承,富春江靠了这股英气,才"急湍甚箭,猛浪若奔",流荡得更加生动多姿吧。

■ 刘铁军

寒山寺

刘士林 万宇
中国风——江南文化系列丛书

自苏州城棹扁舟出阊门,行九里中经阊门塘,折西可至枫桥。再由此折西,溯上浒墅关,经望亭,可直达江南另一重镇镇江;由枫桥南下,过枫江至横塘,过横塘经越来溪可至石湖。横塘与石湖乃苏州西郊游览胜地。枫桥也就成为出入苏州或游览西郊山水的必经要道。因南北客商经由此,又是水陆孔道,贩贸所集,自然成近郭之繁华街市。自古有枫桥烟水胜地之称。在枫桥弃舟登岸,走大约一袋烟的工夫,便到了近郭最古名刹的寒山寺。

寒山寺旧名妙利普明塔院,据称兴建于南朝梁天监年间。至唐前,寒山寺既无灵隐寺、国清寺之威名,还不及曾隐居过东晋名僧支道林的支硎寺有名。唐时忽有两名高僧来此寄居。貌悴形枯,示如贫士,然踪迹不定,时有疯狂之举,惊人之语,凡人难测其意,身世也无从考证,自然成谜。国清寺丰台禅师又把他们称为在世的文殊普贤,无疑又给他们披上了一层神秘"袈裟"。这两个僧人就是寒山、拾得。当时台州守刺史间丘胤闻言多次前往搜寻两人,有一次终于在寒岩之上见到寒山。寒山一见刺史,高喝到"贼!贼!"然后退到岩穴里,穴口也自己合了起来,只留下"报汝诸人,各各努力"之语。间丘胤只有沮丧而回,但更加相信寒山就是文殊,并且将

放荡洒脱的寒山、拾得像

此事记载下来传给后人知。其事虽不可信，但其语却影响深远，到清朝程德全重修寒山寺时，依然是"继前贤之绪业，感东邻之遗风，而尤惊心动魄于'各各努力'之语"（《程德全重修寒山寺碑记》）的激励。"独坐无人知，孤月照寒泉"，"一住寒山万事休，更无杂念挂心头"，影响最深的当属这些寒山子书壁之诗，传于世者，千有余年矣！渔洋山人称"诗亲仙心，超以象外"，就连清朝雍正皇帝阅诗后也书曰"直乃古佛，真心真语"。那是澹泊虚静空灵之心境的真情流露。"吾心似秋月，碧潭清皎洁"（寒山子诗），胸襟洒脱，心地澄明，如晴云秋月，尘埃不到。于是，乃因僧而得寺名，"在唐元和间，有寒山仙迹之异，乃著此名"（《募修寒山寺启》），因寺而有诗，"姑苏城外寒山寺，夜半钟声到客船"（张继《枫桥夜泊》），因诗而其人其地之名，遂历千余年而不朽。文人政客纷至沓来无不"远钟孤棹宿枫桥"（高启《将赴金陵始出阊门夜泊》），"寒山钟乍动，风景忆当初"（陈杰《夜泊枫桥》），"为忆钟声寻古寺，得因遗像识寒山"（王庭《过寒山赠在昔》）。因有一僧一诗，寒山寺遂名重禅林。然这也是众多古迹名传千载的一个主要原因。

挺立于寒山寺山门，远眺天平、支硎诸峰，群山苍郁，群木荟蔚，相互森

姑苏城外寒山寺，夜半钟声到客船
——张继《枫桥夜泊》

寒山钟乍动，风景忆当初
——陈杰《夜泊枫桥》

然,可纳之为屏障;近邻虎阜,剑气逼人,神气清朗;直接寒山,风景幽绝,山径盘迂。寒山寺黄墙绿树,最为醒目。黄属暖色,给人视觉的冲击力是柔和的,不像其它寺院由红色所渲染出来的肃穆、凝重与威严,而是给人一种温馨、恬淡的氛围。进其寺,殿宇虽庄严,但因长廊绕其周围,间有精舍位于左右,且树木扶疏,禅房也有了几分野趣。层轩叠阁,曲榭回廊,亭延秋月,融于苍郁岚色间,"木叶萧萧静,江云黯黯闲"(丹生《同朣庵过寒山寺》),静谧闲逸,俨然是一个曲径通幽的江南园林。"以寺为园,罔不毕具"(邹福保《重修寒山寺记》)。"午后与河之游寒山寺,寺近市,甚嚣尘,至则如入山林中。由大殿至后楼,徘徊良久"(张纬馀《游枫溪记》)。"羁客同游此,徘徊夕照间"(丹生《同朣庵过寒山寺》)。久久地不愿离去,在这里全然没有了在北方寺院中所产生的敬畏之感,有的只是心境的平和闲适。观其建筑,尤其是大殿后岿然耸立的钟楼,整体呈六边形,有两层飞檐上翘,呈跃起之势,突出了空间的大和高,又有许多方或圆形的窗户相互虚邻,承受楼檐割墙面积可谓少之又少。入其内,有一大钟,内为空。拆其很少的割墙,它只不过是一个亭子而已。所以,给人一种空旷之感。被长廊或小径引

入一个又一个这样的"涵空"之镜中,"性空世界"(寒山寺门墙上之语)只有在这惟寂惟空、寂寥虚豁中方可体会得到吧。然大殿中放浪形骸的寒山、拾得像。据说一书生好谈孔孟言,也颇懂佛理,他见拾得像后,回家做了一个梦,梦见自己走在村街道上,忽遇一白发长髯的老叟,问他应到哪里去?未等书生回答,这个老叟指着古刹说:"有拾得子,此梦生未解。"梦醒后,他给一学者说了此梦,学者听后很高兴,说给你指路的老叟应是拾得普

"来去自由,心体无滞,即是般若。"在山水清音、林泉高致中也许更能寻觅到这种境界

贤，并祝贺此书生只要用心便可达到那个境界。（据潘遵沂《书拾得子像后示蒋生》）这种境界是怎样的呢？我想应是寒山的"呵呵呵！我若欢颜少烦恼，世间烦恼变欢颜。为人烦恼终无济，大道还生欢喜间"（罗聘《绘寒山、拾得像题词》）。心无杂念，外不被尘世惑心，内不以私欲搅心。止息思虑，排除诸念，用空灵澄澈之心体验的一种言诠不及、心行罔指的形而上之境界吧。这些都在提醒着你：它是寺院，并不是幽闲自在的园林。它弥漫着比园林更深层的文化氛围与韵味。

而如此幽寂之静，无不与周围环境有关。正是在山峦蜿蜒、山色青翠的林岚之色中，好谈义理的江南僧侣们寻觅到了幽栖之所，负香炉之地。翻开吴郡志，可说出一大串寺庙的名字：如虎阜禅寺、支硎报恩寺、灵岩山灵岩寺、光福寺等等。仅仅一个吴郡就有这么多的寺庙，不仅因为这里的山水宁谧寂寥、岚色郁苍，僧人们可以寂然冥思于空林，逃离尘世的烦恼与忧愁；更因为这里积淀着老庄玄学精神，它激发僧侣们在山水中寻觅佛理禅趣，寻求一种身心的超然无累。"老庄告退，山水方滋"（刘勰《文心雕龙·明诗》），它与"微风吹幽松，近听声愈好"（名僧寒山之诗）有着相同的趣味。以玄对山水更与在山水中悟佛理有着异曲同工的旨趣，所以

吾人沉淀的自然精神与僧人感悟下的自然不免有几分契合。于是，这片江南山水与积淀于此的自然精神竟为千余年佛教扎根于此提供了土壤，它是以一种全新的方式感悟自然与人生，难怪有"南朝四百八十寺，多少楼台烟雨中"这样的诗句。正如所谓"夫天下之大，琳宫梵宇以亿万计，即吾吴郡城内外无虑数百，而访古者必就寒山寺问津"（邹福保《重修寒山寺记》）。在这里深深积淀着禅学精神。禅的本义为"梵语禅那，此言静虑，静即定，定即慧"（《圆觉经》），"五蕴本空，六尘非有"（六祖能禅师碑铭）。吾人久居尘世，被名禄私欲所累，一旦脱离，沉浸于空寂淡远的寒山寺中，沉浸于虚静空灵洒脱的文化氛围中，"无我无欲心则休息，自然清净而得解脱"（《佛说圣法印经》），感受心灵之空旷无边。安然地除掉了内心的忧虑、伤感与放荡，慰平了忐忑的胸怀。不完全脱离尘世，又能在如此禅境中涤除一下心境，不可不谓之上策。这就是禅学文化的魅力，穿越时空，洞穿心灵，化波澜于平静。这也是众多古人造访寒山寺的缘由。唐朝韦应物在任苏州刺史时曾夜宿寒山寺，感悟到"心绝去来缘，迹住人间世"，也难怪渔洋山人会在寒雨萧萧的深夜还要列炬登岸，到寒山寺寺门题诗两首方才尽兴。他们感受的就是这种"泊然与碧寂寥廓同其流之意境"。

然闻沧海桑田，见松柏为薪，一切皆流皆变，变动不居的时间之流冲逝着一切，即使千年古寺也难逃此浩劫。思接千载，叩问千古心灵。何为存在，何为永恒？此种思绪与追问在贴近寒山寺时，却越加深厚以致无法释怀。在寒山寺碑记前，我读到了这些："宋太平兴国初，节度使孙承祐建浮屠七成。"（范成大《吴郡志》）浮屠就是佛塔，它是印度佛教所特有的墓标，有"累积"之义，释籍也称"窣堵波"，南宋张孝祥过枫桥时还写到"四年忽忽两经过，古岸依然窣堵波"，亦指孙承祐建的七层佛塔。我国早期的寺院，因沿袭印度旧制，都是以佛塔为寺建筑物的中心。东晋后，僧人渐渐注重佛像的安置，于是佛殿成了寺的中心，佛塔便置于大殿后，纯为纪念性的建筑物，是寺院的标记。"绍兴四年，僧法迁重建。元季寺塔具毁。洪武间僧昌崇辟建。永乐三年，深谷昶修。正统己未，郡侯况钟再修。嘉靖间，僧本寂铸钟建楼。万历四十年，僧明吾鉴建龙函阁，而大殿毁。四十六年释西流师徒鼎新。清顺治初几为汛署，僧天与力守弗废。"（徐崧、张大纯《百城烟水》卷二）法迁、昌崇、深谷昶、本寂、明吾鉴、释西流师徒、天与都是寒山寺的僧人。龙函阁即为藏经楼。其中法迁重建寒山寺时，因兵火战乱，寺僧都逃走了，寺院一片废

墟。法迁带领其徒入住后，为治寺，法迁师徒节衣省食，持钵或持簿到民间乞求帮助，得来之资丝毫不敢用来私身，全部用于建寺，经历三年方才建好。昌崇、本寂、明吾鉴、释西流师徒、天与也同样有如此的"敬业精神"，否则寒山寺早已灰飞烟灭了。而清道光年间，一日寒山寺主持过生日，特煮面供寺院的僧人、过客者，但吃后不久全都死去了。县令前来查案，在满寺就找到一个昏迷恰苏醒的和尚，询问之。——排查做面的程序，查到了做面用的浇汤，是取自后园的香菇，到后园见其大如扇，而且香气逼人，县令命差役拔下，发现下面有两个大穴，深挖拥出数百条赤蛇，才知是毒蛇所为。县令命人蓄火种，焚烧掉。寒山寺也无人敢住，随之废了。光绪三十二年，直隶总督陈夔龙由中州移节抚吴时，因曾常有"夜半闻钟声，如在寒山寺"之感，但见如此荒废，不免有几分感触，于是捐资重修。又"宣统三年，巡抚程德全，偕布政史陆钟琦，又拓而新之，重建大殿。……金绳宝地，焕然一新。长廊精舍，几为吴下精蓝之冠"（叶昌炽《寒山寺志·志寺》）。寒山寺可谓屡劫再新，经久不衰。何以如此呢？

不仅仅是在寂静闲逸的平和虚静中舒抑郁无聊之意吧，更深层的应该从其中感悟到了一种存在之道。"宦

味与禅悦,喧寂有殊致"(《国朝俞樾新修寒山寺记》),也正如邹福保在《重修寒山寺记》所说:"其徒之精于禅学者,辄免视人世间一切事,澹然若浮云之于太空,昔庄周、列御寇皆宗之。亦往往乐与之为方外交,渊明之于远公,昌黎之于文昌、大颠,坡公之于参寥、佛印、辨才,借往还赠答。称道之弗衰。此数公者岂佞佛者哉?诚有取乎尔也。"诸公取的不仅是虚静空灵的心境,更多的是在此心境中悟人心之空,心体无滞,来去自由。一切都空,身体也是空的,那么儒家所追求的浮名也就毫无意义了。人存在于世,该用平常心去应对。存在本身就是一种美,用如此的一种心境和心态去面对死亡也就毫无畏惧了。不再是儒家用身后留名来消除对死的恐惧,也不是如道家那样丧失自我而与自然同达到超脱。这就是禅学的存在,积蕴于寒山寺,身处其中,心平淡了,世界空灵了。虽寺有兴废,而精神无兴废,它已深深地积淀在吾人的深层结构中,也积淀在这片曾生发过的土地上。于是,在不同的朝代里不断的重修或重建的就是一片澹然幽静空灵的境界,在这片脱离尘世的净土中感悟生命本身,这也许才是存在,才是永恒。

修葺一新的寒山寺大殿

河豚

■ 刘士林

世上不怕死的勇士多得是，但一般的勇士在作出最后的选择时，却也多少会思考一下"重于泰山"或"轻于鸿毛"的问题。如果同勇士们打个赌：一不让你为真理而斗争，二不让你胸怀民族的解放事业，三甚至没有"冲冠一怒为红颜"的借口，什么都不为，什么原因都没有，那么，一个勇士还愿意下定决心、不怕牺牲地做一件事吗？如果说天下之大无奇不有，那么吃河豚就是这样一件怪怪的事情。明知危险极了，明知吃不吃都一样，但还是要拿生命作一次赌注，这是一种什么样的精神呢？

还是先来了解一下河豚吧。河豚鱼学名暗纹东方鲀，又名气泡鱼、鲢鲅，也有的地方称"腊头棒子"、"艇巴"、"鸡抱鱼"等。河豚属鲀形目，是暖水性海洋底栖鱼类，在我国各大海区都有分布，常见有数十个品种。一般说来，河豚身体浑圆，头胸部大腹尾部小，背上有鲜艳的斑纹或色彩，体表无鳞、光滑，有些品种会长有细刺。坦率而言，了解河豚主要是了解河豚毒。几乎所有种类的河豚都含河豚毒素（TTX），它是一种小分子量非蛋白质类神经毒素。河豚的毒性大，据说比剧毒药物氰化钾要大1000多倍，只需要0.5毫克就可以毒死一个体重70公斤的成人。这种毒素遍布于河豚的性腺、肝脏、脾脏、眼睛、皮肤、血液、卵巢、肾脏等部位，所以要想不冒风险几乎是不可想象的。而且河豚毒性质异常稳定，烧煮、日晒、盐腌都很难破坏掉它的存在。中河豚毒后的发作很快，而且真正属于所谓的"不可救药"。它一般在摄食后10—45分钟内发作，中毒者脸色苍白、眩晕、神经麻痹、上吐下泻、瞳孔散大、精神错乱，直至呼吸循环衰竭而亡。河豚毒在中国发现得很早，在《山海经》中已有"食之杀人"的记载。中国有剧毒的河豚鱼主要有：红鳍东方豚（F.rubripes）、假睛东方豚（F.pseudommus）、暗纹东方豚（F.obscurus）、棕斑腹刺豚（G.spadiceus）、铅点东方豚（F.alboplumbus）、星点东方豚（F.niphobles）、紫色东方豚（F.porphyreus）和黄鳍东方豚（F.xanthopterus），而其中毒性最强的则是黄鳍东方豚和红鳍东方豚。然而，由于河豚肉的至鲜至美，所以如同好色者"牡丹花下死"一样，自古就有"拼死吃河豚"的说法。有人吃，当然也就逐渐会产生一些知识。据说，一般有经验的渔民，是先去除内脏、皮、头等含毒部位，洗净血污，然后再长时间烹煮或腌制以后食用。而在这种危险的饮食中，最有职业道德的应该是日本厨师。在日本，据说河豚鱼做好后，一般要由厨师亲尝第一口，然后再过20—30分钟，看看有没

河 豚

河豚 "其状已可怪,其毒亦莫加"

有毒之后才上餐桌。这一点可使人想到那些性情多疑的古代君主的御膳场景。但河豚毒是防不胜防的,即使如此小心,在日本每年仍有数十人丧命于河豚。在一直禁食河豚的中国也是如此,无论有怎样的血泪教训,在"河豚欲上时"也总会有偷食者一命呜呼的新闻见诸报端。

河豚与鲥鱼、刀鱼并称"长江三鲜",每年清明前后从大海洄游至长江中下游,所以才有了苏东坡的"蒌蒿满地芦芽短,正是河豚欲上时"。对于那些勇敢的人们来说,我想,他们首先需要克服的一个心理障碍无疑是,如何说服自己去加入这场最危险的游戏。按照李泽厚的说法,中国民族最发达的主体机能是实用理性,如果李泽厚的说法正确,那么河豚就应该被中国人拒于千里之外。而实际情况之所以并非完全如此,则说明实用理性这个叙事过于宏大了。对此可以进一步说,实用理性的说法比较适合中国的北方文化区,而对于审美机能发达得多的江南文化圈,这个概括基本上是不合适的。在吃河豚这个文化模式中,明显可见的是审美游戏成为人生更高的追求,它仅仅是为了满足"口之于味"的好奇心或追求一种新刺激。北方人不是不为吃饭而奋斗,如王安石诗中所说"贱贫奔走食与衣"(《一日归行》),如杜甫的"骑驴三十载,旅食京华春。朝

范成大《吴郡志》中关于河豚的记载

扣富儿门,暮随肥马尘。残杯与冷炙,到处潜悲辛"(《奉赠韦左丞丈二十二韵》)。但它们或是为了最起码的物质生活资料,或是为了远大的政治理想和抱负才这样的。而如果要他们仅仅是为了满足一下官能享受而含辛茹苦,甚至是直面死神的挑战,那恐怕只会以"不合圣人之道"而遭到唾弃。在吃河豚的文化模式背后,还可以使人想到江南人生活的许多习性和特点。比如杭州人常会为一点在北方人看来属于鸡毛蒜皮的日常琐事而争执不休。在北方人看来,它之所以没意思透了,就是因为它既不关乎国计民生,也不见得会影响到一个人的基本生存。因而,像这种仅仅把整个生命投入满足"嘴馋"的斗争中,就特别应该是江南文化的一种产物。

其实,由于天性中强悍的东西消失得过于彻底,吃河豚在江南多半是一种刺激心理和意识的话语游戏。这是自古而然的。在《艺苑雌黄》中有一条记载:"河豚鱼有大毒,肝与卵,人食之必死。瀹而为羹,或不甚熟,亦能害人。岁有被毒死者,然南人嗜之不已。故圣俞诗云:'炮煎苟失所,入喉为镆铘。'则其毒可知。"所谓的圣俞诗,即宋代诗人梅圣俞的《范饶州坐客语食河豚鱼》:

春洲生荻芽,春岸飞杨花。河豚当此时,贵不数鱼虾。其状亦可怪,其毒亦莫加。忿腹若封豕,怒目犹吴蛙。炮煎苟失所,入喉为镆铘。若此丧躯体,何须资齿牙。持问南方人,党护复矜夸。皆言美无度,谁谓死如麻。我语不能屈,自思空咄嗟。退之来潮阳,始惮餐龙蛇。子厚居柳州,而甘食虾蟆。二物虽可憎,性命无舛差。斯味曾不比,中藏祸无涯。甚美恶亦称,此言诚可嘉。

从这首诗的条目看,就可知它完全是一种在话语中的品尝、鉴赏和把玩。河豚鱼的鲜美与剧毒,也使想象力丰富的人们,把它与历史上的红颜祸水联系起来,因此,河豚还有一个"西施乳"的别名。一位宋代诗人有诗纪之,曰:

蒌蒿短短荻芽肥,正是河豚欲上时。

甘美远胜西子乳,吴王当时未曾知。(洪驹父《咏河豚西施乳》)

《艺苑雌黄》对此记有一条作者自注:"河豚水族之奇物,亦能害人,岁有被毒而死者。吴人珍之,目其腹为西施乳。余因戏作此绝。虽然,甚美必甚恶。河豚,味之美也,吴人嗜之,以丧其躯。西施,色之美也,吴王嗜之,以亡其国。兹可为来者之戒。"可见,所谓的河豚奇物,更多地不是与人们的牙齿和胃口发生现实的联系,而仅仅是与人们的意识、心理和想象力在做一种纯粹审美游戏。历代都不乏吟咏河豚的诗文。在这类作品中,人们最熟悉的当然是大文豪苏东坡的《惠崇春江晚景》:

竹外桃花三两枝,春江水暖鸭先知。

蒌蒿满地芦芽短,正是河豚欲上时。

据说,喜欢开玩笑的苏东坡,有一次和别人谈起河豚的美,就说过一句"也直那一死"。

在当代也有两个与河豚有关的新民间故事,它表明的同样是人们心里那种奇痒难止的复杂感受。一则故事是在20多年前的连环画报上:

大灾年,一家人活不下去了,男人出门讨饭,在大户人家讨到一筐河豚子,告之曰:剧毒。

男人将河豚子交给女人,自己出门去等——他不忍眼睁睁看着一家老小一个个倒地死去。

半天过去了,男人回来收尸,河豚

春岸正杨花,河豚当是时

子还在锅里煮着——女人在等男人回家,女人管束着孩子,让他们等爸爸回来一起吃。

一起吃就一起吃吧,命都不要了,还管什么尸!

一家人争争抢抢吃完河豚子。

另一则则是网上新近创作的:

听人说河豚鱼味道极鲜美肥嫩,夫妻俩特地买了几条,烹熟后准备尝尝,忽然想起吃河豚弄不好要中毒而死。于是,丈夫叫妻子先吃,妻子要丈夫先吃。后来妻子犟不过丈夫,只好先吃,举筷夹鱼时,流泪说:"吃是我先吃了,只求你好好照

苏文忠公

黄山谷题公像云东坡先生天下士肇乎惜哉今盖世蠢蠢尚诮埴人气

一代文豪苏东坡对吃有着很精湛的研究,其创制的东坡肉名扬天下

顾两个儿女。他们长大后,万万不要买河豚吃。"

正如我批评网上文章时曾讲到的:"古典时代的人们喜欢说,现实的贫乏根源于哲学的贫乏,而对于当代这种被吹嘘得五彩缤纷的网络世界,似乎也可以得出这样一个结论:贫乏的现实也是不可能产生什么丰富的虚拟生活的。"对于越来越羸弱的后现代主体以及越来越技术化的想象力而言,这一切都不过是一种更加没有出息的话语自慰而已。

除了剧毒之外,河豚的脾气好像也很不好,苏东坡曾写过一篇《河豚鱼说》,讲的就是河豚鱼自己撞到了桥柱,不怪自己不小心,反而以为是桥撞了自己。这个"气泡鱼"像街头的小混混一样,在河中间撒开了泼儿。结果是"恶人自有恶人磨",一只老鹰飞过来一把捞到了一份美味。苏东坡编这个寓言,初衷是提醒"世人有妄怒以招祸"。他没有说明,"鹰派"对于河豚毒是否有免疫力。但无论如何,它还表明,即使是话语游戏,古人做得也比当代人要稍微有点用处或意思。这里还可以再举一例。大约是有毒和性格不好的双重原因,所以在古代的说书人那里,河豚也可以成为攻讦奸臣的道德利器。在《三侠五义》的第四十三回中,就有这样一段精彩的讲述:

(老贼庞吉在先月楼饮酒寻欢)正饮在半酣之际,只见仆从搭进一个盆来,说是孙姑老爷孝敬太师爷的河豚鱼,极其新鲜,并且不少。众先生听说是新鲜河豚,一个个口角垂涎,俱各称赞道:"妙哉,妙哉!河豚乃鱼中至味,鲜美异常。"庞太师见大家夸奖,又是自己女婿孝敬,当着众人颇有得色。吩咐:"搭下去。叫厨子急速做来,按桌俱要。"众先生听了个个喜欢,竟有立刻杯箸不动,单等吃河豚鱼的。不多时,只见从人各端了一个大盘,先从太师桌上放起,然后左右挨次放下。庞吉便举箸向众人让了一声:"请呀。"众先生答应如流,俱各道:"请,请。"只听杯箸一阵乱响,风卷残云,立刻杯盘狼藉。众人舔嘴咂舌,无不称妙。忽听那边咕咚一声响亮。大家看时,只见曲先生连椅儿栽倒在地,俱各诧异。又听那边米先生嚷道:"哇呀! 了弗得! 了弗得! 河豚有毒,河豚有毒。这是受了毒了。大家俱要栽倒的,俱要丧命呀! 这还了得! 怎么一时吾就忘了有毒呢? 总是口头馋的弗好。"旁边便有插言的道:"如此说来,吾们是没得救星的了。"米先生猛然想起道:"还好,还好。有个方子可解:非金汁不可。如不然,人中黄也可。若要速快,便是粪汤更妙。"庞贼听了,立刻叫虞候仆从:"快快拿粪汤来。"一时间下人手忙脚乱,抓头不是尾,拿拿这个不好,动动那个不妥。还是有个虞候有主意,叫了两个仆从将大案上摆的翡翠碧玉闹龙瓶,两边兽面衔着金环,叫二人抬起;又从多宝阁上拿起一个净白光亮的羊脂玉荷叶式的碗交付二人。叫他们到茅厕里,即刻舀来,越多越好。二人问道:"要多何用?"虞候道:"你看人多吃得多,粪汤也必要多。少了是灌不过来的。"二人来到粪窖之内,握着鼻子,闭着气,用羊脂白玉碗连屎带尿一碗一碗舀了,往翡翠玉瓶里灌。可惜这两样古玩落在权奸府第,也跟着遭此污秽! 足足灌了个八分满,二人提住金环,直奔到先月楼而来。虞候上前先拿白玉碗盛了一碗,奉与太师。⋯⋯

大概凡是说河豚鱼鲜美的文人,都属于"矮子看戏"一类,所以最杀风景的莫过于河豚鱼不好吃的说法。一位在日本开过东洋荤的食客这样谈体会:

河豚形状有点像蝌蚪,巴掌大小,肚子圆鼓鼓的,你拨弄它生气肚子越气越大,身上没有多少肉。

我觉得河豚有点像女人。对不起,我指的是脾气。

吃河豚和目下流行的去西藏差不多,都是为了那份美丽的传说,也可以用来吹吹牛,矫情矫情。

比如我现在就可以矫情矫情:河豚其实不好吃,真的。

河豚的生鱼片,薄薄的一片一片码在盘里,白色半透明能透映出盘底的青花图案。没什么味,感觉有点涩。煮熟的河豚味道有点像鳗鱼,没有鳗鱼好吃。

如果这不是网上的瞎掰,那么关于河豚鱼天下至美的说法,也就像"皇帝新装"一样面目可疑了。如果说到底河豚根本不好吃,那可真是一场绵延得过于长久的历史笑话呀。

在改革开放以后,河豚鱼的禁区也开始突破。1997年,卫生部卫监发第51号文件批复同意在某大厦开展河豚鱼试食试验。据说试食很成功,以至于广告说:现在,不必要"拼死吃河豚"了,你就放心开怀地来品尝×××的河豚鱼吧! 据介绍它的价格是:118元/斤,而推出的品种则有清炖河豚鱼,清蒸河豚鱼,椒油河豚鱼,时蔬煲河豚鱼,凉瓜河豚鱼煲,椒盐河豚鱼,红烧河豚鱼,生吃河豚鱼,蚝汁河豚鱼,茄汁河豚鱼。总之,如果你面前真的上来一盘红烧或清蒸河豚鱼,我亲爱的读者朋友,希望不要因为以上这些文字而影响了您的胃口。

虎丘

■洪 亮

虎丘古名海涌山。苏州地区在近十万年来，曾二度沦为沧海。晚近的一次发生在距今六千年前后，苏州西部的灵岩、天平诸山，还是太湖海湾中的岛山，而只有三十余米高的虎丘山，仅是沉浮于万顷碧波中的一座礁石，忽隐忽现。又过了二三千年，由于河流的大量泥沙对海湾的充填，海湾逐渐变浅、淤塞，海水也被排挤，向东退去。吴国先人目睹虎丘山仿佛从海中涌起，故称之为海涌山。

海涌山易名虎丘山，在春秋时代。传说吴王阖闾死后，其子夫差将他埋于海涌山。古书载："阖闾之葬，发五郡人作冢，铜椁三重，水银灌体，金银为坑，以扁诸、渔肠剑各三千为殉。葬经三日，金精上扬，化为白虎，蹲其上，因号虎丘。"

空山剑气深，临渊生寒气

虎丘最为神秘、最有魅力的古迹是剑池。进入"别有洞天"的圆洞门，顿觉"池暗生寒气"、"空山剑气深"。据说秦始皇和孙权都在这里凿石寻找阖闾殉葬的宝剑和珍宝，均无收获，而凿处就形成了这个深池。我常常奇怪，就这么一个不大的水池，却给人如临深渊之感。记得当年还写过一首诗，开头两节为："一池古水，/风吹不皱，/黯绿沉沉，/积淀着/神秘的传闻。//两旁陡壁，/斜挂藤萝，/遍布苔纹，/散发出/逼人的阴森。"

明代诗人高启有一首七律，也是写阖闾墓的：

水银为海接黄泉，一穴曾劳万卒穿。

谩设深机防盗贼，难令朽骨化神仙。

空山虎去秋风后，废榭乌啼夜月边。

地下应知无敌国，何须深葬剑三千。

1995年，有关方面决定疏浚剑池。池水戽干，发现池壁平整如削，池底平坦如砥，并在池底北端清理出一个呈三角形的神秘洞穴。洞长10米左右，尽头是四块青石砌成的"山"字形石壁。考古学家认为这石壁其实是墓门。然

青林虎丘寺，林际翠微路

而发掘之议未被批准，因为墓上正好压着云岩寺塔，当时塔身倾斜，岌岌可危，已经不起任何震动。于是洞口又封起，千古之谜还是未能破译。

云岩寺塔就是虎丘塔，落成于北宋初年，至今已有一千多年的历史，比意大利的比萨斜塔还年长三百多岁。虽然只有47米高，却显得气势不凡。它的塔基，建在阖闾墓的封土堆上，比较松软，据说元明时期就开始逐渐向东倾斜了。为了保护这座千古名塔，建筑专家采用铁箍喷浆、盖板置换、围桩灌浆等方法，对它进行了大规模维修，较好地解决了塔身的开裂和地基的松软问题。

虎丘塔与杭州的雷峰塔属同一建筑类型。旧雷峰塔倒坍以后，虎丘塔便更为珍贵了，已成为古城苏州的首选标志。

苏州旧俗，中秋夜有"走月亮"之举，而以虎丘为目的地。《长元志》载："中秋，倾城士女出游虎丘，笙歌彻夜。"袁宏道记虎丘云："虎丘去城可七八里。其山无高岩邃壑，独以近城故，箫鼓楼船，无日无之。凡月之夜，花之晨，雪之夕，游人往来，纷错如织，而中秋为尤胜。"直到今天，虎丘仍是苏州最为热闹的名胜，好像不上虎丘，就没有到过苏州似的

仁者乐山，知者乐水。但也不妨兼乐。出虎丘，便是七里山塘。清代以前，这里是中国最繁华的河街，迤逦曲折，有七里之长。《苏州府志》记："维时舟随橹转，树合溪回，鬓影衣香，薄罗明月，笑语歌呼，帘帷高卷，此身宛坐天上。"

山塘街又名白公堤。杭州西湖的白堤（白沙堤），与白居易无关。苏州白公堤却真由白居易兴筑。山塘街半塘以西，原是一片湖沼。宝历元年（825年），白居易从洛阳来苏州任刺史，年已54岁。他募工在这里开塘筑堤，疏浚河道，直达虎丘山前。又遍种桃李莲荷。唐代因避太祖名讳，改虎丘为武丘。白居易在《武丘寺路》一诗中写道：

自开山寺路，水陆往来频。
银勒牵骄马，花船载丽人。
芰荷生欲遍，桃李种仍新。

好住湖堤上，长留一道春。

当白居易因病辞归时，苏州父老"一时临水拜，十里随舟行"，那情景必定十分感人。

白公堤筑成后，半塘以东，商铺林立，有"七里山塘灯船夜"之称；过了半塘，又是一番景色，山明水媚，如入画中。周瘦鹃曾言："你要是以轻红一舸，容与其间，一路摇呀摇的过去，那情调是够美的。"

"七里山塘春水软，一声柔橹一消魂。"我那次游完虎丘，折入山塘街，却偏偏是为了拜谒五人墓的，因为明代张溥写过《五人墓碑记》。这是一个十分悲壮的故事。

明熹宗时，宦官魏忠贤当道。苏州住有一位曾在吏部当官、后告老还乡的周顺昌。另一位触犯魏忠贤的官员被捕路过苏州，周顺昌置酒相迎，欢叙三天，又将自己的女儿许嫁其孙。此事被魏忠贤知悉，大为恼怒，就指使其心腹、当时的苏州织造太监李实罗织罪名，派缇骑（"东厂"特务）来逮捕周顺昌。李实"素贪横，妄增定额，恣诛求"，早已激起苏州市民的公愤。宣读诏书时，巡抚都御史毛一鹭、巡按徐吉皆在场。聚观市民达数千人，众口一词为周顺昌喊冤。诸生王节等人上前诘责毛一鹭，言众怒难犯，不如暂缓宣诏。旗牌官不耐，将刑具掷地，威胁市民，大声呼喝，说这是魏公（魏忠贤）的命令，谁敢违抗？周顺昌穿了囚衣出来，听罢诏书，即被逮捕。民众悲不能抑，有个叫颜佩韦的，替周公鸣冤，愿以身代。另有杨念如、沈扬二人，也上前仗义执言。又有一人名马杰，破口大骂魏忠贤，声如洪钟。旗牌官老羞成怒，拔剑向前，扬言要割去马杰的舌头。民众顿时哗噪起来，缇骑先将武器扑击沈扬。周顺昌的仆人周文元怒不可遏，攘臂夺剑，却被击伤头额。市民忍无可忍，各自折断门栏门限，反击缇骑，特务们有的升树上屋，有的躲厕所，有两人被打死。

事后，毛一鹭一天连上三个奏章，诬告民变。魏忠贤下令捕人。毛一鹭将颜佩韦等十三人逮捕下狱，并处颜、马、沈、杨、周五人极刑。临刑，数万市民含泪相诀别。五人面无惧色。对魏忠贤骂不绝口。《五人墓碑记》言：

千秋忠介坟，鬼雄誓相赴
——王士禛《五人墓》

"五人生于编伍间,素不闻诗书之训,激昂大义,蹈死不顾。"

十个月后,明熹宗去世,魏忠贤失势,被崇祯皇帝罢职逮捕,畏罪自杀。苏州市民倡议公葬五位义士,把毛一鹭献媚邀宠给魏忠贤的"普惠生祠"一夜拆除,在废基上建立了五人墓。

历来关于五人墓的题咏很多,如"由来殉义客,何必读书人"(孔传铎)、"匹夫能就义,嗟尔附炎人"(张进)、"屠沽能碧千年血,松桧犹飞六月霜"(朱奕恂)。赵翼《山塘绝句》中有:"山塘满路皆脂粉,可少秋风侠骨香?"正是这两者,点出了文化江南的双睛。

■ 朱逸宁

花间词

公元九四零年，这一年在中国刀光剑影的历史上似乎是再平凡不过的一年，国家的版图依然处于分裂之中。远离这些令人感到沉重的局面，当我们把目光转向中国安静的西南——四川的时候，有一个叫赵崇祚的人，此刻他正坐在书房中，要为自己编选的一部词集起一个名字，想来想去，忽然他的脑海中浮现出作品中那些贵妇美人徜徉于花间的情景，于是提起笔写下了三个字——《花间集》，脸上不禁露出了大功告成后的笑容。他也许没有想到，这部词集日后会在中国的文坛上产生怎样的影响，又将为中国的江南吹来一阵什么样的空气。

名为"花间"，自是与绮丽、华彩之类有着密切关系，加之古时女子常以花自比，其语言之委婉、精致可想而知。花间词在此时的出现，实有赖于当时特殊的人文和地域因素之相互促进。晚唐以降，中国的北方战乱不息，政权更迭频繁，真正称得上是："朱李石刘郭，梁唐晋汉周。都来十五帝，拨乱五十秋。"与之不同的是，这时的南方虽然也处于割据之中，但却相对稳定，经济迅速发展。尤其是巴蜀一带，自古以来便号称沃野千里、天府之国。特别是在一位高级军官王建兼并蜀中之后，远离战乱的四川，更为词人的创作提供了得天独厚的安宁环境。词，

六宫眉黛惹香愁
花间美人，蛾眉一笑，有万般妩媚在眼波流转

最早是配有音乐的，是一种娱乐性很强的艺术，而歌舞升平的西蜀，正为这种艺术的勃发培育了土壤。北民南迁所造成的文化重心南移，无形之中又为词的兴盛创造了人文条件。不仅是西蜀，中国的东南一带，特别是以江南为主的繁华地域，也顺理成章地成为了花间词派一展才情的天地。抬眼

看，那些被赵崇祚选入词集中的词人，开始一个个信步向我们走来……

首先走进视野中的是欧阳炯。这位词人一生跨越了整个五代，当他合上双眼之际，北宋的华梦已然开始。欧阳炯是西蜀人，号称花间词派的理论家。当他拿到这本词集的时候，未免要仔细端详一番。以他在词坛的地位，此《花间集》之序非其不能作也。只见他手不释卷，一气读完了全书，沉思片刻，便开始为词集作起序来："镂玉雕琼，拟化工而迥巧；裁花剪叶，夺春艳以争鲜。是以唱云谣则金母词清，挹霞醴则穆王心醉。名高《白雪》，声声而自合鸾歌；响遏行云，字字而偏谐凤律。《杨柳》《大堤》之句，乐府相传；《芙蓉》《曲渚》之篇，豪家自制。莫不争高门下，三千珫瑢之簪；竞富尊前，数十珊瑚之树。自南朝之宫体，扇北里之倡风。何止言之不文，所谓秀而不实。有唐已降，率土之滨，家家之香径春风，宁寻越艳；处处之红楼夜月，自锁嫦娥……"（《花间集序》）

既为序，自当向各位读者隆重介绍这部文集编选的依据、风格、特征等等，以求众人赏目一观。而欧阳炯的这篇序，本身即是一篇富于辞采的文字。在其中，他饶有兴致地为我们描绘了一幅令人心仪神往的花间词情。

且看："……有绮筵公子，绣幌佳人，递叶叶之花笺，文抽丽锦；举纤纤之玉指，拍按香檀。不无清绝之词，用助娇娆之态。"语犹未尽，一股浓郁的胭脂气已是扑面而来。更为引人注意的是，这篇序中已明确地提出词必为艳美，乃需盛装玉女，以"娇娆之态"，于席间歌之。他的这种主张，实际上已经描绘出了花间词派的整体面貌。同时，也成为后世创作词的一种无形的圭臬。虽然花间词人尚多在蜀地，但从其词风看，却已呈现出一种典型的江南文化的品格。

欧阳炯写完了这篇序，细读一遍，不禁将目光落在了最后几句话上，因为他在这里把花间词派的一位重要的人物——温庭筠，推到了前台。他甚至把温庭筠在词坛的地位比作了诗界的李白："在明皇朝，则有李太白之应制《清平乐》词四首，近代温飞卿复有《金荃集》，迩来作者，无愧前人。"

温庭筠，字飞卿，当时在诗坛词坛都是赫赫有名，号为"花间鼻祖"，可见那些西蜀词人有不少受到他的影响。和许多一门心思做文章，终生求取功名的文人不同，这位词人活得颇为洒脱，虽然他也是怀才不遇，但这样的打击并没有令他消沉、颓废，相反他多才多艺，鼓琴吹笛皆是本色当行，所以他时常与乐师歌伎为伴，一篇篇词作如流水般不断涌出。却道这日，温庭筠于酒肆中正与同伴欢饮酣畅，他得意地宣称道："有丝即弹，有孔即吹，不必柯亭爨桐也。"一曲兴起之际，词作便挥毫而就："小山重叠金明灭，鬓云欲度香腮雪。懒起画蛾眉，弄妆梳洗迟。

照花前后镜，花面交相映。新帖绣罗襦，双双金鹧鸪。"（《菩萨蛮》）想来有这样一个词人在席间，这顿酒定然喝得再尽兴不过。

温词之香、艳，充分展现了女性的柔美。他的词写女子情思，千回百转，可谓字字生情："杏花含露团香雪，绿杨陌上多离别。灯在月胧明，觉来闻晓莺。

玉钩褰翠幕，妆浅旧眉薄。春梦正关情，镜中蝉鬓轻。"别的不说，只读这一句"杏花含露团香雪"便已是唇间含香，叫人心醉了。爱美之心，人皆有之。这词人笔下的美女，袅娜多姿，温婉可

韦庄身在西蜀，梦里却回到了美丽的江南

温飞卿，号为"花间鼻祖"

人，如何不叫人心里为之一动？再看："江畔，相唤。晓妆鲜，仙景个女采莲。请君莫向那岸边，少年，好花新满船。

红袖摇曳逐风暖，垂玉腕，肠向柳丝断。浦南归，浦北归，莫知，晚来人已稀。"仅寥寥数笔，采莲女清秀纯真的形象已是跃然纸上，直教人眼前豁然一亮。这位温助教的笔下，实是有一种江南的灵动。如此词篇，怎一个"艳"字了得？

待诸人酒酣耳热之时，忽见温公已是吟唱不绝，飘然而去。

当我们的目光逐渐远离温庭筠之后，韦庄又走进了视线之中。

这位词人有些奇怪，因为他曾经热衷仕途，在经历了唐末的战乱之后，本应具备老杜一般冷静的他，却又作起词来，且成为花间词派的大家。其

实，走近韦庄，我们蓦然发现，他的笔下，满是复杂情感的碰撞与面对沧桑世事的悲哀。韦应物的这位后人，虽在前蜀得到重用，却难以掩饰心中的苦闷，望着窗外的良辰美景，他轻轻地提笔在手，写道："恩重娇多情易伤，漏更长，解鸳鸯。朱唇未动，先觉口脂香。缓揭绣衾抽皓腕，移凤枕，枕潘郎。"和温飞卿的潇洒不同，此公的作品，更多了一丝哀怨。韦庄遥望着长安的方向，微微地叹息，纵使蜀中的升平景象，在他的眼中，也难以抹去内心的孤寂。他又写道："锦浦，春女，绣衣金缕。雾薄云轻，花深柳暗，时节正是清明，雨初晴。

玉鞭魂断烟霞路，莺莺语，一望巫山雨。香尘隐映，遥见翠槛红楼，黛眉愁。"韦词的这一分"艳"，流淌不尽的其实是词人心中的无奈。韦庄虽人在西蜀，但身上分明散发出东南吴越的气息。他在寓居浙西和漫游江南期间，有不少诗作问世，其词作中也时时会勾勒起江南的图景来。他曾写道："如今却忆江南乐，当时年少春衫薄。"由此我们发现，花间词已不仅仅是西蜀文化的产物，它已经在江南广阔的空间铺陈开去。自六朝以来，江南艺术早已跨越地域的界限，不断地辐射延展，因此在某种程度上可以说，花间词是江南文化的另一种蔚为壮观的表现。

似乎在人们的眼中，词这种文学体裁从一诞生起就显得那么与众不同，尤其是那些峨冠博带的文士，并未高看过它。这也难怪，因为文人们自幼就被谆谆教诲，要做道德文章；而词呢，周身上下弥漫着一股来自秦楼楚馆的味道，或者再说得通俗一些，是来自于社会的底层，因此只能算作"诗馀"了。其实，这正说明了一点：词与民间文化，特别是江南的民间文化之间，有着种种联系。

且看皇甫松的这首词："兰烬落，屏上暗红蕉。闲梦江南梅熟日，夜船吹笛雨萧萧，人语驿边桥。"词中所描绘的，便是江南初夏时节的景象，用词这种文体来表现，显得是那么恰如其分！短短几句，仿佛如细雨般洒落人的心田，若再配上音乐，那真是格外动人了。其实，词，最早称"曲子词"，的确是为音乐而作的，相当于歌词，所以，它的节奏感和旋律性很强，更主要的是，它与唐代的燕乐有着密切的关系。燕乐是唐代一种流行音乐，以丰富多彩而著称，一方面，它在曲调上兼收并蓄，乐器也是以弦乐器琵琶以及各种吹乐器为主，非常富有表现力；另一方面，燕乐的流行也带动了歌词的创作。大唐奔放自由的乐曲为词的繁荣培育了沃土，因此，词较之其他文体，更加注重形式上的美感，从一开始便以一种华丽的装束出现在人们的面前。如果说，诗的出现，是裹挟着中原的气度大步流星地走来，那么，词则与之不同，她是一位长袖善舞的女子，正轻启朱唇，唱着江南的锦绣姗姗而行。

不可否认，花间词的内容，与传统现实主义所要求的国家兴亡、百姓疾苦是远了一些，但我想，如果以此来指责这些词人的话，似乎是有些求全责备了。大约欧阳炯、温庭筠、韦庄等人，耳中也不曾少了非难，只不过，他们多是一笑置之，因为，谁也不能拒绝美的事物，尤其是在日常生活中。晚唐五代在政治上纷乱不堪，但相对安

含情脉脉相思泪，无限词情在花间

定的江南地区，却孕育出了花间词，这也许能够抚慰人们的精神吧。其实，花间词正是拨动了人们内心深处的情弦，将这些最真实的情感释放了出来。在道德文章之外，江南的审美文化还原了一种本色的性情。

如果说花间词初兴于巴蜀之地，那么，实际上在这些词人的心灵深处，却隐隐地流淌着吴江越水的情思，两川的暖风细雨并未使他们的心绪变得局促，花间词人们的才情，早已越过了千里山峦，和江南的土地融为了一体。尽管这些词人生活在西蜀，但在精神气质上却和江南是相通的。后世有人对他们笔下的江南抱有怀疑的态度，认为其描写的当是蜀地之江南，而非吴地之江南，这是一种误解。因为温暖湿润的四川盆地与江南实在是相似，故此韦庄曾感叹道："锦江风散霏霏雨，花市香飘漠漠尘。"面对此情此景，这就难怪花间词人提起笔来便会有："晚日金陵岸草平"、"越王宫殿半平芜"这样的句子。

花间词的出现，说明江南地区的民间文化以及审美话语，已发展到了一个新的高度。众所周知，唐代的城市，商业区和生活区还是截然分开的，但宋代突破了这种限制，那么，介于两者之间的五代时期，则必定是一个重要的转折点，即城市的迅速发

展,而富庶的江南地区无疑有利于这种审美文化的兴盛。花间词,正诞生于这种日常生活的悠闲自在与美轮美奂之中。花间词人大多衣食无忧,若遇闲暇之日,约三五知己,漫步于城市的街巷中,寻一处酒楼,上得楼来,捡一副临窗的雅座,摆上三五碟小菜,烫一壶好酒,再请来一位姿容俏丽、嗓音圆润的歌女,怀抱琵琶,于举杯之时,拨动丝弦,唱起《菩萨蛮》:

"人人尽说江南好,游人只合江南老。春水碧于天,画船听雨眠。

垆边人似月,皓腕凝双雪。未老莫还乡,还乡须断肠。"这是多么惬意呀!

一曲歌罢,再回头去寻那些创作花间词的艺术家们,却早已是踪迹杳然;而远处里,影影绰绰翩然走来了南唐二主、冯延巳、柳永等人。在他们的视野之中,一派词的江南已呈现在世人面前。

江南茶楼

■ 刘铁军

朋友或客人进门，主人总会问一句："喝茶吗？"如此简单不过的问候，道出了中华民族一种经久不衰的嗜好——饮茶。俗话说："开门七件事，柴米油盐酱醋茶。"茶虽排最后，但饮茶之俗早在史前就有了，"发乎神农氏，闻于鲁周公"，茶在当时仅限于药用，如传说的"神农尝百草，日遇七十二毒，得茶（即茶）而解"。到唐时有陆羽专门著《茶经》论饮茶之法，故有了茶艺之说。大宋皇帝徽宗在《大观茶论》中又说饮茶可"祛襟涤滞"、"致清导和"、"冲淡闲洁"、"韵高致静"，欧阳修也有"羡君潇洒有余清"（《和梅公尝建茶》）诗句，说茶有"和清"之用，即可使人平和清净。于是饮茶有了讲究也有了这种自身的文化内涵。同时也融入了人们日常生活节奏中，有道是："茶为食物，无异米盐，于人所资，远近同俗，既祛竭乏，难舍斯须，田闾之间，嗜好尤甚。"（《旧唐书·李珏传》）农闲里村口槐树下或自家庭院阴凉地里，一壶清茶，一把竹椅，便可消磨掉炎热难耐的夏日。"移榻树阴下，竟日何所为。或饮一瓯茶。"这是我儿时的记忆，也是儿时对生活的另一种理解——艰辛之外的闲适。熙熙攘攘的街市巷陌，亦有闲人所在，更有消闲之所，这就是茶楼，又称茶肆、茶坊、茶馆、茶室，最早可追

溯到唐代"自邹齐沧隶至京邑，城市多开店铺，煎茶买之，不问道俗，投钱取饮"（封演《封氏见闻记》）。

古人闲时约友去茶楼喝茶一定是件惬意的事。端坐在精制古朴的方桌前，桌上摆设着小巧别致的茶具，最好是宜兴茶具。看那小巧茶杯中晶莹剔透的茶，都不忍心一口喝掉，而是含在嘴里慢慢品尝。"既乃徐啜，甘津潮舌，孤清自蒙。"（徐渭《煎茶七类·尝茶》）在周围，有墙上的名人字画，它们亦或是荒山竹舍，亦或是小桥流水，字句也是平淡之诗句，感受到的是一片清幽平和之境。角落里摆放着几盆花景，花香伴着茶香更有了几分自然野趣。洁净而又雅素，即使不喝茶闲坐于此也能使人沉醉其中。然挂画插花之俗由来已久，宋时就有"插四时花，挂名人画，……列花架，安顿奇松异桧等物其上"（宋吴自牧《梦粱录·茶肆》）。花架之上的盆景也最好是菊花。菊者，有蕴高洁人格之意，茶亦有清淡之境，品茶赏菊与中秋赏月平分秋色，可谓是人生一大乐事。在杭州就有这样的风俗，即"当九十月之交，五色洋菊齐开，有花园匠扎缚各式大小盆景。出租于山上山下茶肆摆设"（范祖述《杭俗遗风》）。从茶楼的小窗望去，满眼是茂林修竹、假山花木，如"城内著名

茶寮，多有假山花木"（周振鹤《苏州风俗·琐记》），亦或倚临河水。像苏州虎丘的茶坊："多门临塘河，不下十余处。皆筑危楼杰阁，妆点书画，以迎游客，……湖光山色，逐人眉宇。木樨开时，香满楼中，尤令人流连不置。"（清顾禄《桐桥倚棹录·虎丘茶坊》）这种体验对于我们这些落魄的不肖子弟来说是无法攀及的。也许能营造出这种氛围，却再也无法寻觅那种早已失去的淡泊心境了。相比之下，古人又是何等的会享受生活，品味生活啊！就连茶楼也布置得这么有诗意。

就拿苏州旧时茶肆而言，吴苑深处和小仓别墅两茶楼为最有名。吴苑深处茶楼都是以爱竹居、话雨楼等为名的小茶室，室内雅洁无尘，来此

林中寒舍饮茶一瓯，身心一无系

茶客皆分室列坐，各品各的茶互不影响。而小仓别墅是以其外环境取胜，卉石错立，绿痕上窗，是一处很好的消夏场所（据周振鹤《苏州风俗·琐记》）。在这样的茶楼斗室内，更是另一种感受，可坐看云卷云舒，闲品茶之清香，清风习习，韵味无穷。饮茶之人也不要多，客少为贵，"独啜曰神，二客为胜，三四曰趣，五六曰泛，七八曰施"（明代张源《茶录》）。三四好友品茶最适。幽静的氛围可使心地淡泊宁静，烦恼与疲惫也会暂时忘掉，逃离了柴米油盐的琐碎纠缠、市井的喧哗烦乱、官场的勾心斗角，品到的只剩下几分休闲与愉悦，无不惬意闲适。

这就是江南的茶楼。相对北方茶馆而言精致典雅，可能是北方相对恶劣的地理环境及浓厚的政治氛围要求"先质后文"的缘故吧，几张方桌、几条长凳便成了北方茶馆的常见摆设。如"京师茶馆，列长案，茶叶与水之资，需分计之"（徐珂《清稗类钞》）。而它却成了市井闲人相聚唠嗑的好地方，没有江南茶楼那样儒雅，适于文人雅士养心修性。而江南茶楼又是以西湖茶室最为代表，"室"字本身就有种意境，它可以是文人的书房画室，可以是僧人的禅房斋室，内设茶具便可。这些茶室或隐于幽境山湖间，水雾萦绕；或倚山而立，翠竹环绕。开

窗可览室外山水秀景，吐纳万物，心境也会不自觉地开阔了许多。于是人身处的不再是一小小茶室，而成了一片广阔自然，"一片风景就是一种心情"，平和、澹泊、宽容之心油然出之。此境最宜品茶，正如徐渭在《徐文长秘集》中说："茶宜精舍，云林，竹灶，幽人雅士，寒宵兀坐，松月下，花鸟间，清白云，绿鲜苍苔，素手汲泉，红妆扫雪，船头吹火，竹里飘烟。"皆是清幽典雅之境。

古人饮茶，儒家讲究修德，即强调茶礼，和谐和睦的氛围；道家品味的是清净中的闲适自乐；佛家注重修性，直见明心。儒雅的江南茶楼茶室可以说集儒、道、佛于一身，使人超然物外、清心悦神，更得中国茶道"和"之精髓。"山性使人塞，水性使人通。"也许正是江南的这片水域好容古俗，悄悄地将陆羽、皎然的茶艺茶道保留至今，融儒、道、释三家之精华。自古又有"茶禅一味"之说，一因是僧人最早开始广泛饮茶的，二因饮茶使人清醒、理智，使人冷静、明彻，与清幽的禅味气氛融为一体，于是有了"尘心洗尽兴难尽，一树蝉声片影斜"（钱起《与赵莒茶宴》）这样参悟的诗句，也颇得茶中真趣，有如空灵之境，也就"心源知悟空"。由中国传入日本的茶道独钟情于此种禅境，他们的茶

松林间临河之茶室。红妆扫雪，竹里飘烟，此境最宜品茶

室强调清、寂。室内力求简洁、古朴，突出"空无"之感；外表用原木、竹、稻草作覆盖物，不加任何修饰，再现苦难意识；室外种植柳、竹、松树，烘托自然情趣。此乃禅境。日本僧人吸取中国茶道的这一点，并将它单一完美化。可能是他们的岛国意识，资源有限，生存的危机感迫使他们在苦寂中跋山涉水，顽强奋斗。而且他们茶室的门开得很小，人需躬腰方可进去，这也时刻提醒饮茶之人凡事要"忍"，突出表现为他们的武士道精神。而中国讲得更多的则是宇宙意识、天人合一，是以宽容平和为道德修养要义。茶楼摆设与外部环境追求的也是这样的平和闲适。

茶楼在文人雅士的体验下有了修身养性、怡情赋闲之功能，市井百姓历来有附庸风雅的惯例，就连茶楼里招待客人的伙计也被戏称为"茶博士"，坐茶馆自然更是江南市井的一大风俗，也是一种现世情趣体验。"吃茶去"成了人们的常用语。在旧时苏州，有的一天之内跑茶馆好几次，泡一次茶后，如有事出门，茶博士不会收茶壶，只是暂放在一边，以待再至、三至，此曰"戤茶"。取得吃"戤茶"者也并非老茶客不可，仅出一壶之费，便作竟日消遣。而茶博士从不敢怠慢此类茶客，只求过节犒赏。可见茶风之盛，

服务之周。饮茶时还要佐以水果、甜食、小菜之类的食品，如"镇江人之啜茶，必佐以肴。……肴以猪豚为之"。"盖扬州啜茶，例有干丝以佐饮，亦可充饥。干丝者，屡切豆腐干以为丝，煮之，加虾米于中，调以酱油、麻油也。"（《清稗类钞·饮食类》）边饮边吃，是饮酒的习惯，百姓拿来用于饮茶，可以说是饮茶之大忌。明末冯可宾在《岕茶笺》提出品茶七禁忌中有"五荤肴杂陈，即有腥膻之味，破坏茶道"，然百姓才不管这些，只要满足口腹之欲，称心高兴就好。这也是百姓的一种生活之道。难怪明代心学大师王艮曾说"百姓日用即为道"，这种哲学在百姓饮茶中更是体现无遗，混沌不清、抽象难懂的"道"，在这里就是百姓对待生活的方式与态度。

茶楼同时又是市井之人的娱乐场所，文人讲究茶趣，最多三四人在一起品茶，而市井之人全不顾这些，他们是众多茶客聚在一起，大声谈论或同听戏曲、唱书，找的就是一个乐子。"此类说书多在小茶肆中，一人立高台上，手执胡琴自说自唱自拉。所唱之书，大都《珍珠塔》、《玉蜻蜓》等。"（《杭俗遗风·声色类》）看听到动情处掉几滴眼泪以表同情，回家后更是回味无穷。这就是吾人，艰辛之外有哪怕是一点点的消闲娱乐，就颇

感几分知足。虽平淡无奇，倒也自在闲乐。渐渐地茶楼也承担了别的店铺所无法起到的功能。它是交流信息的场所，街闻巷语皆出此处；也是洽谈交易、解决纠纷的好地方。如果我们说日本茶道、茶室是一亭、一阁、一树，小家碧玉精致完整，那么中国茶道、茶楼兼容并包可以称得上是一多姿多彩的大园林。不同阶层的人只是从中各取所需为己所用。

除茶楼茶馆这一类的固定场所外，还有茶铺，立于道路两旁，方便来往游客的同时又能赚点小资，也是平民百姓维持生计之道。它最早出现于晋元帝时，"有老姥每旦独提一器茗，往市鬻之，市人竞买"（《广陵耆老传》）。宋时，"夜市于大街有车担设浮铺点茶汤，以便游观之人"（宋吴自牧《梦粱录》）。杭州还有茶司一行，最为便当，可以说是一移动茶铺，"每担一副。有锡炉两张，其杯箸调

清书茶肆，市井娱乐场所

茶食小八件

羹瓢托茶盅茶碗茶船烛台酒壶壁钉托磐爵杯银镶杯等件，无不足用"（《杭俗遗风·排场类》）。走累了，站路旁喝一大碗茶润嗓解渴，精神爽快了，心情也会舒畅许多。清朝的扬州还有"茶桌子"一说，也就是简单的"小茶馆"。"乔姥于长堤卖茶，置大茶具，以锡为之，少颈修腹，旁列茶盒，矮竹几杌数十。每茶一碗二钱，称乔姥茶桌子。"（《扬州画舫录》卷十一）同时有乐子的地方也少不了茶的存在，如扬州的"点茶"旧俗，即在姻亲初会或刚逢吉事如年节向客人献茶。"此则用银镶杯斟热茶，内放红杏仁、长

生果几个以点染之，名曰'点茶'。"行乐之处也用"茶"字称呼，如南宋杭州的"花茶坊"，楼上专著妓女，争妍卖笑，朝歌暮弦，摇荡心目，本是暗娼妓院，而有了"茶"字招牌就平添几分雅意。

闲在茶楼，不妨有空的时候去江南茶楼坐坐，体验在古色古香的氛围里那种特有的悠闲与自在，给紧张忙碌的自己一个心灵上的放松，也许在品茶中古人饮茶之道所内含的一切才能澄明。而当疲惫的心真正静下来的时候，也许才真正地明白生活是什么，追求的应是什么。

■ 姜晓云

江南贡院

每一个汉字都是一种生命图腾，时刻散发着灵性的气息。良渚时期的人们把文字雕在玉器上敬奉上苍，殷商时期的人们把文字刻在甲骨上进行占卜，他们都不约而同地把文字作为沟通天人的一种神秘符号。"在最古老的传统里，古代的文书记录也被认为是具有巫术性的，精通它们的人即被认为具有巫术性的卡里斯玛。"（马克斯·韦伯《中国的宗教》）

为此，把汉字作为精神生产工具的古代读书人，无论遭遇怎样的"辛苦遭逢"，即使到了"身世浮沉雨打萍"的不利境地，也与在滚滚红尘中摸爬滚打的"劳力者"不同，因为他们身上具有一种神奇的力量。其中比较常见的一种，就是在朝廷设立的贡院中进行科举考试，实现人生的"乾坤大转移"。"朝为田舍郎，暮登天子堂"，这种神奇变化的发生，来自贡院。

在全国各地的贡院中，江南贡院

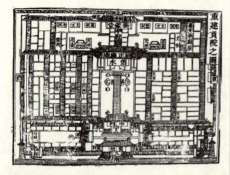

南宋建康贡院图

最有名。"山不在高，有仙则名；水不在深，有龙则灵。"江南贡院之所以名闻天下，因为它最出人才，最出有影响力的人才。据统计，清代江南贡院一共举行过112次乡试，在这里中举、又在京城会试中高中状元的，江苏有49人，安徽有9人，两个地方加起来有58人之多，占据全国112个状元总数中的半壁江山；当时全国有县级以上官员2 000多个，其中有一多半是从江南贡院里走出来的。从江南贡院里走出来的有影响力的人才也多，颜真卿、文天祥、唐伯虎、吴承恩、徐光启、顾炎武、方苞、秦大士、袁枚、吴敬梓、郑板桥、林则徐、曾国藩、左宗棠、李鸿章、张謇、陈独秀等，他们声名远播，但都在此或中过举，或当过考官，或赶过考。此外，江南贡院还出了许多特别的人才，比如中国最后一个状元张謇就出于此，中国第一个女状元傅善祥也出于此，他们都是书写科举史时怎么也回避不了的人物。

江南贡院为什么出人才？这和江南人擅长科举考试有关。明清时的科举考试，考的是时文，也就是八股文。周作人认为："八股是中国文学史上承先启后的一个大关键，假如想要研究或了解本国文学而不先明白八股文这东西，结果将一无所得，既不能通旧传统之极致，亦遂不能知新的反动的起

今日之江南贡院，如一败落的家族，孤零地经历风雨侵蚀

源。……八股不但是集合古今骈散的菁华，凡是从汉字的特别性质演出的一切微妙的游艺也都包括在内，所以我们说它是中国文学的结晶，实在是没有一丝一毫的虚价。"(《中国新文学的源流》)我们知道，江南文化是一种自然精细文化，无论是诗词、曲艺、雕刻，还是饮食、服饰、建筑、园林，都含有许多精妙的诗性成分在内。受这种文化熏陶的读书人在方寸试帖上搞些"微妙的游艺"，大做应时文章，应该是一件比较容易的事情。

当然，出手巧并不意味着一定能做好，熟能生巧才是根本。江南贡院为什么出人才？这更是江南读书之风盛行、长期以来厚积薄发的结果。江南地区文明起源较早，几乎与中原文明同步。"建国以来，长江下游新石器时代文化遗址的大量发现与发掘，是我国史前考古具有世界意义的成果。

它向世界宣告了长江下游存在着可与黄河流域新石器时代文化相媲美的另一个中心。"(王文钦《太湖流域先吴文化琐谈》)在其后的发展过程中，江南地区虽然在历史上几次大的政治、军事南北对垒上大多处于劣势，但与北方地区相比，并未曾遭受过大的战争和其他毁灭性的影响，文化发展一脉相承，积淀丰富；而且江南文化在发展过程中，能够不断得以兼收并蓄其他文明成果，逐渐呈现出日渐繁荣的良好态势。文化世家的大量涌现就是江南地区文化繁荣的重要标志。比如刘师培，"曾祖文淇，祖毓崧，伯父寿曾，均以治《左传春秋》，名于清道、咸、同、光之世，列传国史；三世传经，世称仪征刘氏者也。父贵曾，亦以经术发名东南。"(钱基博《现代中国文学史》)"腹有诗书气自华"，在江南地区读书甚至不是"读书人"的专利，而是在社会上形成了一种文化风习。陆九渊讲学，"每诣城邑，环座率二、三百人，至不能容，徙寺观。县官为设讲席于学宫，听者贵贱老少，溢塞途巷。"真是彬彬大盛。

管子曰："仓廪实而知礼节。"我们知道，让一个人忍着一时的饥饿去读诗书是可能的，让一个人忍着一辈子的饥饿去读诗书是不可能的，让一群人忍着几辈子的饥饿去读诗书更是不可能的。潘光旦、费孝通在1947年对清代900多名举贡进士家庭背景进行分析统计,发现绝大多数都是具有一定经济实力的有产者。此外,读书致仕后,"表面上是个官吏,而实际上却是个租税征收者的人,最有聚积财富的机会。"(马克斯·韦伯《中国的宗教》)许多家族为了保全财产与影响力,都劝使家族成员进学。明清时期由于江南地区手工业的发展和商业的繁荣,以及长期处于政治"化外",以利为本的新观念压倒了以农为本的老观念,以金为尊同时也获得了与以德为尊并列的地位。明末周灿在传统的"言志诗"中写道:"水乡成一市,罗绮走中原。逐利民如鹜,多金价自尊。人家勤机杼,织作彻晨昏。"《吴江县志》记载:"民生富庶,城内外接栋而居者烟火万井,楼台亭榭与释老之宫

江南贡院——明远楼

这里寄托着每一个读书人的梦想

掩映如画。其运河支河贯注入城,屈曲旁通,舟楫甚便。其城内及四门之外皆市廛阛阓,商贾辐辏,货物腾涌,垄断之人居多。"江南读书之盛就是建立在江南地区经济繁荣的强有力基础之上的。

因为江南地区经济繁荣,读书之风最盛,读书的人特别多,应考的人也特别多,所以江南贡院自然也就逐渐成为中国古代最大的科举考场。据《南窗纪谈》所载,江南贡院始建于南宋孝宗乾道四年(1168年),由知府史正志创建,起初为县府学考试场所,占地不大,应考人数亦不多。若遇考生增多时,则借用僧寺举行考试。公元1368年,明太祖朱元璋定都南京后,集乡试、会试于南京举行。1421年,明成祖朱棣迁都北京,但南京仍为留都。由于江南地区人文荟萃,参考士子日益增多,原有考场便越来越显得狭小。永乐皇帝便没收犯臣房舍等改建"江南贡院"。清承明制,一如其旧,道光年间曾重新修建。咸丰年间文庙、学宫俱遭兵火,贡院却独能幸存。同治时又重扩建,范围更大。整个贡院成正方形,内有号舍20 644间,每次可容纳考生2万多人,另有主考、监临、监试、巡察以及同考、提调执事等官员的官房千余间,再加上膳食、仓库、杂役、禁卫等用房,更有水池、花

园、桥梁、通道、岗楼的用地，占地约30万平方米。规模之大、占地之广、房舍之多为全国考场之冠。江南贡院与北京的顺天贡院同享盛名，分别称为"南闱"和"北闱"。

江南贡院布局完整，结构严密，其中有三个建筑最有特色。一是"三重门"。贡院的正门分为三重，一曰头门，二曰仪门，三曰龙门。这"三重门"具有很大的象征意义，因为贡院四周建有两重围墙，上面布满荆棘，根本无从进入，只有光彩地通过官方设立的"三重门"，才可以"登堂入室"，"池鱼化龙"，平步青云。这"三重门"只有应考之人可以进入，"借其门而出以为行道"（弘治《太仓州志》卷五），其他"闲杂人等"概莫能入。在当代，许多人把高考比喻成"三重门"，当作改变人生命运的关键，就源于此。二是明远楼。明远楼为明朝永乐年间初建，清朝道光年间重建，"明远"二字取自《论语》"慎终，追远，民德归厚矣"之意。明远楼是江南贡院的中心部分，也是最高的建筑物。每届科考，监临、巡查等外帘官员在此发号施令和负责警戒。楼内有清代李渔所题楹联一副："矩令若霜严，看多士俯伏徘徊，群嚣尽息；襟期同月朗，喜此地江山人物，一览无余。"主考登上明远楼，"慎终追远"的同时无疑会产生"一览

众山小"的感觉。三是考生号舍。在明远楼的东西两面，便是鳞次栉比的考生号舍。号舍外墙高8尺，号舍高6尺，宽3尺深4尺，皆南向排列，号舍内墙离地一二尺之间砌有上下两道砖槽，上置木板，板可抽动。白天，下层木板当座位，上层木板可作几案写作；夜晚，抽出上板与下板相拼接，便成了一张简易的床榻，供考生蜷曲而眠。每次科举考试三场九天，考生吃住均在号舍之内，不得离开号舍一步。在

孟郊登科之后写下"春风得意马蹄疾，一日看尽长安花"。而这位老兄登科后要衣锦还乡，光宗耀祖，这也正是众多学子的动力所在

这样狭小、封闭的环境里应试，天气的冷热霉潮、蚊虫蛇蝎的肆意叮咬、饮食不周和火灾无处不在的威胁，对弱不禁风的读书人来说是一个考验，对年老体弱、疾病缠身或胸无点墨的人来说更是一种煎熬。清代末科探花商衍鎏曾在此乡试三科、会试两科，共在号舍里"安营扎寨"了45天，他在回忆这些日子时觉得如"前尘幻影，不觉可怜而失笑矣"。

"中国的家产制用以防止封建身

第一甲第一名

弥封關防

《状元榜》

功名：理想与现实间的冲突

份之兴起，亦即防止官吏自中央权威当局中解放出去的，是一套世界闻名、成效卓著的办法。这些办法包括：实施科举，以教育资格而不是出身或世袭的等级来授予官职。"（马克斯·韦伯《中国的宗教》）在科举制度中，获取官职的机会对任何人都开放，只要他们能通过考试证明自己有足够的学养。这种考试制度自隋开皇七年（公元587年）创立，至清光绪三十一年（公元1905年）废止，在中国整整实行了一千三百年之久。科举的直接结

商女不知亡国恨，隔江犹唱《后庭花》

果，是选拔出了800多名状元、10万名以上的进士和100万以上的举人，形成中国历代官员基本队伍，其中包括着一大批政治家、军事家、经济学家和行政管理专家。由科举制度而形成的科举文化，更是成为这一时期中国历史文化的主体。科举制度是中国的特产，但它却对东亚和西方国家产生过深远的影响。孙中山先生在《五权选法》中指出："现在欧美各国的考试制度，差不多都是学英国的。穷流溯源，英国的考试制度原来还是从中国学过去的，所以中国的考试制度就是世界上最古最好的制度。"1983年美国卡特总统任内的人事总署署长区伦·坎贝尔应邀来北京讲学时曾说："当我被邀来中国讲授文官制度的时候，我感到非常惊讶。因为在我们西方所有的政治学教科书中，当谈到文官制度的时候，都把文官制度的创始者归于中国。"科举制度被称为对世界人类进程有巨大影响的中国第五大发明。

科举制度虽然发挥了巨大的人才选拔作用，但其负面作用也是影响深远。"名落孙山无人问，一朝金榜天下知"的现实状况，逼得上万学子不得不左三年、右三年地往返于家乡与贡院之间。科举对考生心灵的扭曲已经到了无以复加的地步。程祖洛嘉庆时在江南贡院中举，33年后回任监临官，

考场中70岁以上考生64人，多半与其同考过。为此，每次科考过后，落第者都会乘机发泄心中的郁闷，而诽谤、造谣考官的报复行为，成了科场案的一种典型。清顺治十四年方犹、钱开宗主持江南乡试，放榜后落第士子们群集贡院门前抗议。顺治下令将方、钱二人革职来京详审。为鉴真假，顺治亲自在北京主持复试该科江南中举的全部考生。参加复试的举人们身带刑具，在冬天的北京被冻得瑟瑟发抖。复试结果，14人未获通过，革去举人；24人勉强通过，罚停会试，但准做举人；74人通过准许参加会试。顺治认定江南乡试有假，将方、钱二人正法。考生吴兆骞由于看不惯朝廷如此愚弄读书人，当场交了白卷，惨遭流放。

贡院既然是一个考试做官的地方，自然有着严格的政治规则，谁也违反不得；江南贡院作为一个人才辈出的"异端"之地，更是一直被皇帝所关注。中国每一次大的动乱之后，一般都是北方地区在政治军事上获胜，经济文化破坏殆尽，江南地区在政治军事上失败，经济文化保存较好。由于经济文化保存较好，江南地区人才辈出，但在北方统治者的眼中，这种人才辈出无异于为虎添翼，必须加以限制。比如在宋朝，江南是南唐故地，自然要严加防范；在元朝，江南是南宋故地，需要严加管制；

在明朝，江南是朱元璋老对手张士诚的老巢，也有心腹之忧；在清朝，江南是反满的根据地，更要进行打击。前面讲的顺、康科场案的深层次原因就在此。在政治上，谁制定了游戏规则就必须顺从谁。据《明史》记载，洪武丁丑年，考官刘三吾、白信涛所取52人，都来自南方，廷试擢陈郭为第一；朱元璋觉得太偏，命侍读张信等覆阅，陈郭仍然在列。朱元璋大怒，诛灭白信涛、张信、陈郭等人，戍刘三吾于边地，并亲自阅卷，所取61人都来自北方。1425年，明仁宗定取士之额，南人16北人14。清朝康熙年间，主考官受贿出卖举人功名，江南士子大哗，把考场匾额上的"贡院"两字涂写成了"卖完"，还将财神泥像抬到夫子庙里。康熙派大臣火速赴江南，要查个水落石出。然而此案牵涉封疆大吏和两江总督，故一拖再拖，两批钦差大臣都未能完成使命。最后康熙亲审科场案，判决两江总督革职听差，科场舞弊人员一律处斩。现在贡院内还陈列着一块御碑，上刻康熙南巡时写的《为考试敕》："人才当义取，王道岂分更。放利来多怨，徇私有恶声。文宗濂洛理，士仰楷模情。若问生前事，尚怜死后名。"

当然，想造反的考生毕竟是少之又少，想博取功名光宗耀祖富贵一生的考生却如过江之鲫。为了金榜题名，许多考生挖空心思。江南贡院发现过一种飞鸽传书，当时有一个考生家里训练了一只非常有灵性的鸽子，这只鸽子到晚上就飞进来找到这位考生，考生就把考题写好拴到鸽子腿上给鸽子带回去，家里面请了许多高手为他答题，答好以后也用很小的纸片密写，让鸽子再送进考场。为了告诉考生你不要抄漏了，还在下面注了几字"背面还有"，哪知这个考生照抄不误，这样一来就被考官发现了。有本书叫《增广四书备旨》，书虽小内容却包括《大学》、《中庸》、《论语》三部书的全部内容和宋代大儒的详尽注释，这本书被吉尼斯世界纪录调查后，确认为中国现存十万余种古版书籍中版面最小文字最小和至今唯一发现的一本清代石印科考作弊奇书。

江南贡院还是一个奇妙的地方，因为在这个地方，世俗与神圣混为一体：贡院西面是庄严、宏伟的孔庙，香烟缭绕中祀奉着肃穆的孔圣人，毗邻孔庙的学宫，每天都传来琅琅书声；贡院南面是流淌着金粉和脂香的秦淮河，河畔"青砖小瓦马头墙，回廊挂落花格窗"，还有歌妓不绝如缕的调笑弹唱；环绕贡院四周或散落其间的，是商号店铺和流动摊点，点着火红的灯笼，叫卖着美食、服饰和古玩百货，以及市民的喧嚣；此外，还有让人伤感凭吊的历史遗迹和令人醉心追忆的历史往事。孔像、学童,才子、佳人,美文、美食,历史、现实,这些精美的意象两两叠加在一起,深深地诱惑着古代江南每一个读书人,既让人迷惑,又让人困惑。在这个奇妙的地方,诗性的江南都市展现着光怪陆离的一面,十分神圣,又十分世俗。想想每逢开考之前,所有的场馆都振作起来,喧嚣起来,沸腾起来,书香、茶香、酒香、饭菜香、脂粉香,香入肌髓;读书声、车马声、叫卖声、弹唱声、吵闹声,声声入耳;每逢开考之际,两万多江南才子们压抑着飞腾的欲望,在黑压压的号舍里,在青灯黄卷中,泼墨挥毫,向朝廷贡献灵灿灿的才华;每逢考试之后,几家欢喜几家愁,富贵人家子弟暂且挥金买醉,穷苦人家子弟亦可破费几个小钱买个小吃解馋。灯与影的秦淮河荡漾的始终是都市的繁华和欢乐。

1903年江南贡院举行了最后一场乡试,从此闲置不用。1918年江苏省省长齐耀琳、安徽省省长韩国钧经过协商,决定拆除贡院辟为市场,仅留明远楼、衡鉴堂及号舍若干间,江南贡院就此寿终正寝。目前江南贡院只剩一个四合院式结构的楼宇,作为展示当时繁荣景象的博物馆。江南贡院不在,江南的才子们也都烟消云散了。当今的时代是一个"祛魅"的时代,来此参观的游人想到的只是古代读书人的功名富贵,而不是他们的灿烂文章。突然记得中学时看过的《儒林外史》,范进听说自己中举后竟然疯了,幸好他的岳父胡屠户赏了他一个嘴巴子才清醒过来。但胡屠户打完后,"把个巴掌仰着,再也弯不过来",后来也不知怎么样了。总而言之,统而言之,从贡院里走出来的"文曲星"是怎么也打不得的。

江南丝绸

■ 李正爱

传说江南太古之时，有一位女子因思念外出战争的父亲，许诺一匹马只要能找回父亲便嫁给它，后来却失信于马，被杀掉的马皮卷走，挂在了一棵古老桑树上，等人们找到女孩时，她已经变成了一个大蚕茧挂在大树上，此后人们就学会了养蚕抽丝，做成衣物用来御寒蔽体。所以在江南人们爱把蚕叫做"马头娘"，后来人们就以"头"来计算蚕而不用"个"、"只"之类数量单位。人们又学会染绣之法，使服不单色、衣质而有纹，于是人们就把她供奉做蚕神"菀窳妇人"、"寓氏公主"，每年开春时节进行一次大规模的祭祀蚕神的活动，以祈求庇佑，多出蚕丝。"尚书"说江南"厥篚织贝"，郑玄解释"织贝"为一种先染后织成贝状花纹的锦名。又将全国分为九州，规定冀、青、兖、徐、扬、豫、荆等州上贡丝和丝织物。江南一带古属扬州。江南的丝绸好比是一条岁月悠久的河流，带着许多的传说、历史痕迹从苍茫的远古奔来，让人想到的是它曾经的繁华和绚丽。

江南气候温和，雨量充足，河道密布，空气湿润，土壤呈微酸性或酸性，土质疏松，富含铜铁元素，极宜于桑树的种植，史书记载江南"环庐树桑"，桑林蔽道，家家种桑养蚕。如明洪武十八年进士夏止善《苕溪晓涨》

白马蚕女

诗中所言杭嘉湖一带桑蚕盛况"桑麻两岸三州接，财赋江南亦北哉"。崇德县在明正德年间（1506—1521年）总共植桑不到七万株，但到万历年间（1573—1620年）种植的桑树已经无法计算了。明代冯梦龙在《醒世恒言》中对江南丝绸之镇盛泽有一段非常有趣的描述："镇上居民稠广，士俗淳朴，俱以蚕桑为业。男勤女谨，络纬机杼之声通宵彻夜。那市上西岸绸丝牙行约有千百余家，远近村纺织成绸匹，俱到此上市，四方商贾来收买的，蜂拥蚁集，挨挤不开，路途无伫足之隙；乃出锦绣之乡也，积聚绫罗之地。江南

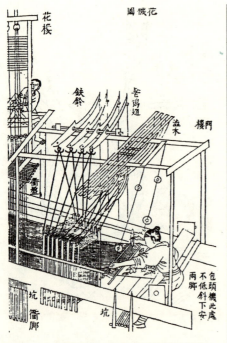

与北方文化相异的江南文化下的精工细作

虽所在甚多，惟此镇处最盛。"记得幼时，家门前是一望无际的桑树，桑叶硕大肥厚，一眼的黄绿齐人高，桑条像江南无尽的春水一般。秋来的时候桑葚子熟透由青黄变成紫红色，平日里跟随大人们一起摘桑叶剪枝的孩子，这时候可以开开心心地成群成群地一起在桑林中间奔跑摘桑葚，大口大口地吃酸甜的葚子，衣服被染成红红紫紫也全然顾不了了。当离家渐远渐无穷，乡愁越浓的时候，这种美好的景象竟越发深刻，才开始深深体会到古人为何要以桑梓来譬喻故乡，思念亲人。

江南丝绸熔炼了江南文化的精工制作。缂丝是先将画稿衬于丝底下，完全按照画稿的要求，先由织工用毛笔将花纹轮廓描到经纱上，再用许多特制的小梭子穿引各色丝线，根据花纹的色彩的轮廓，分区分块缂织出来，任意变换不同的色彩，织出的花色或富丽或淡雅不定。在明人笔记中记载："刻丝，不用大机，方以熟丝经于木棓上随所欲作花草禽兽状，以小梭织纬时，留其处，方以杂色线缀于经纬之上，令以成文。若不相连，承空视之，如雕镂之象，故名刻丝。如妇人衣，终岁可就，虽作百花使不相类亦可，盖纬丝非通梭所织也。"（庄绰《鸡肋篇》）大概是缂丝通幅采用断纬的方法，正反两面要求一致，故其难制。缂丝的不同在能按画稿的要求织出超过原画稿艺术水平的作品。南宋云间人朱克柔为当时的缂丝高手，能够"随心所欲，作花鸟虫兽状"。朱克柔名作《莲塘乳鸭图》就是用当时人的名画作为画底织出的，丝织的表面紧密丰满，丝缕匀称显耀，画面配色生动有变化，层次分明而协调，把中国水墨画的五色晕染、气韵情趣、无中见有、虚中显实的写意意境表现得淋漓尽致，更具有立体效果。织成人竟莫能辨。人称"江南布衣"的画家徐熙善于写汀花、野竹、水鸟、渊鱼，听说朱克柔织出的缂丝图案竟可赛过原画，非常惊奇，就特地跑到云间去观摩朱克柔制作。经过亲眼所见后徐熙非常感叹地说："子虽不为画，尽得画之真妙矣！"竟留在云间好一段时间与朱克柔切磋技艺。学习他的画面配色之法，对徐熙的"水墨淡彩"的风格形成并成为江南花鸟画的鼻祖影响深远。后人也赞叹朱克柔的缂丝"有胜名家（指超过名画家）"，并说"其运丝如运笔是绝技，非今人所得梦见也"。

经过千万道工序和心血智慧精工细作的丝绸，配上天姿丽质的吴女窈窕的身段，那会是怎样的一种美？春水般柔滑的丝绸做成千姿百态的衣裙，披上江南水一般女子婀娜的身材，那种"罗衣何飘飘，轻裾随风还。顾盼遗光彩，长啸气若兰"（曹植《美女篇》）的非凡意蕴。或许人们在真正的美面前让一切语言失去效用才是最好的形容。据吴自牧《梦粱录》和南宋《咸淳临安县志》，杭州丝织品种：绫有白编绫、柿蒂绫、狗蹄绫、樗蒲绫等；罗有素、花、缬、熟、线柱、暗花、金蝉、博生等；锦有青红捻金锦、绒背锦；缎有销金线缎、锦澜缎子……如此多的选择，使人在眼花缭乱的选择之余和啧啧惊叹声里，不禁要嫉妒起这些水乡中的尤物能够生长在这美丽、干净和高尚的江南，有这宁静若水动如狡兔的水乡丽质。白居易只好说："红袖织绫夸柿蒂，青旗沽酒趁梨花。谁开湖寺西南路，草绿裙腰一道斜。"（《杭州春望》）又说："天上取样人间织，织为云外秋雁行，染作江南春水色。"（《缭绫》）曹雪芹的《红楼梦》中"手若柔荑，肤如凝脂，领如蝤蛴，齿如瓠犀，螓首蛾眉"的江南女子的婀娜和大家闺秀所独有的那种气质，曲尽无遗或着厚金浓彩的文锦，典雅庄重，或着"桂布白如雪，吴绵软如云"的青素淡雅的丝绸，或像一抹流霞缤纷灿烂、华丽高贵或更若那天边的一片了无欲念的素云轻轻在眼前飘过，轻盈纯洁，柔弱可怜，尽现江南女子的温柔如水。那特有的韵味，恐怕用一句国色天香是难以完全容括的吧。

清代江南女子的流行服饰

《武林旧事》说南宋时杭州"都民士女,罗绮如云,无夕不然"。上元时节郡中女子必要绫罗盛装到街市去看花灯,挨轧蔽路,真是锦衣罗裳满天堂。"荷叶罗裙一色裁,芙蓉向脸两边开。"(唐王昌龄《采莲曲》)"麻衣如雪一枝梅,笑掩微妆入梦来。若到越溪逢越女,红莲池里白莲开。"(唐武元衡《赠道者》)或许山水之间的女子才会真正显现出灵气来,而着素淡雅的衣裙泛舟湖上或畅游山水间,则人更得情韵之致,更显钟灵毓秀的气质,山水亦与人相宜,人与自然偕然有趣。所以明人张岱说西湖七月半所值得一看的只有"小舟轻幌,净几暖炉,茶铛旋煮,素瓷静递,好友佳人,邀月同坐,或匿影树下,或逃嚣里湖,看月而人不见其看月之态,亦不作意看月者"可以看之。才有夜半"韵友来,名妓至,杯箸安,竹肉发。月色苍凉,东方将白,客方散去。吾辈纵舟,酣睡于十里荷花之中,香气拍人,清梦甚惬"。佳人月色,湖水天光,只有真正懂得穿着的人,才会懂得素淡的月与流动的水之间的奇妙。

明清之际,江南城市风气的转变,如张瀚《松窗梦语》言:"四方重吴服,而吴益工于服。"明代江南水乡女子普遍流行的一种服饰为束腰短裙和自后向前的合欢裙,裙色尚浅淡纹样不明显,素白裙缘一二寸处施绣为

柳如是小像
这是江南中上流社会女子的打扮

饰。所以文徵明诗云:"茜裙青袄谁家女,结伴墙东采桑去。"清初因为有"男降女不降",江南女子的衣着样式还基本保持着显著的晚明风格。清初贵族上层妇女服饰受到江南地主文化的影响,衣裙偏于瘦长,衣口亦小,衣着配色极调和典雅,或用淡墨山水花鸟果木为饰,图案组织秀美,色彩淡雅柔和,显得十分清晰悦目。丝绸图案日益趋向清素淡雅,质益薄,花头也转小。清初吴中名妓柳如是的穿着,在当时应该是最具有代表性的。明崇祯十三年冬,柳如是雪夜乘轻舟到常州虞山拜访钱谦益于钱氏的半野堂,后钱氏娶柳如是为妻在半野堂后特为之建"绛云楼"。夫妇在"绛云楼"读书、校勘、诗歌唱和,于当时为佳话美谈。当时

人顾苓《河东君小传》有："崇祯庚辰冬，扁舟访宗伯。幅巾弓鞋，著男子服。口便给，神情洒落，有林下风。宗伯大喜，谓天下风流佳丽，独王修微、杨宛叔与君鼎足而三，何可使许霞城、茅止生专国士名姝之目。"穿的是一般的儒生的打扮，青服道袍，没有什么特色，但是在当时画家高络园的画本《柳如是像》中，我们可以看到柳如是着当时江南中上层阶级女子流行便服的式样：以高约寸许领子为特征，有一二领扣，领扣一般由金银做成的揿扣，衣服腰间用带子打结，不用纽扣。领间嵌一道窄窄牙子花边，衣服一部分绘绣或用团花双蝶闹春风，确实风

与上层社会相异的市井穿着趣味

姿绰约。

江南未嫁的小家碧玉和新娘都流行穿百褶裙，莲步轻摇步履姗姗，裙裾细微摇颤，婀娜多姿，给人以无限涵蕴的美感。有的还要在裙腰上垂下一条条的飘带，带子另一端系着小铃铛或玉佩，走路时细步轻挪，小铃铛隐约地发出叮当的清音，好像远山上宝塔飞檐的风铃声远远飘来。江南士族地主和他们的女子的服饰品味对北方充满了诱惑，并且由民间传到宫廷，连乾隆皇帝便服的织绣也用了江南士人的风格花样。清初李斗的《扬州画舫录》卷九"翠花街"条有写扬州女子衣裙："女衫以二尺八寸为长，袖广尺二，外护袖以锦绣镶之，冬则用貂狐之类。裙式以缎裁剪作条，条绣花，两畔镶以金线，碎逗成裙，谓之凤尾。近则以整缎，折以细缝，谓之百折。其二十四折者为玉裙，恒服也。"当时尚称为异服，不过十年，全国中上层的妇女就争以能效仿为时髦。

江南士女对丝绸的偏爱，创造的时髦风气足以令全国的女人艳羡不已。其中自然注入的是江南的文化，文士们对生活的理解和品味，一种幽静而清新透明的江南气质，一种出水芙蓉般的清丽和纯洁蕴寓其中。正因如此，才能理解女人为何会对丝绸有如此浓厚的兴趣。

江南学术

■ 姜晓云

阿诺德·汤因比（Arnold Toynbee）认为，人类文明的发展是挑战和反应产生的结果，所以人类最早的文明，都出现于自然条件较差地区。（汤因比《历史研究》）

依照这种理论解释框架，以思想性和知识性为特征的学术文化，在江南温软的土地上产生和发展，应该是一件艰难的事情。史初的江南地区经济地理环境比较特别："地广人稀，饭稻羹鱼，或火耕而水耨，果隋蠃蛤，不待贾而足，地势饶食，无饥馑之患。"（司马迁《史记·货殖列传》）从个体生存的小生态环境来看，这个地区易于为生，以至使人产生了对自然环境的自然顺应感和深度依赖感，"池塘生春草，园柳变鸣禽"，自然思想的悄然滋生，应是一件水到渠成的事情。从群体生存的大生态环境来看，由于"山峦阻隔，河川纵横，森林密布，沼泽连绵，人们只能在河谷或湖泊周围的平原上发展自己的文化，自然的障碍将古代的文化分割在一个一个的文化龛中（cultural niche）"。（童恩正《中国北方与南方古代文明发展轨迹之异同》）

江南地区优越的自然条件，孕育产生了顺应自然的泛神论思想；生活资料的易得，使伦理的教诲让位于审美的观照；再加上山、水、林、沼的阻隔，族群之间缺少交往与竞争，以家庭为单位的社会长期处在自足封闭、闲暇少争的自然状态之中，文明的发展呈现出"杂花生树"式的自然生发景象，与北方文明"百川东到海"式的大一统场面明显不同。这种文明体现在个体人的身上，就有了孔子所谓的"南方之强"与"北方之强"："宽柔以教，不报无道，南方之强也，君子居之。衽金革，死而不厌，北方之强也，而强者居之。"（《中庸》）可以说，江南文明是以"质有趋灵"的诗性存在方式，标举以自然为中心的诗性观念，进入中国人的精神版图的。由于江南地区文明发展不存在北方文明中食物链可能断裂之类的严重危机，因而也不会像北方文明那样由于应对严峻挑战而导致智慧的早熟。江南地区文明缺乏这种断乳条件，因此在文化思想上更多的是对原始诗性智慧的自然延承与发展，习惯于个体情感自然呈现这种诗性表达方式，而不是采用认识论的态度。

与孔子同时的季札是江南学术人物的先行者，他的身上表现出与北方各学术流派不同的思想向度。首先值得我们注意的就是他的朴素的自然观，以及从中流露出的泛神论思想。季札的长子不幸早亡，季札在埋葬他时，"其坎深不至于泉，其敛以时服"。也就是说，墓坑不是很大，还没有挖出

顾炎武《日知录》

戴震评曰:"明顾炎武,音学五书,考证古音,分为十部。"肯定了顾炎武的学术研究方法

地下水;陪葬几乎没有,甚至没有特别添置一件新的衣物。在北方看来,这几乎是薄葬,与死者的贵族地位毫不相称。原因何在,季札在唁词中给予说明:"骨肉复归于土,命也。若魂气,则无不亡也,无不之也。"视死如归,归于物质,不迷信来世,自然通达,却又相信灵魂不灭,万物有灵,眷念于今生,满怀着深情。其次,就是这种发自内心的自然深情。季札在交聘中原时路过徐国,徐君爱其佩剑,待季札周游回来时徐君已死。季札特地前往拜墓,并拔剑相赠,言及"我心许之矣,

今死而不进,是欺心也,爱剑伪心,廉者不为也。"这种源自自然本心的真挚情感,跨越了生死的鸿沟,超越了普通的伦理准则。东晋南朝士人风度实滥觞于此,这是江南学术文化里一直蕴藏着的宝贵传承。此外,季札多次礼让王位,甚至弃室而耕、逃离家国;识见高深,兼收并蓄,博学清言;爱慕知识,不事著述,注重内心体验,所有这些,都成为以后江南学者的清雅象征。被后世儒家誉为东南学术之祖的孔子学生子游(言偃),"敏于道而不滞于形

[清]钱大昕 撰　吕友仁 校點

潜研堂集

年二十以后颇有志经史之学,不欲专为诗人。

——钱大昕

器"（朱熹语），也是一个典型的江南学人。

由于南、北社会组织形式的不同，以及对外物质需求度的不同，导致了政治、军事力量上的不对称局面，秦汉时期的江南地区失去了独立发展的主权，并且一直处在中央政治的边缘地带，甚至受到中央政权的特别敌视（如秦始皇借东巡破坏金陵等江南一带的"天子气"），学术文化发展受到业已跃升为主流意识形态的北方儒、法、阴阳思想的一统专制。在这样的背景下，江南学术文化作为一种异质文化，与以北方学术文化为主体的主流意识形态相比，确实存在着诸多不同的元素，相互之间有一定的排异反应，需要长时间的不断磨合；而且由于二者之间地位上的不对等，江南学术文化受到主流意识形态的压制甚至是歧视（如"吴楚之民，脆弱寡能，英才大贤，不出其土"之类对江南文化的贬抑）。由于远离主流意识形态，"在山泉水清"，所以江南学术文化在不断演进中，对原有诗性文化传统保存较好，自然、简约的主体精神一脉相承；同时也正因为主流意识形态的压制，江南学术文化呈现出一定程度的"异端"色彩。

这种"异端"色彩主要体现在两个重要的文化现象上。一是汉代的辞赋思想。汉赋源自楚辞，也是楚辞的时代变异体。楚辞本为不得志于政治的诗人"朗丽以哀志"、"绮靡以伤情"之作，侧重于个人"幽情"的抒发。而到了汉朝，情况有了变化。根据《汉书》记载："汉兴，高祖亡兄子濞，于吴招天下娱游子弟，枚乘、邹阳、严夫子之徒，兴于文、景之际。"吴王名为"娱游"，实际是想造反，反对大一统的政权组织形式。枚乘于是作《七发》警醒吴王，借山川宫室之美，阐述"妙言要道"，进行隐晦式批评，开启了汉代辞赋"劝百讽一"的传统，体现了江南学术清雅的风貌。二是王充具有批判精神的自然"天道"观。在东汉时期，神权与政权、学术权合为一体，组成谶纬之学牢笼自由的学术思想。王充虽然地位卑微，位于政治的边缘地带，却本着自然、贵用的"天道"观，大胆地反对神学的人为蒙蔽："夫天道自然也，无为；如谴告人，是有为，非自然也。"以自然澄明的学术态度，高举起"疾虚妄"的旗帜，认为"苟有不晓解之问，追难孔子，何伤于义？诚有传圣业之知，伐孔子之学，何逆于理？"对孔子威权提出如此质疑，在经学时代尚属首次，这也一直影响到汉末的孔融、明代的李卓吾和清末民初的章太炎。据此，他指斥那些"皓首穷经"的俗儒不过是"鹦鹉能言之类",尊崇那些"博能通用"的鸿儒,尤其注重"精诚由中"、"夺于肝心"的情感作用,站在了固守理义的主流意识形态的对立面。

在学术思想领域,批判的过程实际也是接受的过程。因此,这些不入主流的"异端"思想的边缘性存在,不仅有着彰显自身文化价值所在的意识,同时也为东晋南朝时期江南地区的思想变迁打下了深厚的基础。从此,学术主体强烈的批判个性,也逐渐成为江南学术话语的重要特征。

众所周知,魏晋南北朝是我国学术思想领域继春秋战国之后的又一个思想大解放时期。与春秋战国时期学术思想解放仅仅发生在北方文化圈不同,魏晋南北朝时期学术思想解放发生在北方文化圈,而鼎盛于江南文化圈。也就是说,春秋战国时期学术思想解放是在北方文化背景下完成的,原有的学术思想与传统得到进一步的强化和发展,没有发生质的变化;而魏晋南北朝时期学术思想解放是在江南文化背景下完成的,原有的学术思想与传统更多的是被扬弃,形成的是一种新的学术文化,这两种思想解放之间有着本质的区别。我还想特别作一说明的是,对北方文化来说,这是一种新的质变,如同佛学进入中土;对江南文化来说,这种变化只是发展阶段上的飞跃,因为是北方文化的河流大规模地汇入了江南文化的河道。正是因为玄学、佛学进入江南,与江南本土的道教风云际会,才致使江南新的文化精神的产生。"溟涨无端倪,虚舟有超脱。"这种新的文化精神深深地依托于江南道教。

饱历乱世的永嘉士族来到江南时,不仅失去了传统的物质、文化根基,甚至已经失去了思想信仰的支撑。但是,无论是抱残守缺的传统儒学,还是"贵无"的新兴玄学,甚至是追求"出世与超脱"的佛学,都在与江南道教的乱世遭逢中,找到了新的生发

戴震书信手迹

山中宰相——陶弘景

点。如前所述，江南人的信仰带有明显的泛神论色彩，这种泛神论意识是道教产生与传播的思想基础。孙吴政权建立后，随着孙吴集团的信仰与倡导，道教发展由自发转为自觉，并进入了主流意识形态。《历代崇道记》记载："吴主孙权于天台山造桐柏观，命郭玄居之；于富春造崇福观，以奉亲也；建业造兴国观；茅山造景阳观、都造观三十九所，度道士八百人。"道教从此进入主流话语；以葛洪为代表的丹鼎派宣扬服丹成仙，形成了比较完整的神仙理论体系，有利于向上层社会发

展；陆修静吸收儒家礼法，对道教进行改革，促进了道教的官方化。上述这些为抱残守缺的传统儒学派别自然而然接受道教创造了条件。茅山上清派等道教团体远离政治，隐居山林，探讨玄理，"只可自怡悦，不堪持赠君"，陶弘景更是开创了一代道风，让"贵无"的新兴玄学派别感觉到殊途同归。

当然，道教作为一种普世的宗教，其信仰对象是超自然的神灵，且多神论的松散形式，也有利于与追求"出世与超脱"的佛学找到共鸣。就这样，由于整个时代失去思想信仰（或曰信仰多元化），也由于江南学术文化自身的包容性，促使道教、玄学、佛学等思想在同一时代中并列局面开始形成，并在并列发展中逐渐远离了具体的世俗，亲近于自然山水与清虚的玄理，形成了以"澄怀观道"为中心的诗性哲学。名士们也由西晋末的对伦理政治近乎粗鄙的怪诞，转变为东晋南朝时"居易而以求其志"式的"不竞"之风，"玄礼双修"的优雅风度中包含着一种以自然为中心的崭新的诗性文化精神。刘义庆的《世说新语》，就记录了这种诗性文化精神。

江南地区各种学术思想的风云际会，不仅促进了江南学术思想的发展与飞跃，还在哲学与艺术方面催生出具有中国特色的自然美学思想。"从

此，中国民族的审美意识才开始获有了一个坚实的主体基础，使过于政治化的中国文明结构中出现了一种来自非功利的审美精神的制约与均衡：一方面有充满现实责任感的齐鲁礼乐来支撑中国民族的现实实践，另一方面由于有了这种可以超越一切现实利害的生命愉快，才使得在前一种生活中必定要异化的生命一次次赎回了它们的自由。"（刘士林《江南轴心期与中国古典美学精神的生成》）诗性江南成为中国人心中的乐土。

江南学术文化与自然界有一种天然的沟通，通常将清虚的玄理寓于日常生活之中，并以此为基础孕育出一种活泼而又空灵的特殊的诗性特质。"江南可采莲，莲叶何田田。"江南学术走向自然美学思想，不仅生成了诸多讲求"清空"、"神韵"、"情味"的南派诗画与诗话，还促使北方"入世"的"儒学"与异域"出世"的佛学的生活化与诗性化，追求自然心性的禅宗由此而来，讲求心性的陆王心学也承此而去。

禅宗被称为"潜默的哲学"，第一义不可说，讲究参修顿悟，没有滞着，但是不离日常生活。最经典的禅的故事就是精妙的玄理与日常生活的结合。如有学僧问禅师关于禅的根本问题，禅师或曰"白菜三分钱一斤"，或曰"为止小儿啼"，或用沉默来表示，甚至

当头给予一棒，只因为第一义不可说，需要个体的领悟。"担水砍柴，无非妙道"，禅扎根于心，是聪慧的哲学、热忱的宗教、浓郁的诗性和日常的生活的统一。即使悟了之后，"见山还是山，见水还是水"，但人的精神经过点化、飞跃之后，境界已不是过去的境界。"禅是中国人接触佛教大乘义后体认自己心灵深处而灿烂发挥到哲学境界与艺术境界。静穆的观照和生命的飞跃构成艺术的两元，也是构成'禅'的心灵状态。"（宗白华《艺境》）王阳明就是从这种直觉本心出发，强调"致良知"，要求道德自觉，突显主体精神。"尔那一点良知，是尔自家底准则。尔意念着处，他是便知是，非便知非，要瞒他一点不得。"禅宗与陆王心学所结的因缘，归结到一点，就是共同具有一种诗性情结，并且这种诗性情结既具有神秘性的特点，又具有日常生活的普适性。为此，从其开拓的新领域来说，既是哲学的，又是生活的。

江南学术文化的这个新变化，是有着殷实的物质基础和发达的教育先决条件的。由于自身经济文化的积累和南北文化的交融，东晋南朝之后江南地区书院教育得到了极大的发展。物质生活普遍改善和文化素质极大提高之后，包括许多普通民众在内的江南人对精神生活不断萌发新的追求，

徐光启雕像
他是中西文明对话的先驱者之一

市民文学、古玩收藏、藏书、出版、园林艺术、饮食娱乐等与日常生活相关的文化应运而生，同时也为诸多学人获得了不依赖于政治的存在，而山明水秀的江南又为他们提供了一个大舞台。因此，包括文学、学术在内的高雅文化如同"旧时王谢堂前燕，飞入寻常百姓家"。哲学与艺术融入日常人生，衍生出许多更加精美的戏曲诗文、小说弹唱，以及工艺器物与园林文化。徐光启本着"救儒补佛"的目的，向利玛窦等西方传教士学习天文历法、经济水利，首开了"西学东渐"之风。

江南是实学的发源地。顾炎武、王夫之、黄宗羲等学术大家，学术研究贴近生产、生活实际，有利于国计民生、安邦治国。潘耒为《日知录》作序时评价顾炎武："综贯百家，上下千载，详考其得失之故，而断之于心，笔之于书，朝章国典、民风土俗，元元本本，无不洞悉。其术足以匡时，其言足以救世，是谓通儒之学。""通儒"的标准与千年以前的王充何等接近，文化的传统与渊源是无法割断的。当然，江南学术的职业化也是从顾炎武开始的。

江南学术的职业化作为一个新兴

事物，其中既有异族逼迫的因素，更是学术繁荣的结果。但如果我们仔细研究就会发现，由于明朝的灭亡和清朝的文化钳制，导致了江南学术界既有的"怀疑"精神的发展：从对空疏的宋明理学的反动开始，沿着汉代古文经学、今文经学的逆时针发展方向不断向前探究，直至先秦诸子乃至原始儒学。学术群体大量涌现，"一代学术几为江浙皖所独占"。在这不断地怀疑与否定、证实与证伪之中，一种奇异的现象产生了：学者们逐渐抛弃了曾经苦苦追求的致用的义理，转而眷顾于过去的知识本身，学术方法也由诗性的玄思转为实事求是的考证，走向实证主义的"朴学"。江南学术的职业化，使学术逐渐远离了政治和实际生活，获得了相对独立的地位；学术群体的形成，也有利于学术争鸣的开展。清代江南学术流派纷呈，主要有以惠栋为代表的吴派、以戴震为代表的皖派、以庄存与为代表的常州学派和以阮元为代表的扬州学派。此外，江南学术世家的大量涌现，也是一个令人瞩目的现象。

清代江南学术的旨趣不是着眼于现在与未来，而是在书斋中孜孜不倦地整理过去，"如剥春笋，愈剥而愈近里；如啖甘蔗，愈啖而愈有味"。为此，梁启超在总结清代学术研究时说："综举有清一代之学术，大抵述而无作，学而不思，故可谓之为思想最衰时代。"但不可否认的是，除了考证之功不可没外，此时的江南学术仍有一种立于政治伦理对面的"异端"色彩，比如清中叶的庄存与，复兴千年不传之学，开创清代今文经学。因为这些独立的学术群体的存在，"结束了新儒学的正统学说以及它的钦定体系和强烈的形式主义对学术的垄断。"（艾尔曼《从理学到朴学：中华帝国晚期社会与精神文化面面观》）

随着清末国门的被打开，西方学术思潮开始涌入，"国故"逐渐由置疑的对象转为"整理"的对象、"革命"的对象，儒学也尽失"建制"，变成了"游魂"。（余英时《中国思想传统及其现代变迁》）由于经济地理等原因（1840年上海开埠），江南地区受冲击最大，也得风气之先。诸多江南学人走出国门，或自觉接受海外思想，以"博通古今"的国学功底，力求"学贯中西"，涌现出一批大师级的人物，为中国现代学术的确立做出了很大的贡献。王国维作为中国现代学术开山人物之一，陈寅恪是这样评价他的学术内容和治学方法的："一曰取地下之实物与纸上之遗文互相释证，二曰取异族之故书与吾国之旧籍互相补正，三曰取外来之观念，与固有之材料互相参证。"其中，自然切用、兼收并蓄、善于怀疑发见的江南学术传统与精神是一以贯之的。

■ 冯保善

金陵王气

在有关"金陵王气"的诸多古代文献记载里，大概要以唐朝诗人刘禹锡的《西塞山怀古》最为驰名了。诗曰：

王濬楼船下益州，金陵王气黯然收。

千寻铁锁沉江底，一片降幡出石头。

人世几回伤往事，山形依旧枕寒流。

今逢四海为家日，故垒萧萧芦荻秋。

这首诗，乃长庆四年（824），诗人由夔州刺史调任和州，沿江东下，经西塞山，触景生情，吊古伤今而作。王濬奉晋武帝之命，帅水军讨吴，时当太康元年（280）。最终，王濬的大军一路势如破竹，在焚烧了东吴沿江设下的铁锥横锁之后，直捣金陵，孙皓政权宣告灭亡。

如果寻根讨源，再考索"金陵王气"的出处，却要回溯到东周显王三十六年戊子（公元前333年），楚威王灭越，在石头山建金陵邑之时。根据相关的史料上说，金陵的得名，正是因为楚威王欲在此筑城，因听信人言，此地有王气，乃埋金以镇之，故名。看来，"金陵"与"王气"的结缘，是从金

凤凰台上凤凰游，凤去台空江自流。吴宫花草埋幽径，晋代衣冠成古丘

——李白

陵一地命名之始，就已经存在了。

此后，关于金陵王气的说法，便近乎无代无之，传说不绝。秦始皇东巡，途经小丹阳（位于今江苏、安徽交界处），望气者也向他说起了金陵有王气，于是，他一方面命令凿断方山地脉，以泄王气；又以"气见水止"的理论，开凿秦淮河，破坏其地气；再就是

改"金陵"为"秣陵","秣"乃喂牛养马之草料，正如乡下给人起名阿狗阿猫之类，虽有轻之贱之、蔑视其存在的意义，却也更见出他们对于金陵其地的高度重视。

《太平寰宇记》卷九十《升州》条云："《金陵图经》云昔楚威王见此地有王气，因埋金以镇之，故曰金陵。秦并天下，望气者言江东有天子气，乃凿地脉，断连冈，因改金陵为秣陵，属丹阳郡。故《丹阳记》则云始皇凿金陵方山，其断处为渎。则今淮水经城中入大江，是曰秦淮。"正是关于以上两种说法的综合记录。

西汉司马迁的《史记·高祖本纪》提到："秦始皇帝常曰东南有天子气，于是因东游以厌之。"如果说这里尚没有明确所指王气所在的具体地方，那么，《魏书》卷六十五《李平传附李谐传》云："金陵王气兆于先代。黄旗紫盖，本出东南，君临万邦，故宜在此。"则首次确切地提出了"金陵王气"的说法。

汉献帝建安十六年（211），车骑将军、徐州牧孙权将其治所从京口（今镇江）迁到秣陵，并将秣陵改名建业，在《三国志·吴志》卷八《张纮传》裴注引晋代《江表传》中有具体的记载。据说正是因张纮向孙权讲了一番金陵王气的往事，称此乃天意所在，

小说中的孙权像

才使得孙权最后下了搬迁于此的决心。张纮的原话是这样说的："秣陵，楚威王所置，名为金陵，地势冈阜连石头。访问故老，云昔秦始皇东巡会稽，经此县，望气者云，金陵地形，有王者都邑之气，故掘断连冈，改名秣陵。今处所具存，地有其气，天之所命，宜为都邑。"

公元588年，隋朝51万大军兵分八道，"东接沧海，西拒巴蜀，旌旗舟楫，横亘数千里"（《隋书·高祖纪》），已经兵临城下，荒唐的南朝陈后主却说："王气在此，齐兵三度来，周人再度至，无不摧没。今虏虽来，必应自败。"（《建康实录·后主长城公叔宝》）金陵王气却没能成为他的"护法"，胭脂井中被俘，南朝寿终正寝，从此结束了它

旧时王谢堂前燕，飞入寻常百姓家
——刘禹锡

的气数。而在灭陈之后，隋文帝为了斩绝"金陵王气"，也下令将昔日的六朝官殿，"平荡耕垦"，废为耕地，并在石头城设立了蒋州。

元朝末年，刘基"与鲁道原游西湖，有异云起西北，光映湖水。道原皆以为庆云，赋诗。基持杯，满引不顾曰：'此王气应在金陵，十年后王者起，佐之者其我乎！'众咋舌避去。"（《武林梵志》卷八《刘基传》）这却是明朝

建都金陵的神话了。

看来，"金陵王气"的说法是由来已久。这"金陵王气"虽然被人讲得十分玄虚神秘，也终究有它的内涵。那么，"金陵王气"到底指的是什么东西？

在目前的有关研究中，主要有这样两说：

一种认为：根据《河图》、《洛书》及伏羲氏的《先天八卦图》，古南京所在的扬州，地处南方，与荆州在五行属性上都属于"火"，而在五行相克的关系中，"火克金"，于是楚威王埋金，意在将古南京的地气属性调整为"金"，利用扬州火的属性，克制金陵金的属性，以此削弱古南京的地气。另外，南京作为山水交会的吉壤，有着在风水术中所说的"蟠龙"形态。呈回环形态势的山川融结、互为依靠，形局完整灵秀，孕天地清气。北临长江，城北有玄武湖、莫愁湖，四周群山环绕，首尾相连，西面为象山、老虎山、狮子山、八字山、清凉山，南面有牛首山、岩山、黄龙山，东面有紫金山、灵山、青龙山，北面有乌龙山、燕子矶、幕府山，构成了南京极罕见的地理概貌。南京城内的石头山（即今清凉山）也是风水中的吉山，因为它的状貌形同一只两脚前拱弯抱伏蹲地的老虎，古人把这种山称虎踞或伏虎。（见《南京

楼市·地产易学论坛》徐刚《金陵王气》文）

另一种说法认为：晋人《吴录》中所说的诸葛亮出使东吴，在路过金陵时有云"钟阜龙蟠，石头虎踞，此乃帝王之宅也"，尽管根据《三国志》的记载，诸葛亮从未到过金陵，也不可能有上面的赞叹，但此传说却使南京从此有了一个著名的代称——"龙蟠虎踞"。关于所谓的这几句诸葛亮的名言，后人一直解释为"钟山像条蜿蜒的龙，石头山像只蹲踞的猛虎"，说这仅是一个文学性的比喻，只是用来形

千古凭高对此，漫嗟荣辱。六朝旧事随流水，但寒烟衰草凝绿

——王安石

容南京地形的雄壮险要而已，这显然不十分确切。风水术喜欢将山川附会星象，以达到地与天的对应，如最常见的，便是用山水地形，附会天上苍龙、白虎、朱雀、玄武星象，这种方法最早见于《三国志》中。而令人惊异的是，房、心、尾三宿苍龙星座（今为天蝎座）的形象正是"龙蟠"；参、觜二宿白虎星座（今为猎户座）的形象正是"虎踞"。原来，"龙蟠虎踞"是古人对苍龙、白虎星座的形象描述。这一星座图，也把汉代天文学家张衡所说的"苍龙连蜷于左，白虎猛踞于右"的星象，重新展现了出来。如此，"龙蟠虎踞"便来源于星象术，它的真正意思是"以钟山为苍龙星象，以石头山为白虎星象"，应该是风水术的星象比喻。这正是东吴建都金陵时，风水家以地形对应星象而得出的基本认识。天上有龙虎星象，金陵有龙虎地形，出土的六朝砖画有龙虎雕刻，六朝墓葬中有龙虎形插件，六朝铜镜上有龙虎，六朝都城的朱雀门上曾悬有木刻龙虎，也可为此说之佐证。此外，六朝人又用了术数中的其他方法来补充。《宋书·符瑞志》说："汉世术士言，黄旗紫盖见于斗、牛之间，江东有天子气。"这是占星术，认为在天上二十八宿的斗宿和牛宿之间出现了一种云气，类似皇帝所用的黄旗紫盖式样，这就是

"王气"。按古代星野所分,斗宿、牛宿对应地上的江东地区,那么江东就有王气,这是为孙权称帝所造的舆论。又说:"吴亡后,蒋山上常有紫云,数术者亦云,江东犹有帝王气。"这是借助气象现象,把钟山上的紫云说成是"王气",是为东晋立国所造的舆论。南朝庾信在《哀江南赋》中所说的"昔之虎踞龙蟠,加以黄旗、紫气",正指的是"金陵王气"的三种表现形式。在以钟山为苍龙、以石头山为白虎之后,六朝又以金陵南面的秦淮河为朱雀,以北面的覆舟山(今九华山)为玄武,又以北湖为玄武,改名玄武湖,形成了东苍龙、西白虎、南朱雀、北玄武四神拱卫皇都的布局,这就是所谓的"象天设都"。(见刘宗意《解开"金陵王气"之谜》)

"金陵王气"既然是古来就有的说法,在古代文化的语境中,从风水术、星象术等等,对其进行阐释,自然各有其道理,也都存在合理的一面。然而,还有更重要的方面不能轻忽:南京作为十朝古都,其开国者并不都是因为相信了"金陵王气"的说法而建都于此;郑板桥诗中说"南人爱说长江水,此水从来不得长",建都金陵的多是短命王朝,或者是属于分裂、偏安的小朝廷,这不光彩的评语,也并没有影响到后来者继续建都于此;还有,"金陵王

气"的说法,所以盛传不衰,也正与它不断作为都城的事实有关。所以,要理解"金陵王气"的内涵,在风水、星象术之外,必然还有更重要的内容可以发掘。

我们还是来看一下古人有关金陵的描述。

晋人张勃《吴录》中所谓诸葛亮对南京的考评:"钟山龙蟠,石头虎踞,此乃帝王之宅也。"除了风水术、星象术所说的意思,还当然可以理解为是一种对南京地势雄伟险要的形象概括。

初唐王勃《江宁吴少府宅饯宴序》:"蒋山南望,长江北流。伍胥用而三吴盛,孙权困而九州裂。遗墟旧壤,数万里之皇城;虎踞龙盘,三百年之帝国。关连石塞,地实金陵;霸气尽而江山空,皇风清而市朝改。昔时地险,实为建邺之雄都;今日太平,即是江宁之小邑。""关连石塞"、"昔时地险"云云,自然说的是金陵地势之险要雄奇无疑。

唐李白《金陵歌送别范宣》"石头巉岩如虎踞",元白朴《沁园春》"我望山形,虎踞龙盘,壮哉建康"、《水调歌头》"好在龙盘虎踞,试问石城钟阜,形势为谁雄",元胡炳文《游钟山记》"江以南形胜无如昇,钟山又昇最胜处。……蟠龙踞虎,亘以长江,其险

也如此",明高启《登金陵雨花台望大江》"大江来从万山中,山势尽与江流东。钟山如龙独西上,欲破巨浪乘长风。江山相雄不相让,形胜争夸天下壮。秦皇空此瘗黄金,佳气葱葱至今王",清郑燮《念奴娇·金陵怀古·石头城》"悬岩千尺,借欧刀吴斧,削成江郭。千里金城回不尽,万里洪涛喷薄",清陆嵩《金陵》"崔巍雉堞尚前朝,形胜东南第一标",南社诗人余天遂《初发金陵》"钟山高拥石头城,虎踞龙蟠旧帝京。地势不须说天堑,共和战胜在民情",都说到了金陵形势的险要。

在兵器业不发达的古代,地理形势对于战争,往往具有着决定性的作用,所谓的天时、地理、人和,地理形势就成为决定战争的三大要素之一。兵书里也大都有专门研究地理的篇章,如早已成为世界军事名著的《孙子兵法》,其中有《地形篇》,探讨了不同地形条件下军队的行动原则,特别强调了三军统帅必须格外重视对于地形的研究与利用;又有《九地篇》,分析了九种地理形势下的不同的用兵方法。长江天堑,三面环山,石头城如虎踞大江之滨,险要的地理,天然具备成为政治军事中心的条件,所谓的金陵王气,也指的是它在地理形势上,适宜成为都城的一个层面的内涵。

南朝诗人谢朓《入朝曲》中的两句诗为千古绝唱:"江南佳丽地,金陵帝王州。"江南佳丽之地,事实上也正是金陵成为帝王之州的重要原因。

孙中山先生在《南京·浦口》中说:"南京为中国古都,在北京之前,而其位置乃在一美善之地区。其地有高山,有深水,有平原,此三种天工,钟毓一处,在世界中之大都市诚难觅如此佳境也。而恰居长江下游两岸最丰富区域之中心,虽现在已残破荒凉,人口仍有一百万之四分之一以上。且曾为多种工业之原产地,其中丝绸特著,即在今日,最上等之绫及天鹅绒尚在此制出。当夫长江流域东区富源得有正当开发之时,南京将来之发达,未可限量也。……南京对岸之浦口,将来为大计划中长江以北一切铁路之大终点。在山西、河南煤铁最富之区,以此地为与长江下游地区交通之最近商埠,即其与海交通亦然。故浦口不能不为长江与北省间铁路载货之大中心。"

经过三国吴几十年的开发,到了东晋南渡以后,一方面,中国的经济中心,逐渐向江南转移。至唐朝中期,已经有"辇越而衣,漕吴而食"(《文苑英华》卷九百一),"当今赋出于天下,江南居十九"(韩愈《送陆歙州诗序》)

等国家财富多倚赖江南的说法。另方面，随着大批士人南迁避乱，文化上也渐成重镇。《北齐书·杜弼传》记高澄语："江东复有一吴儿老翁萧衍者，专事衣冠礼乐，中原士大夫望之，以为正朔所在。"陈寅恪先生说："永嘉之乱，中州士族南迁，魏晋新学如王弼的《易》注、杜预的《左传》注，均移到了南方，江左学术文化思想从而发达起来。"（《陈寅恪魏晋南北朝史讲演录》）再就文学来看，整个六朝时期，北方虽不能说就是一片荒漠，却亦真的成果无多；而在南方，文学创作则云蒸霞蔚、群星璀璨。举其知名者，如晋宋之际的陶渊明，南朝宋谢灵运、颜延之、鲍照，南朝齐王融、孔稚珪、谢朓，南朝梁萧衍、范云、江淹、任昉、丘迟、沈约、柳恽、何逊、吴均、王僧儒、萧统、陶弘景、刘孝绰、刘孝威、萧纲、庾肩吾、萧绎，南朝陈阴铿、张正见、陈叔宝、徐陵、江总等等，多不胜数。而北朝创作，则显得寥若晨星，其硕果仅存者王褒、庾信两大家，也都是由南朝这片沃土培养，成名后因为不同的原因到了北朝的。诚如李白诗曰："六代更霸主，遗迹见都城。至今秦淮间，礼乐秀群英。地扇邹鲁学，诗腾颜谢名。"作为长江下游一个重要的滨江城市，位于长江转正东流向的转弯处，南京既是沟通江南与中原的最佳的枢纽站，前有淮河、长江这样的天然防线，拥有地理之优势，后有富庶的吴会为其经济上的后盾，得天独厚，先天就是建立都城的首善地区。

有关金陵王气的种种说法，不无神秘玄虚的成分在。其实，三国孙权之定都金陵，与东晋、朱明的在此建都，他们所谓的"金陵王气"，却都无非是在强调王气所在、天命所归，显示着只有自己代表正统，从而增强其号召力量，在他们，更主要的是出于政治上的一种宣传策略。而痴迷金陵王气者，如南朝陈后主，则难免有国破人被俘的结局。唐刘禹锡在《金陵怀古》诗中说"兴废由人事，山川空地形"，可谓的评。

■ 洪 亮

京口三山

最早听说北固山这个地名，是从王湾的《次北固山下》：

客路青山外，行舟绿水前。
潮平两岸阔，风正一帆悬。
海日生残夜，江春入旧年。
乡书何处达？归雁洛阳边。

这首被清人王夫之誉为"以小景传大景之神"的五律，已经成为盛唐气象的发端。

后来查了资料，才知道公元209年，三国吴主孙权出于军事上的需要，在北固山的前峰，建筑了一座城堡，叫做京城。城池虽小，却十分坚固，号称铁瓮城。古代谓山上高平之地为"京"，"口"指北固山下的江口，京口之

甘露寺刘备招亲
选自上海人民美术出版社连环画《三国演义》

名便被人叫响了，唐时为润州，宋代才改名镇江的。

《三国演义》里写到甘露寺刘备招亲一节，寺即在北固山后峰。但三国时代，山上尚无寺庙，甘露寺是唐代李德裕所建；况且，刘备来京口前一年，孙权已经"进妹固好"，是送亲而非招亲。当然，北固山前峰即是铁瓮城所在，孙、刘二人登上后峰眺览和商谈大事，倒也是可能的。

北固山三面临江，李德裕题北固山临江楼的诗有"多景悬窗牖"一句，后来改建此楼时，便依诗句更名为多景楼。苏东坡在此曾留下《采桑子》一词：

多情多感仍多病，多景楼中。樽酒相逢，乐事回头一笑空。

停杯且听琵琶语，细捻轻拢。醉脸轻融，斜照江天一抹红。

结尾两句写"姿色尤好"的侑酒官妓醉后的脸庞，荡漾着暖融融的春意。她的身后，夕阳在天边映照出一抹艳丽的晚霞。这是人景合写。分开说，前句人，后句景；叠合看，人即景，景即人。

但在靖康之变时，宋室南渡，镇江却成了抗金前线，词也多慷慨悲凉之音，如辛弃疾的《永遇乐·京口北

固亭怀古》。另一首《南乡子》上片也写到:"何处望神州?满眼风光北固楼。千古兴亡多少事,悠悠。不尽长江滚滚流。"

苏东坡对镇江有特殊的感情,每次路过,必登金山。熙宁三年(1070年),他因批评新法,引起当道不满,深感仕途险恶,便主动请求外任。第二年,通判杭州,十一月初三,途经镇江,被山僧留宿金山寺,并写下《游金山寺》七古,有一段生动的描写:"羁愁畏晚寻归楫,山僧苦留看落日。微风万顷靴文细,断霞半空鱼尾赤。是时江月初生魄,二更月落天深黑。江心似有炬火明,飞焰照山栖乌惊。"森然之气,正反映了内心的苦闷。

金山原名氏父山,唐代开山得金,故名。从苏诗"寻归楫"看,它原是在江中的,后因水流变迁,清同治年间与南岸相连。金山的建筑傍山而造,绚丽精巧,幢幢相衔,故民间有"金山寺里山,焦山山里寺"之说。

观音阁内,存有"金山四宝"。周鼎,相传是周宣王时的铜器;东坡玉带;明代文徵明所绘《金山图》。还有铜鼓,又名诸葛鼓,相传是诸葛亮发明的,行军时可作炊具,作战时可擂鼓。

东坡玉带怎么会留在这里呢?原来这是他与自己的方外之友佛印和尚打赌的结果。有一次他来金山寺,刚走进佛印屋中,佛印就弄起了机锋:"此间无坐处。"东坡借禅语回答:"暂借佛印四大为座。"两人约以东坡玉带为赌。佛印再问:"既然四大皆空,五蕴非有,居士向哪里坐?"东坡一时无言以对,只得解下玉带相赠,佛印则取出衲裙一幅回报。东坡留诗云:"病骨难堪玉带围,钝根仍落剑锋机。欲教乞食歌姬院,故与云山旧衲衣。"透露了他在政治上的失意。玉带缀玉二十块,清初焚毁四块。乾隆到金山寺命玉工补齐,并刻上自己的名字与诗,附庸风雅,只是狗尾续貂而已。

宋建中靖国元年(1101年),东坡自海南遇赦北归,回到常州。适值表弟程德孺在金山,他便前去会面。此时他已66岁,接近生命的尽头,在金山见到一幅李公麟为自己画像的石刻,百感交集,题石刻云:"心似已灰之木,身如不系之舟。问汝平生功业,黄州惠州儋州。"一生中最遭难、最无用世机会的三处贬所,成为他的"功业"所在。是自挽,而以谐语道出?是实情,而显倔强之性?各人有不同的理解。

又据《铁围山丛谈》载:歌手袁绹曾回忆说:"东坡昔与客游金山,适中秋夕,天宇四垂,一碧无际,加江流涌涌,俄月色如昼。遂共登金山山顶之

潮平风静日浮海,缥缈楼台转金碧
　　　　　　——苏轼《和子瞻金山》

妙高台,命绹歌其《水调歌头》曰:'明月几时有? 把酒问青天。'歌罢,坡为之舞,而顾问曰:'此便是神仙矣!'"虽然是旁人回忆,我宁可相信,这是东坡在金山最为传神的写照。他那任天而动、飘逸如仙的舞姿,定格金山,瞬间便是永恒。

流传最广的便是白娘子水漫金山的故事。人们来此,无一不欲一睹白龙洞、法海洞等处,以偿夙愿。《金山志》记:"蟒洞,右峰之侧,幽峻奇险,入深四五丈许。昔出白蛇噬人,适裴头陀驱伏获金,重建精蓝。"这是唐代中叶的事。

裴头陀是裴头陀,法海是法海。

法海之名,不见于《金山志》,却见于唐代李华的《润州鹤林寺径山大师碑铭》。他是唐天宝年间的一名僧,不仅精研内典,而且"赅通外学"。鹤林寺与金山寺同在润州,加之"法海"这一僧号是正规性的,而"头陀"不过是苦行僧,行脚乞食,不是主持一寺的方丈,因此在传说中,人们才选用法海替代了裴头陀。

北宋的苏东坡在妙高台赏月,南宋的梁红玉在妙高台击鼓。名将韩世忠用兵八千,将十万金兵围困在金山附近。出身军妓,识韩世忠于行伍之中的梁红玉,在金山上擂鼓助阵,一直追击金兵至黄天荡。

这一段故事，恐怕比白娘子水漫金山更惊心动魄。

金山还值得一提的是芙蓉楼，楼以诗传，即唐代王昌龄的《芙蓉楼送辛渐》：

寒雨连江夜入吴，平明送客楚山孤。

洛阳亲友如相问，一片冰心在玉壶。

京口三山中，惟有焦山屹立江心，也是目前万里长江中仅有的一座四面环水的游览岛屿。山势雄秀，不愧为中流砥柱。

焦山原名樵山。东汉末年，处士焦光避乱镇江，隐居在此。汉献帝三诏不起。后来他住的岩洞便名三诏洞，樵山也改称焦山了。焦光学问高深，并精医术，经常在山上采药为当地渔民治病，应该也属于王昌龄诗中的"一片冰心在玉壶"式的人物。

舍舟登岸，山脚便为定慧寺山门，迎壁便是"海不扬波"四个大字，突出了焦山尤如镇海之石的喻意。定慧寺左边的焦山碑林，现藏历代碑刻四百多块，仅次于西安碑林，为江南第一。"碑中之王"的《瘗鹤铭》，是我国保存价值极高的"二铭"之一，即南有镇江《瘗鹤铭》，北有洛阳《石门铭》。《瘗鹤

沙雾山潮全似雨，江光笼日自生云
——《舟中望焦山》

铭》是摩崖石刻，刻在焦山石上，后陷落江中，宋淳熙年间捞出，后又堕江。清康熙时才由闲居镇江的苏州知府陈鹏年募工从江中捞起五块原石，仅存八十六字（其中五字不全），字体丰筋多力，章法奇逸飞动。宋黄庭坚认为"大字无过《瘗鹤铭》"，故此碑也称"大字之祖"。但未署书者之名，只知是梁代作品。

金山与焦山一向并称，明代王思任曾品评说："金以巧胜，焦以拙胜。金为贵公子，焦似淡道人。金宜游，焦宜隐。金宜月，焦宜雨。金宜小李将军，焦则大米。金宜神，焦宜佛。金乃夏日之日，而焦则冬日之日也。""小李将军"指善画金碧山水的唐代画家李思训之子李昭道，被评为"变父之势，妙又过之"。"大米"指爱写淡墨云烟的北宋画家米芾，他与儿子米友仁（"小米"）共创了"米点山水"。

■洛 秦

昆曲

明代大曲家沈宠绥有一段话：

粤征往代，各有专至之事以传世。文章矜秦汉，诗词美唐宋，曲剧侈胡元。至我明则八股文字姑无置喙，而名公所至南曲传奇，方今无虑从充栋，将来未可穷量，是真雄绝一代，堪称不朽者也。

这段文字颂扬的就是明中叶兴起的一代之文艺的"传奇"，也即今人所谓之昆曲。[严格地说，昆曲是当时昆班艺人们演唱的曲；而目前通称的昆曲与昆剧同义，是集昆的演唱、表演和剧目为一体的笼统（不严谨）说法。为了便于叙述，只能"随波逐流"，以

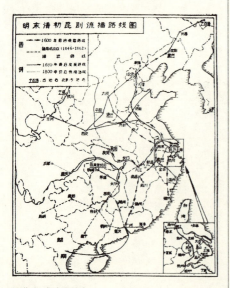

昆曲兴盛发展图

下皆称为昆曲。]昆曲，产生于昆山。由于昆曲在历史上成为了中国古典艺术集大成者，它自然成为了我们江南文化的经典资本。我不仅作为江南之子为之骄傲，而且也因为种种的机遇与昆曲有缘，深感欣慰。

最早接近"昆曲"一词是在20世纪70年代末。"改革开放"使得曾以演出《十五贯》"一出戏救活了一个剧种"走红的浙江昆剧团再度新生。"右派摘帽"后的父亲被调回省城，重新恢复研究工作，其中的一项内容便是帮助整理浙江昆剧团的历史。昆曲，从此似乎再也没有离开过我。

父亲言谈中，周传瑛是我当年有关昆曲最耳熟的名字，他是浙江昆剧团的台柱老艺人。1920年，在苏州由一些爱好昆曲的商人和几个名师建立了"昆剧传习所"，培养了一批"传"字辈艺人，周传瑛为其中一员。9岁进入传习所，取了艺名周传瑛，从此，原名周荣根再也不为人所知了。这批"传"字辈演员为拯救当时已经奄奄一息的昆曲，做出了令人辛酸的努力。坚持下来的人物有南昆著名艺人沈传芷、孙传琥，《十五贯》中扮演娄阿鼠的王传淞，还有就是扮演况钟为一绝的周传瑛老先生。周老不怎么有"文化"，可是肚子里的戏上百出，口中的词曲句句成章成调，脚下的戏步子数十年

从未乱过方阵，心中感情是生为昆曲之魂，死为昆曲之灵。

之后，我对昆曲在文字上的朦胧崇敬印象，慢慢转为了现实的体验。汗水圆了我的少年梦，进入了浙江歌舞团成了专业小提琴演奏员。在多年的剧团生活中，一直与浙江昆剧团邻邦相依。我们都坐落在江南杭州著名园林"黄龙洞"边上进行着"演艺"生涯。每每傍晚，一面听到的是园林里黄龙嘴中呼出的水流，伴随着龙井茶香；另一面便听到隔壁窗口，时而缓缓的曲笛、鼓板声中，传来昆腔的舒缓"水磨"之音。久而久之，对昆曲不由得更为接近了。

昆曲的产生要归功于江南吴地的山水、语言和人文，归功于昆山曾有过的山腔小调，更主要的是要归功于那位"足迹不下楼者数十年"潜心钻研的魏良辅。世人对魏良辅的历

昆曲《游园·惊梦》

史晓得甚微，只知道其大约生活在嘉靖、隆庆年间，江西人，长期居住太仓。据资料介绍，他熟谙当时"四大声腔"中的江西弋阳腔、浙江余姚腔和江苏昆山腔三大腔。"足迹不下楼者数十年"当然是很有一点夸张，但良辅先生凝神探究并对昆山腔进行了"革命"是事实。

第一次听昆曲是我赴上海音乐学院读研究生前夕。听人说，清代演出一场完整的洪昇《长生殿》要三天三夜，而且士大夫们是伏案读本、逐字逐句、一拍一眼地看戏听曲的。因此，我带着神秘、崇敬和好奇的心情，眼睛直盯盯地看着字幕，一刻也不敢走神，听了一段折子《游园·惊梦》。有了真实的听曲经验，这才知道昆曲为什么会称为"水磨调"。

昆山腔原为地方小调，并无任何章法规矩，今人也不知道其究竟"潦草"、"业余"或甚至"讹陋"到什么程度。但我们知道，经良辅先生"革命"后的昆山腔有一套俨然有序的艺术规范。他在其著名的《曲律》中这样说道："'曲有三绝'，一是'字清'，二要'腔纯'；三为'板正'；'曲有两不杂'，南曲不可杂北腔，北曲不可杂南字；'曲有五不可'，高不可、低不可低、重不可、轻也不可，更不可自作主张；'曲有五难'，开口难、出字难、过腔难、低

难，转收入鼻音则更难；还有，'曲有两不辨'，不知音者，不与其辨，不喜欢者，亦不与之辨。"

在良辅先生的这一番"清规戒律"下，昆曲被称之为坐"冷板凳"式的"水磨调"。沈宠绥将昆曲的唱总结为"声则平上去入之婉协，字则头腹尾音之毕匀"。那究竟是一种什么样式的演唱风格和方式呢？

留学美国后，我将昆曲的精华实质介绍给了西方社会。我告诉他们说，昆曲是承袭了唐宋以来华夏文化最重要、最根本，也是最经典的音乐传统——"以文化乐"即以文词作为声调的基础，以语言作为旋律的根本，以韵律作为节拍结构的核心而形成的音乐文化风格。俗称"依字行腔"，说的大致就是这个意思。

我们常把音乐比喻成为一种语言，这是因为音乐像语言那样有词汇、句法、结构等。但是，在我看来，说音乐类似于语言并非完全是因为它们在形式上有很大的相似性，而主要是由于音乐和语言一样具有表达的功能，表达情感、思想，甚至文化的功能。这种表达功能是一种历史的积淀、文化的积淀，是人对于音乐这样一种特殊的"语言"的认识和作用的积淀。从另一个侧面来讲，音乐作为一个独立的艺术形式具有其自身的"音乐叙述"性，这种性质是自足的、内在的、结构性的。从本体论的意义上来说，它"自己说着自己的话"，就像欧洲交响乐有着"自己的语言"，中国京剧有着"自己的腔调"，印度尼西亚"佳美兰"有着"自己的音程语汇"，印度拉加有着"自己的微音体系"等。然而，这还只是对事物现象上的理解。当我们带着究其原因的态度来叙述"音乐叙述"时，就能注意到这些"自足自给"的"音乐叙述"是一种历史文化的积淀。

中国音乐中的"文"与"乐"的关系与其他国家和民族的音乐是不同的。中国民族音乐特征以"文"来化"乐"，也就是说，音乐是建立在文辞语言的基础上的，是"依字行腔"的。最典型的就是昆曲的唱。昆曲的音乐哪里来的？它不是像现代作曲家那样"作曲"作出来的，不是设想一个动机然后再发展成一个作品的，也不是以音乐来带动歌词内容的，更不是只听旋律就能够理解文字的意思的。昆剧的音乐是地地道道、彻头彻尾地按照语言的声韵、文字的意思而来的。平上去入各有其"打谱"和演唱的规定。一首没有平仄格律的新诗是不能"打谱"的，也是不能演唱的，比如，一行华丽浪漫的七个平声字，"打"出来的音乐要么是七个Do，要么是七个Mi（或别的什么音），是不能成调调的。其中，"打谱"演唱中对字的"头、腹、尾"的"切韵"是有严格要求的，文辞的格律结构中板眼的节拍是有规定的。这种情形下产生的音乐完全依附于文字语言，不认识字辞、不了解词意、读不懂诗文，是听不懂昆剧的唱的，说实话，也是没有听头的。这就是为什么很少有单独的昆剧中的旋律成为器乐音乐的原因。因此，魏良辅在《曲律》中总结："五音以四声为主，四声不得宜，则五音废矣。"

昆曲之所以能够成为"一代之文艺"，除了魏良辅以及他的一些同志者们的努力外，另一位重要的人物就是

泥塑《浣纱记》

梁辰鱼（伯龙），他将"依字行腔"的方式和"以文化乐"的理念实施到了舞台，一出开天辟地的剧目《浣纱记》，使得魏良辅的新昆山腔"冷板凳"成为了集念、打、做、唱为一体的综合性舞台艺术。从而"清唱"走向了"剧唱"，昆剧诞生了！

总结来看，昆曲是中国最典雅、最具文学性的戏剧。它盛行于16至18世纪之间。在音乐、戏剧和文学这三方面，昆曲在当时都到达了巅峰，它可以称得上是中国历史上最成熟和完善的艺术表演形式。从戏剧角度说，昆曲建立了完整的舞台表演体系，脚色制一直作用在今天的传统戏剧舞台上；昆曲发展了自身独特的舞台语言规范，它的唱腔道白的语音推动了中国音韵学趋于成熟；昆曲音乐创作是语言与音乐相辅相成的典范，又是音乐和词文完美结合的样板，从而形成了中国曲牌体音乐的特殊风格；昆曲的唱，更是以"水磨调"的演唱修养、"头腹尾"的吐字技巧、魏良辅十八节《曲律》规范给后世的传统戏曲和民族歌曲的演唱产生了巨大影响；昆曲的价值不仅在音乐，而且它的剧目中的不少是中国古典文学的经典，诸如著名的"玉茗堂四梦"、《桃花扇》《长生殿》等。因此，在很大的程度上，昆曲包含了整个中国古典文化的内容。

作为文化，它的发生和成熟，或衰败都不是哪一个人的意愿能够左右的。尽管魏良辅和梁辰鱼他们为昆曲的问世做出了不朽的功绩，但就整体而言，昆曲的诞生是由一个特定地方环境、特定时代条件所形成的。

昆曲之所以出现在江南，一方面是因为江南的自然地理环境。没有水，怎能"水磨"？不是由于有那样多姿秀丽的景象，怎能坐得了"冷板凳"？那当然也是因为有了昆山的小调和江南的话语声调，才能"依字行腔"。另一方面，很重要的是，明代的江南商品经济发达，不仅农业很是发展，而且手工业中滋生出不少资本经济的苗头。明人蒋以化《西台漫记》卷四中有一段记载：

> 我吴市民罔藉田业，大户张机为生，小户趁织为活。每晨起，小户百数人，嗷嗷相聚玄庙口，听大户呼织。日取分金为饔飧计。大户一日之机不织则束手，小户一日不就人织则腹枵两者相资为生矣。

虽然从中看到了不少剥削，但通过雇用关系产生了资本运作方式。人类社会，哪有什么不"剥削"的？就是因为相互"剥削"，经济就这样发展起来了。昆山靠着苏州的丝织产业，

《西厢记·昆曲谱》

"机声轧轧，子夜不休，贸易惟花、布"（《古今图书集成·职方典·苏州府部》）。明人冯梦龙在《醒世恒言》中曾对江南的工商业繁荣景象描述道：镇上居民俱以蚕桑为业，男女勤谨，络纬机杼之声，通宵彻夜。市上两岸绸丝牙行约有千百家，远近村坊织成绸匹，俱到此上市。四方商贾来收买的，蜂钻蚁集，挨挤不开，路途无伫足之隙。在这样一个商贸繁华的"锦绣之乡"，人们怎能不需要歌舞戏曲的陪伴消闲？白日里，人们埋头于喧哗嘈杂的生意经；夜晚中，市民们便要求享受于在轻缓优雅的丝竹管弦声中，聆听功深熔琢、气无烟火、启口轻圆、收音纯细的曲唱了。

可是，仅仅那些口袋里有几个以丝绸换取铜钱的市民、商贾是造就不了艺术的，一个文人阶层的存在和参与，决定了昆曲的成熟。江南自古出才子，从明代末期到清代初期约两百年间，有四百余位文人作家参与"传奇"的写作，产生了近三千部作品，这其中江南文人占据了大部分的比例。家父洛地著有《戏曲与浙江》，他提到，就浙江而言，嘉靖到明亡约百余年的历史中，剧作家有109人，剧作350种；清代约三百年间，剧作家125人，剧作294种。虽然这只是浙江地区，而且统计也未必精确，但足以反映江南文人在"传奇时代"中的作用。

江南，昆曲的故乡，这是我们每一个江南人为之骄傲的地方。自南宋有了戏文，继之发展到了"传奇"而成为今天的昆曲，江南的水土、人文为人类文化创造了举世瞩目的财富。因此，江南不仅是一个山清水秀的江南，也更是凝聚了无数有识之士和艺人心血的江南。

江南是美丽的，江南更是有文化的。

梁
祝

■刘 芳

浮华也看惯了，落寞也看惯了；薄情也看惯了，离散也看惯了。所以，才会在夜深人静的时候，突然惦念起"梁祝"，惦念起"牡丹亭"。惦念起那种"情不知所起，一往而深"的执著，惦念起那种对待爱情"生而可以死，死而可以生"的信念。

江南的爱情，仿佛江南的溪水一般：温婉时，叮叮琮琮；激荡时，粉身碎骨……

千百年来，"梁祝"的爱情故事一直流淌在每一个渴望真情的年轻人的心里：爱而不能长相守，毋宁死。东晋

梁祝 双蝶比翼双飞

时，14岁的上虞女子祝英台女扮男装赴杭州求学，途中邂逅淳朴憨厚的会稽书生梁山伯，芳心暗许。三年同窗，两人情深意笃，亲密无间。可是，木讷的梁山伯却一直没有猜透女儿家的身份和心思。三年后，祝英台的父亲为女儿安排了一门亲事，并以"母亲病危"为由，诱使女儿回家。在送行的路上，英台多次暗示山伯，可山伯均因不明就里而致使风情不解。情急之下，英台谎称家里有一个孪生妹妹，请梁兄两个月后去祝家提亲，山伯应允。依依不舍告别后，英台回到家里，被逼与马文才定亲。两月之后梁山伯去祝家提亲，发现祝英台居然是一位红粉佳人，恍然大悟，后悔不迭。无奈，英台的亲事已定，梁山伯因此伤情，一病不起，并很快郁郁而终。梁兄死后，英台也抱定了必死的念头，出嫁的路上，英台绕道梁兄墓前，一番拜祭之后，便以头撞碑。就在这时，突然墓穴开裂，英台毫不犹豫地纵身跃入，终与梁兄"生同窗，死同穴"。后来，梁祝的墓前常有一双大蝶翩跹于花丛之间，据说，那褐色的是梁山伯，而黄色的就是祝英台。

后人有歌云：

碧草青青花盛开，彩蝶双双久徘徊。千古传诵深深爱，山伯永恋祝

英台。

同窗共读整三载，促膝并肩两无猜。十八相送情切切，谁知一别在楼台。

楼台一别恨如海，泪染双翅、身化彩蝶，翩翩花丛来。历尽磨难真情在，天长地久不分开。

研究者普遍认为，梁山伯和祝英台的爱情故事滥觞于晋，定型于宋，完整于明，迄今已有1600年的历史。北宋苏东坡词集《东坡乐府》中的《祝英台》词牌，元代白朴的《祝英台死嫁梁山伯》剧本（已佚），明代的《同窗记》传奇都可以证实这一点。1986年版的《中国大百科全书·中国文学卷》认为，最早记载"梁祝传说"的文献是初唐梁载言的《十道四蕃志》（684年），并在晚唐张读的《宣室志》里形成基本梗概。而宋代咸淳年间（1265—1274年）修编的常州地方志《毗陵志》则根据《善卷寺记》（480年）的记载设了《祝陵》专条，认为：善卷寺是"齐武帝赎祝英台旧产建"，"岩前有巨石，刻云'祝英台读书处'，号'碧鲜庵'"。此后，唐至清有关传说大多援引此说。这样看来，梁祝的传说至少在善卷寺建立的公元480年前后就已经在毗陵地区广为流传。如今大家知道的"梁祝"，大多缘

水漫金山，白娘子为爱奋斗

自袁雪芬的越剧，缘自何占豪、陈钢的小提琴协奏曲。凄美的故事，幻化为绕梁三日余音不绝的旋律，萦绕在每一个人的心里。

《梁祝》与《白蛇传》、《牛郎织女》、《孟姜女》合称"中国四大民间故事"。一个民族的传说是这个民族发育、成长的形象记录，更是民族文化长期积淀的宝藏。如今，"梁祝"的美丽传说已经从中国翩然而起，飘洋过海地飞往日本、朝鲜、东南亚，以及世界各地。越是"民族的"，就越是"世界的"。"梁祝"丰厚的形象蕴涵、浓郁的感情色彩、炽

烈的爱情追求不仅感染着中国人，也深深感染着外国人。无论置身世界何处，只要有"梁祝"旋律响起的地方，就一定能找到共同的语言和共同的心声。现在，"梁祝"的传说正在积极申报联合国"人类口头和非物质遗产代表作"。因为中国的"梁祝"也是全人类共同的文化遗产。

因为"梁祝"，所以想起了《牡丹亭》。

江南爱情故事中的女子，大多知书达理，这也就为江南的爱情定下了一种与众不同的浪漫的基调。吟诗、作对、赏花，一切都那么高贵，那么空灵，那么优雅——无论是祝英台，还是杜丽娘。

《牡丹亭》中，16岁的杜丽娘因游园时看见"姹紫嫣红开遍"，而感叹自己养在深闺，大好的青春年华"似这般都付与断井残垣"。恍惚中，丽娘梦见一翩翩书生来到牡丹亭与己相会，情深意浓。惊醒后，始知黄粱一梦，备感失落，且一病不起，不久便一命呜呼。当其魂魄上穷碧落下黄泉，终于找到了梦中书生柳梦梅时，生命也因爱而复苏，有情人终成眷属。杜丽娘因爱而死，因爱而生，爱之深切，感天动地，情之所至，生死不渝。

《牡丹亭》的原型话本称作《杜丽娘慕色还魂》，若是"望文生义"，必定会把杜丽娘想象成是一个"好色之徒"。也有人把杜丽娘的爱情称为"后院式的爱情"，认为一个后院小姐从来没有见识过春天，从来没有见识过外人，猛然见到一个男子，便心驰神往，盲目地爱上人家。这些均且不论，只需想一想，当一个女子爱上一个男子之后，情愿为他死、为他生，天下之大，能做到者，有几人软？

因为"梁祝"，所以想起了《泰坦尼克》。

大家闺秀的露丝在船上邂逅了"灰小伙"杰克，两人抛开门第的偏见，一见钟情。这些都与梁祝、柳杜十分相似。海难中，杰克用自己的生命换得了露丝的生存。之后，露丝嫁人、生子，一直幸福地活到了耄耋之年。

我总在想一个奇怪的问题，如果换作是祝英台，换作是杜丽娘，她们会在恋人舍命相救以后嫁作他人妇吗？

也许，露丝并没有忘记杰克，在她心里，一直没有辜负对杰克的爱。但

为爱死、为爱生的杜丽娘爱情故事
——《牡丹亭》

是，她不会为他守候，不会为他枉度了自己的一生。

正因如此，梁祝才会让我们如此感动，柳杜才会让我们难以释怀。

> 只因　总在揣想
> 想幻化而出时
> 将会有绚烂的翼
> 和你永远的等待
> ……
> 今生　我才甘心
> 做一只寂寞的春蚕
> 在金色的茧里
> 期待着一份来世的
> 许诺
> （席慕蓉：《春蚕》）

也许，这就是典型的"江南的爱

梁祝爱情断魂心痛，刻骨铭心。其故事百余年来凭一隅舞台深入吾国精神中

情"：情愿用今生今世，甚至来生来世，去守候一份承诺，一份真爱。正如汤显祖在《牡丹亭·标目》中所写："情不知所起，一往而深。生者可以死，死可以生。生而不可以死，死而不可复生者，皆非情之至也。"

可是，天崩地裂的爱情实在太苦、太难，我们是凡人，不敢奢望太多的轰轰烈烈，也承受不起太多的生死相许。在这个世界上，除了爱情，我们还有很多事情要做，比如功名，比如活着。如此爱惜自己的现代人不会再为了爱情而舍弃前程，舍弃安乐，舍弃性命。只要能过得轻松、和谐，即便没有刻骨铭心，也于愿足矣。

"花落水流红，闲愁万种，无语怨东风。""世间何物似情浓？整一片断魂心痛。"这是前人对待爱情的态度。而我们，却在暗自的优越感和隐隐的骄傲的支配下，面对爱情，依然可以气定神闲、从容镇定。像是两块巨石，伫立在原地，谁都不曾想为对方挪动半步。所以，那些为了爱情而奋不顾身的"情痴"，多么伟大！

在古代社会，有情人的爱情被门第、被伦常压抑着，他们拼死反抗，争取自由；而今天，有情人的爱情被物质、被私欲压抑着，我们却心甘情愿，随波逐流。都市浮华，真爱不堪，总被雨打风吹去。浮躁的心态使我们不能沉下心来，开掘爱情的深度，体悟爱情的刻骨。但是，每当夜深人静的时候，每当烟雨迷蒙的时候，每当化蝶的旋律在心灵深处回荡的时候，我们仍然无法控制自己不为之落泪。就算这只是一个遥不可及的梦吧，也是大家永远无法从心头抹去的梦。跟随着声声凄婉的《梁祝》，我们仿佛又回到了那久远的、杏花春雨的江南，触摸到了那纯净的、鸟语花香的爱情。

南方的天，雨夜正绵长……

梅

雨

■ 朱逸宁

江南的初夏时节。

这时,枝头的梅子已经黄熟,当雨点开始洒落在地面上的时候,人们便会说:"入梅了。"这里的"入梅"实际上指的就是进入了江南的梅雨季节。

"梅雨",也有人叫它"霉雨",顾名思义,一是得名于梅子成熟;二来因为在这段时间,江南一带空气非常潮湿,衣物容易发霉,故有此称。其实,梅雨季节是江南地区,特别是长江中下游一带的一种特殊的气候现象,它影响的范围不仅包括我国的江南,还一直延伸到邻邦韩国和日本南部。每逢进入一年之中的六七月间,江南总会有这么一段时间,大约二十几天阴雨不断,天气潮湿闷热。于是,江南的人们习惯性地把进入梅雨期称为"入梅",把梅雨的结束则称为"出梅"。梅雨时节虽然还不是真正意义上的酷暑,但在人们的心中,梅雨的到来却标志着夏天的开始。

毫无疑问,梅雨是江南地区的一个重要特征,这不仅是因为它成就了江南那千里的沃野,更重要的,我觉得在于这簌簌的雨声,已经是丰厚的江南文化中不可或缺的一项内容。"南朝四百八十寺,多少楼台烟雨中。"我无法想象,倘若没有梅雨的滋润,诗人是否还会吟出这样的诗句,而江南也还是否会有这如画般的烟雨盛景。

大凡是生于江南,或是在江南生活过的文士,大都不会对每年初夏连绵的梅雨熟视无睹,因为梅雨在他们的眼中有着独特的地位,它就像流觞的曲水,一直流进心中,激发出无尽的文思。梅雨不仅承担了春与夏的过渡,更使这种季节的转换变得自然而且富于诗意,它既没有夏日里暴风骤雨的急狂,又非初冬令人瑟瑟生寒、裹挟着雪珠的冷雨,而是有着水乡那独

夏雨欲至,乌云压顶,少不了那份闷热

有的一种温存。于是乎，在诗人的笔下，梅雨便携着江南的韵致在人们的注视中深情款款地走来了。唐代的文人在诗篇中总略带几分幕天席地般的气度，显出一种歌者的洒脱。柳宗元看到梅雨，就曾挥毫写道："梅熟迎时雨，苍茫值晚春。"（《梅雨》）在这位诗人的眼中，梅雨到来之时，不仅意味着梅熟，也标志着春天的即将远去，放眼远眺，四下烟雨蒙蒙，江南的景物也仿佛渐渐模糊起来，教人看不清了。他的梅雨之诗，简约而疏朗。晚唐诗人罗隐也对梅雨有着很深的印象，只见他欣然提笔："村店酒旗沽竹叶，野桥梅雨泊芦花。"他所见到的，应是梅雨之中的乡间景色，只十余字，却已勾勒出一幅梅雨村舍之画，恬淡清秀，颇让人流连。试想，如果置身于其中的话，那种感觉，一定是初夏时分沁人心脾的凉爽。相对来说，赵师秀的诗作《约客》所描写的梅雨景象就更为著名了："黄梅时节家家雨，青草池塘处处蛙。"这两句中，不仅有梅雨季节的显著特征，而且，更有池塘蛙声。语调中节奏明快，这雨中的画面不由变得灵动了起来。

宋代的词人，居于江南者甚多，因此梅雨也成为了他们歌咏的对象，且看辛弃疾写道："野草闲花不当春，杜鹃却是旧知闻。谩道不如归去住，梅雨，石榴花又是离魂。

前殿群臣深殿女，赭袍一点万红巾。莫问兴亡今几主。听取，花前毛羽已羞人。"（《定风波》）辛弃疾笔下的梅雨，略带些沧桑之感，直教听者唏嘘。而周邦彦词中的梅雨，却有几分闲适："梅雨霁，暑风和，高柳乱蝉多。小园台榭远池波，鱼戏动新荷。

薄纱厨，轻羽扇，枕冷簟凉深院。此时情绪此时天，无事小神仙。"（《鹤冲天》）你瞧，梅雨初停，这词人闲来无事，在院中乘凉，手摇小扇，眼观池波鱼戏，耳听柳枝蝉鸣，倒也惬意。不过，贺铸可就没有这样的心境了，他写道："试问闲愁都几许，一川烟草，满城风絮，梅子黄时雨。"（《青玉案》）梅雨洒在词人的心中，拨动的是点点愁绪，雨打风吹之下，望见的只是伤感与悲凉。

在众多的诗词名家之中，女词人朱淑真对梅雨有自己独特的感受，她说："恼烟撩露，留我须臾住。携手藕花湖上路，一霎黄梅细雨。

娇痴不怕人猜，和衣睡倒人怀。最是分携时候，归来懒傍妆台。"（《清平乐》）在梅雨氛围之中，作者尽显江南女子娇柔婉约之态。其间写梅雨骤来，极有韵致的便是那一句"携手藕花湖上路，一霎黄梅细雨"。这首词以梅雨作衬，写女子粉面含羞，美目盼兮，与恋人雨中缠绵，不仅动人，更带着些许天真可

雨后消夏，有几许江南独特的清爽

爱。"娇痴不怕人猜，和衣睡倒人怀。最是分携时候，归来懒傍妆台。"此情此景，让词人寥寥几笔，显得多么具有浪漫情调呀！

梅雨，原本只是一种普通的天气现象，但它却给江南染上了一层湿润的艺术光彩，而且在经过了几千年之后，我们才蓦然发现，原来这层颜色早已渗入了江南精神的深处。

江南一带的夏天，真正意义上的酷暑大概只有那么一个多月，与北方的燥热不同，江南的初夏，由于湿气重的缘故，在梅雨期间，人们迎来的是一种闷热。在南京这样古老的城市中，屋舍交错，树影婆娑，一旦梅雨开始，便是户户房檐滴水，整座城市如同浸泡在水中一样了。在梅雨天里，那雨水淅淅沥沥总也不见停，除非必须出门，否则只能呆在家中，雨声时时萦绕在耳际，这种感受却很难得。刚一开始，还有些怨气，外出的脚步竟被梅雨挡住了，可时间一长，待心情平静下来，倒觉得这雨天有几分别致了。夜晚坐在窗前，窗外的雨水显得亲切了许多，一切喧嚣与嘈杂顿时消散得无影无踪，只有时松时紧的雨声仿佛在

诉说着江南的过往。此时的雨声分外
衬托出了夜的静谧，坐在屋中的人们
正被这天地造化的神奇包容着，因为
雨声所环绕的人的内心趋向于安宁与
满足。我忽然间明白了，这大约就是
韦庄所说"画船听雨眠"的意境吧。

　　都说金陵是"六朝烟雨"之地，这
怕是多少也和梅雨有些许关系，曾在
南京城居住的作家吴敬梓在《儒林外
史》中借杜慎卿之口说道："真乃菜佣
酒保都有六朝烟水气，一点也不差！"
似南京这样的江南古都，梅雨并未冲
刷去历史的沧桑，倒在水气雾霭中平

春水碧于天，画船听雨眠

添了几分对过往的怅然。在雨丝中，
我们依稀可以望见那王谢故居、秦淮
画舫，还有低头吟唱的李后主、轻启朱
唇的柳如是。有时我想，这番城市的
记忆还是该永久地保存在梅雨中罢，
但愿不要失落它才好。

　　梅雨时节的江南水乡，实在是
另有一种情趣。若是来到古镇，乘一
叶扁舟，耳中听着那披着蓑衣的老艄
公在船头摇桨的声音，眼前，是一座
爬满了古藤的石拱桥，桥上正传来一
声声叫卖栀子花的吴侬软语，伴随着
花香，夹杂着绵绵的雨丝飘进了乌篷
船。此时，在游人的心中，只剩下了
对江南梅雨浓浓的眷恋。宋代词人
蒋捷在《虞美人》中写道："少年听雨
歌楼上，红烛昏罗帐。壮年听雨客舟
中，江阔云低，断雁叫西风。而今听
雨僧庐下，鬓已星星也。悲欢离合总
无情，一任阶前，点滴到天明。"客船
听雨，听见的已不仅仅是雨打船帆，
而是对人生的感慨，对时间的喟然。

　　江南本就是一个并不缺少雨水的
地区，可以说一年四季都有下雨的时
候，人们形容春雨是："春雨贵如油。"
那是就春雨对农作物的影响而说的；
秋天的雨水给人的印象则是："一场秋
雨一场凉。"这代表了人的身体对季节
转换的感觉。只有梅雨显得那么与众
不同。梅雨期间，天气闷热、潮湿，东

出梅后曝晒衣物，是江南一带的习俗

西易生霉。更为奇特的是，有时烈日当空，雨却仍旧下个不停，真正称得上是"东边日出西边雨"了。记得我小的时候，家里住的是典型的南京城南的那种平房，而房子偏又朝西，每当梅雨季节到来的时候，家里地面上总是湿漉漉的，叫人觉得不舒服，似乎感到周围的一切家具什物都带着水气。如果是下午时分雨后日出，灼人的阳光直射进屋中，那时，大约只剩下汗涔涔的感觉，是决计不会像文人辞章中一样富有诗意的。

可以说，正是梅雨赋予了江南与众不同的历史文化气息，这当然不仅指那些凝结于文人墨客笔端的情结，还蕴含着一种对开阔明亮之境的向往。在梅雨之中的人们，往往企盼着雨过天晴，即使梅雨过后到来的是伏旱酷暑，也觉得比这种"淫雨霏霏，连月不开"的湿热来得要舒坦，因此，人们往往于"出梅"之后的晌晴天把衣物拿出来在热辣辣的太阳下曝晒，那便是享受一种长久不遇的畅快。早在数千年前，生活在吴越一带的先民们，过的是"饭稻羹鱼"的日子，江南被视作蛮荒之地，但偏就出了个吴王叫阖闾的，在纷飞的雨丝中厉兵秣马，向强大的楚国发起挑战，而且竟然攻破了郢都。继之而起的吴王夫差、越王勾践，更是把目光移向了广袤的中原，挥动潮湿的利剑，成为身带水乡泽国之气的霸主。当他们渐渐远去之后，人们的眼前蔚然已是一个清朗的江南。

沐浴着梅雨的江南，十分宽容地吸纳着各种文化的果实，把一个原本尚武、苍劲的江南变得丰富、清秀而又略带些绮靡和婉约。江南的梅雨，把文士的才情挥洒得淋漓尽致，就像韦庄诗中所说的那样："若有前山好烟雨，与君吟到暝钟归。"

秦淮河

■ 朱逸宁

据说，秦淮河古称淮水，又名"龙藏浦"。《舆地志》载："秦始皇时，望气者云'江东有天子气'，乃东游以厌之。又凿金陵以断其气。今方山石硊，是其所断之处。"也就是说，天无二日，秦始皇不能容忍这东南的"天子气"，于是凿通方山，引淮水横贯城中，欲阻断这股金陵王气，秦淮河从此得名。这个传说不完全是无凭无据的虚妄之言，因为早在战国时，楚威王就觉得此地伏有王气，故埋金人以镇之。诸葛亮曾对孙权说："秣陵之地，钟阜龙蟠，石城虎踞，乃帝王之宅也。"唐代李白亦有诗形容金陵地势："地即帝王宅，山为龙虎盘。"可见古金陵确有得天独厚的地缘政治优势。当然有些仅是传说，因为"秦淮"之名始得于唐代，与秦始皇不一定有直接关系。但令这位始皇帝没有想到的是，这条河到底是否断了那若有若无的帝王之气还未知晓，秦朝已经二世而亡，不过秦淮河两岸倒是实实在在地形成了一种别样的人文景观。

秦淮河的奇特之处在于，它既非京杭运河那样的交通要津，也并不像护城河那样拱卫金陵城，而是造就了独具风韵的秦淮文化。这股文化气息就像这河水一样绵延千古而不绝，在它的滋润下，秦淮歌女用丝弦织出六朝金粉，两岸的画栋雕梁孕育出无限的江南诗意。

秦淮河分为内河与外河，内河在南京城中，其两岸最为繁华。因为南京曾是十朝故都，所以这条古都城中的河流便有了特殊的地位。尽管这些朝代大多短暂，但政治上的衰弱并没有影响到经济的富庶以及文化的昌盛。西晋末年，永嘉南渡带来了大批名士望族，江南的经济文化迅速发展起来，秦淮河两岸逐渐变成了商业中心。我们的老祖宗曾有过谆谆教导："食、色，性也。"大约古人很早就深切体会到什么叫"秀色可餐"，于是这河水中便开始弥漫起一股浓浓的脂粉气来。东晋王献之便是一个很有生活情趣的人，一日闲来无事，他欣然前往岸边迎接自己的爱妾："桃叶复桃叶，渡江不用楫。但渡无所苦，我自迎接汝。"多么怡然自得！此地从今往后便因之而得名"桃叶渡"。我们可以想象，这位名士轻轻地牵着爱妾的手，缓步走在秦淮河畔，是何等的潇洒与浪漫！

沧海桑田，六朝的风度随着时间慢慢远去。到了南唐，秦淮河边来了一位词人，他十分尴尬地成了一个行将没落的王朝的后主，在河畔，他寂寞地踱着步子，嘴里轻声吟道："往事只堪哀，对景难排，秋风庭院藓侵阶。一任朱帘闲不卷，终日谁来？

金剑已沉埋，壮气蒿莱。晚凉天

"世间重美人，古渡存桃叶。"千百年来，桃叶渡口仍荡漾着魏晋名士的浪漫与潇洒

静月华开，想得玉楼瑶殿影，空照秦淮。"河边的管弦丝竹也难以掩饰他的无奈与惆怅。随着宋太祖脸上露出胜利者的得意微笑，他的身影渐行渐远，消失在历史之中。几经变迁，到明代，南京先是首都，那位永乐皇帝一声令下，首都迁至北京，南京就成为陪都。明清两代，由于江南科考在南京举行，众多举子云集秦淮河畔，这又免不了引出许多才子佳人的风流韵事。

其时秦淮河的繁华，远胜于今。据清代余怀的《板桥杂记》所载："金陵为帝王建都之地：公侯戚畹，甲第连云，宗室王孙，翩翩裘马，以及乌衣子弟，湖海宾游，靡不挟弹吹箫，经过赵李；每开筵宴，则传呼乐籍，罗绮芬芳，行酒纠觞，留髡送客，酒阑棋罢，堕珥遗簪，真欲界之仙都，生平之乐国也。"而且，秦淮河上更有闻名于世的秦淮画舫，夜色中桨声灯影，分外动人。明代钟惺在《秦淮灯船赋》中将其描绘得十分细致："小舫可四五十只，周以雕槛，覆以翠幕。每舫载二十许人，人习鼓吹，皆少年场中人也。悬羊角灯于两旁，略如舫中人数，流苏缀之。用绳联舟，令其衔尾，有若一舫。火举伎作，如烛龙焉。"尤其这鼓乐声中，更有美人佳丽，引得那些游人心醉神迷，乐不思蜀矣。当时无论是富商或是举子，都是走到河边就再也迈不动步了，纷纷沉醉在秦淮歌女的似水柔情之中。据说，在明洪武年间，此地便建有16处楼台以处官妓，到了清代，秦淮歌伎愈加声名远扬。之所以出现如此情形，应与经济利益有关，因为借助歌伎这块金字招牌可以引来无数的豪商巨贾挥金掷银，这种效应显然是别的行业难以相比的。而且，秦淮河边又是江南贡院所在，江浙各省的文人们来此应考之余，总要呼朋引伴，相聚畅

这是清圣祖康熙帝南巡时的秦淮河景,鼓乐笙歌大约也令这位来自北方的帝王陶醉了吧

饮一番,而席间也不会缺少粉黛佳人来歌舞吟唱。似乎意气风发的文人名士到了此地,满腔豪情壮志皆被这秦淮脂粉所消磨尽了。但是,在弦歌雅乐的背后,偏就站立着那么多卓尔不群的女子。她们的才情,比起这些文士来有过之而无不及,她们虽身在青楼,却有着不凡的见识,因此构成了一个中国历史上独特的文化群体。

著名的妓女柳如是当时正生活在这秦淮河畔。相传,柳如是得以征服众多须眉的是她的聪颖和才学,这也正是秦淮歌女们的一个与众不同之处。柳如是诗书画俱佳,她频频与当时的文人士大夫交往,因此名冠秦淮。由于其自身高级妓女的地位,决定了在她的身边,聚集了许多峨冠博带的才子,最终能常伴左右的,却是比她大36岁的名士钱谦益。仕途不顺的钱谦益,竟在晚年遇到了一位红颜知己,这的确称得上是一种奇遇。直到20世纪,终于有一位学者陈寅恪,为这位充满传奇色彩的妓女写下了传记。

秦淮歌女的遭际大多是不幸的,除了顾眉生算是得以善终外,无论是陈圆圆,还是董小宛、卞玉京、葛蕊芳、寇白门，大都未能享尽人间的幸福，或出家，或早逝，让人闻之而叹惋。其实，秦淮河边也挥洒过王导、谢安的政治气度，但这短暂的豪情随着秦王苻坚大军的退却而渐渐消散，江南的繁荣富庶和无边的风月就像这桃叶渡口的流水一样洗去了郁积在人们心里的中原故国之思。大凡来到秦淮河边的人，都会来到一座酒楼之中，上得楼来，拣一临窗雅座，面对着脸若桃花的歌女，端起酒杯，耳中聆听着婉转的旋律，口中低声应和，不一会儿便沉醉在诗一般的情境中，忘却了身外的喧嚣。而大作家孔尚任、吴敬梓，也相继来到秦淮河畔，于是在他们的笔下，流淌出源源不断的创作灵感，将这些凄美的故事化作了千古传奇。

在古老的秦淮河边，至今仍久久回荡着《桃花扇》的余韵，这是中国文学史上一部流传千古的作品，其中弥漫着浓烈的悲剧气息。它不仅是一首痛悼南明历史的挽歌，而且饱含着对秦淮歌女命运的伤感。李香君虽身在青楼，却天生一副傲骨和一种追求独立的性格，她认准了侯方域便付出自己一腔的赤诚而矢志不渝。因为不愿下嫁田仰，李香君以头撞壁，血染画扇。"你看疏疏密密，浓浓淡淡，鲜血乱蘸，不是杜鹃抛；是脸上桃花做红雨儿飞落，一点点溅上冰绡。"（《桃花扇》）多么哀惋凄绝。作为歌女，李香君没有像历史上的众多女子一样，成为男性的附庸和政治的牺牲品。她勇敢地从屏风后面站出来，抓住自己的

冰肌雪肠原自同，铁心石腹何愁冻

——选自人民文学出版社《桃花扇》

命运，给南明这段黯淡的历史，增添了一抹亮色。似乎以往人们的头脑中总有一种观念，中国的历史就是文人与政客的事迹加上朝代的兴替所构成的。因此，当一个王朝行将崩溃之时，首先站出来的，应当是有气节的文人，而承担"祸水"骂名的，又往往是一些女性。那么，这些抚琴吟唱的烟花女子，自是难以逃脱政治的安排了。而且，不能否认的是，秦淮河边的欢歌笑语之中，也确实掺杂着肉体的交易。唐朝的杜牧有了这样的名句："烟笼寒水月笼沙，夜泊秦淮近酒家；商女不知亡国恨，隔江犹唱后庭花。"仿佛只要禁欲般地远离这脂粉之地，便又是天下太平了。可是事实上，当没落的南明王朝在清军面前节节败退之时，最坚定地支撑起忠良气度的是李香君、柳如是这些为文士们所鄙夷的歌伎，南明如同昙花一般转瞬即逝，难以抹去的却是桃花扇上的殷殷血迹，而且千古不褪。有道是："渔樵同话旧繁华，短梦寥寥记不差；曾恨红笺衔燕子，偏怜素扇染桃花。"一部《桃花扇》，留给人们无尽的惆怅。然而李香君也罢，阮大铖也罢，都已成了远去的云烟，在他们的身后，蔚然又是一个盛世。

漫步在香君故居附近的时候，我忽然想到，其实这青楼中留存的并不只是国破家亡的哀惋，更有秦淮歌女们独立的人格，她们以姿容和音乐为江南创造出一个审美的意境，使得人们从道德纲常的禁锢中脱离出来，释放自己的性情。千百年来，中国的女性都生活在父权与家族宗法制的阴影之中，只有秦淮河畔的这一群歌女，她们背对着那些贞节牌坊，用自己的才华与生命，痛快淋漓地将自己的名字大写了一回。人们看不起她们的出身，总认为这是一些以卖笑谋生的低

烟雨秦淮，中原大地的剑气豪情在这里竟化为乌有

贱之人，可是，让人想不到的是，就是这些烟花女子，将中原袭来的那股金戈铁马之气化作了烟霞，令浑身血腥的武将与满口忠义的文士都拜倒在自己的裙下。有学者认为，妓女的出现是对婚姻制度的补充，这也许有道理，但并不能完全用来诠释秦淮歌女的人生意义。正是她们，从日常生活之中站出来，走进中国历史，一扫其中过于凝重的阳刚之气，使被遮蔽已久的阴柔之美重又变得澄澈。她们用管弦丝竹演奏了一曲快意人生。秦淮河畔的悲欢离合，江南楼台亭阁中的风风雨雨，凝聚成千回百转、动人心魄的文化乐章，这其中，自然不能缺少那些青楼歌女，她们以女性所独有的气质，将这一曲调引向高潮。

一条河，竟然与这么多的文人雅士联系在一起，这本就是一个奇特的现象，更为奇特的是，与这些文士相连的，还有那么多风尘女子。正是明清市民阶层的发展，使原来处在最底层的妓女有机会来到城市文化的中心，在丰富的夜生活中展示高雅与低俗的奇妙融合。这些妓女兼具江南女子的婉约和

文士的高雅，其眼光早已超越了自身所属的阶层。她们与一般的妓女不同，她们并不因为自己的身份而自卑，在她们的身上散发着一种非凡的气韵，在她们的胸中是一片广阔的天地，她们已将自己的名字深深嵌入了中国文化之中。

记得张岱在《秦淮河房》之中写道："河房之外，家有露台，朱栏绮疏，竹帘纱幔。夏月浴罢，露台杂坐。两岸水楼中，茉莉风起动，儿女香甚。"君不见，便是夏日河边微微的凉风之中，也弥漫着脂粉之气，怎不叫人心醉？我们可以想见，当秦淮河中的画舫徐徐靠岸之后，文士们轻摇折扇，来到一座红墙绿瓦的酒楼之中，摆下一桌酒菜，酒过三巡，菜过五味，随着歌女悠扬的琵琶声渐入醉境，那被琵琶半遮颜面的歌女，却转过头去，将目光移向了窗外，而窗外的河水中，分明映出了朗润的月色。

每当我一次次漫步在秦淮河边的时候，总会从心底升起一种感觉：那河水中，仿佛还残留着淡淡的脂粉和隐隐的惆怅，让每一个经过于此的人唏嘘不已。兴也罢，亡也罢，秦淮河水仍旧静静流淌着……

■ 冯保善

苏州园林

"江南园林甲天下，苏州园林甲江南"，这是著名园林艺术专家陈从周先生的经典概括。由这概括，也恰可以见出苏州园林在中国园林艺术中的翘楚地位。

再进一步做具体的分析，就时间上看，苏州园林，上可溯至公元前6世纪，春秋时期的吴王园圃；而私家园林，其见于记载的，最早的则是东晋时期的辟疆园，此可谓历史悠久，源远流长。从数量规模上看，在明、清两代园林艺术的繁华鼎盛时期，见于著录的苏州园林，大大小小，约有200余处。正如明人陆容《菽园杂记》卷十三所记："江南名都，苏、杭并称，然苏城及各县富家，多有亭馆花木之胜。"可见，在当时的姑苏一地，拥有私家园林者，是相当的普遍。而迄今为止，保存完好的苏州园林，仍有数十处之多，可谓高度的繁盛与集中。从建造艺术上来看，被列入"世界文化遗产名录"的中国四大名园，苏州有拙政园、留园赫然见于榜上，已经占据了两席；而另外的两个——北京的颐和园与承德的避暑山庄，则为皇家园林，而与私家园林有别，谓苏州园林为私家园林之经典代表，自然为不争的事实。

陈从周先生在他的《说园》（三）中谈到："南方建筑为棚，多敞口；北方建筑为窝，多封闭。前者原出巢居，后

网师园：小巧精致，耐人寻味

者来自穴处。故以敞口之建筑，配茂林修竹之景。园林之始，于此萌芽。"这里是纯从建筑的角度，言园林之起源。又其《中国诗文与中国园林艺术》中说："南北朝以后，士大夫寄情山水，啸傲烟霞，避嚣烦，寄情赏，既见之于行动，又出之以诗文，园林之筑，应时而生，继以隋唐、两宋、元，直至明清，皆一脉相传。"这里是从文化的角度，谈园林艺术中被注入了生命的原动力，也因此精神内涵与生命精神的赋予，园林艺术也有了可持续发展并走向鼎盛的重要根基。

明人陈继儒的《许秘书园记》，是为题戏曲家许自昌梅花别墅而作，这是一篇颇为人称道的记园之作。文章开始写筑园缘起：

士大夫志在五岳，非绊于婚嫁，则窘于胜具胜情，于是葺园城市，以代卧游。然通人排闷，酒人骂坐，喧笑呶

罣，莫可谁何。门不得坚扃，主人翁不得高枕卧。欲舍而避之寂寞之滨，莫若乡居为甚适。

清初张潮《幽梦影》中也说：

忙人园亭，宜与住宅相连；闲人园亭，不妨与住宅相远。

小园林，大山水，或者说，园林乃山水之缩影，园林的勃兴与繁盛，与人们对于自然山水的渴望、喜好，心中深藏的山水情结，归朴返真的情愫，都有着密切的关系。现实中的人们，或者为生计奔忙，或者为儿女操劳，或者因为身体的原因，或者是名缰利锁缠身，不可能整天外出漫游，而园林艺术，聚山水为一体，近在咫尺，随时可游可玩，一定程度上满足了人们山水之好，于是，如明人何良俊《西园雅会集序》中说："凡家累千金，垣屋稍治，必欲营治一园。若士大夫之家，其力稍赢，尤以此相胜。大略三吴城中，园苑棋置，侵市肆民居大半。"竞筑园林，一时也成为风尚。

而要说苏州园林，首先要说，它是私家园林；其次，是南方园林；然后，才是更为具体的苏州地方性的园林。所谓私家园林，是与皇家园林相对而称。而南方园林，则是与北方园林相比较而言。

陈从周先生有《园林分南北　景物各千秋》一文，分析了南北园林的差异，以"华丽的北方园林，雅秀的江南园林"来区分其不同，还进一步指出："'小桥流水人家'，'平林落日归鸦'，分明两种不同境界。当然北方的高亢，与南中的婉约，使园林在总的性格上不同了。北方园林，我们从《洛阳名园记》中所见的唐宋园林，用土穴、大树，景物雄健，而少叠石小泉之景。明清以后，以北京为中心的园林，受南方园林影响，有了很大变化。但是自然条件却有所制约，当然也有所创新。首先对水的利用，北方艰于用水，有水方成名园，故北京西郊造园得天独厚。而市园，除引城外水外，则聚水为池，赖人力为之了。水如此，石南方用太湖石，是石灰岩，多湿润，故'水随山转，山因水活'，多姿态，有秀韵。北方有土太湖、云片石，厚重有余，委宛不足，自然之态，终逊南中。且每年花木落叶，时间较长，因此多用长绿树为主，大量松柏遂为园林主要植物。其浓绿色衬在蓝天白云之下，与黄瓦红柱、牡丹、海棠起极鲜明的对比，绚烂夺目，华丽炫人。而在江南的气候条件下，粉墙黛瓦，竹影兰香，小阁临流，曲廊分院，咫尺之地，容我周旋，所谓'小中见大'，淡雅宜人，多不尽之意。落叶树的栽植，又使人们有四季的感觉。草木华滋，是它得天独厚处。北方非无小园、小景，南方亦存大园、大景。亦正如北宗山水多金碧辉煌，南宗多水墨浅绛的情形相同，因为园林所表现的诗情画意，正与诗画相同，诗画言境界，园林同样言境界。北方皇家园林（官僚地主园林，风格亦近似），我名之为宫廷园林，其富贵气固存，而庸俗之处亦在所不免。南方的清雅平淡，多书卷气，自然亦有寒酸简陋的地方。"作为南方私家园林的苏州园林，其与北方皇家园林的不同，已是十分的明显了。

作为苏州地方性的园林，其小巧、自由、精致、淡雅、写意，"风格在于柔和，吴语所谓'糯'"，不仅有别于皇家园林的严整、宏大、堂皇、浓丽，就是与近在咫尺的扬州园林相比，扬州园林则显得"风格多雅健，如宋代姜夔词，以'雄笔写柔性'"（陈从周《说园》五），也有着不同的特色。

"造园如作诗文，必使曲折有法，前后呼应，最忌堆砌，最忌错杂，方称佳构。"（清钱泳《履园丛话》）谈苏州园林，不能不说它所蕴涵的诗情画意。写意笔法，意境情趣，空灵雅洁之美，在苏州园林中有普遍的体现。"诗文兴情与造园，园成则必有书斋，吟馆，名为园林，实作读书吟赏挥毫之所，故

苏州网师园有看松读画轩，留园有汲古得绠处，绍兴有青藤书屋等，此有名可征者，还有额虽未名，但实际功能与有额者相同，所以园林雅集文酒之会，成为中国游园的一种特殊方式。"（陈从周《中国诗文与中国园林艺术》）

谈苏州园林，尤其不能不谈的，是它与昆曲之间的关系。昆曲作为苏州的特产，是苏州园林中必不可少的内容，"昆曲的所谓'水磨调'，是那么的经过推敲，身段是那么的细腻，

拙政园：叠山理水，疏朗闲适

咬字是那么准确，文辞是那么美丽，音节是那么抑扬，宜于小型的会唱与演出，因此园林中的厅榭、水阁，都是最好的表演场所，它不必如草台戏的那样用高腔，重以婉约含蓄移人，亦正如园林结构一样，'少而精'，'以少胜多'，耐人寻味"（陈从周《园林美与昆曲美》）。事实上，苏州园林如怡园中的藕香榭、网师园中的濯缨水阁等，都是必然的顾曲观剧之所，其"水殿风来，余音绕梁，隔园笙歌，侧耳倾听"（同上），令人沉醉，令人流连顾盼，似乎昆曲天生就为园林而生，园林天生就为昆曲而构。

此外，还要谈一下，作为私家园林的苏州园林，其中所表现出的园林主人的隐逸情怀。如拙政园，乃明代弘治进士、御史王献臣弃官回乡后，在明正德四年（1509）所建。其地原是晚唐诗人陆龟蒙旧宅，元代为大弘寺旧址。取名本之晋潘岳《闲居赋》"筑室种树，逍遥自得……灌园鬻蔬，以供朝夕之膳，……此亦拙者之为政也"。此园东园于明朝崇祯年间归侍郎王心一，径命名"园居归田"。网师园，初为南宋侍郎史正志赋闲姑苏时所建，最初称"万卷堂"，又在堂侧造花圃，号"渔隐"。至清乾隆朝归宋鲁儒，鲁儒以"网师"自号，因名其园。又因与巷名"王思"谐音之故。沧浪亭之布局形成分前后两期，前期以水为主，临水建筑，更与《楚辞·渔父》意境吻合无间。

苏州园林的驰名中外，与被视为中国园林的典范，还在于其婀娜多姿，不同的园林有着不同的创造。被称为苏州四大古典园林的沧浪亭、狮子林、拙政园和留园，就分别代表着宋、元、明、清四个朝代的艺术风格。"园林之妙在丘壑布置，不在雕绘琐屑"（张潮《幽梦影》），园林主人为了以新奇胜人，也都施尽了招数，呕心沥血，如此，也才形成了百花竞放、争奇斗妍的局面。正如陈从周先生所形象描绘的那样："我曾以宋词喻苏州诸园：网师园如晏小山词，清新不落套；留园如吴梦窗词，七宝楼台，拆下不成片段；而拙政园中部，空灵处如闲云野鹤去来无踪，则姜白石之流了；沧浪亭有若宋诗；怡园仿佛清词，皆能从其境界中揣摩得之。"（《中国诗文与中国园林艺

沧浪亭：古台芳树，浮影成趣

术》）如果说这种比喻还嫌有些空灵而不易把握,我们可以再看更具体的描述。兹撮述《苏州园林》(见www.suda.edu.cn)等有关介绍,看一下苏州几大名园各具的特色:

拙政园位于苏州东北街,面积52 000平方米。园由东、中、西以及住宅四部分组成。住宅是典型的苏州民居;东园以平冈远山、松林草坪、竹坞曲水为主,格调呈明快开朗。中园以水为主,池水面积约占1/3,池阔树茂,景色自然,临水布置了形体不一、高低错落的建筑。西园的主体建筑,是靠近住宅的卅六鸳鸯馆,水池则呈曲尺形,其特点为台馆分峙、回廊起伏,水波倒影,别有情趣,装饰华丽精美。

留园位于苏州阊门外留园路,始建于明代万历朝,是清代具有代表性的园林之一。全园分四个景区。中部以山为主,池水居中,池北堆以假山,山上杏桂争辉;登临山顶之"可亭",可将全园景观尽收眼底;池南缀以各色古建"古木交柯";临池不同的图案漏窗,使窗景相融,窗中有景,景中有窗;"涵碧山房"依傍荷池,置身其中,犹如舟中赏花,别具风情。池西长廊透迤,凸现山之蜿蜒。东部的主要建筑为五峰仙馆,装修布置极精致雅洁。其东为鸳鸯厅,雕梁画柱,极尽人工之精巧。厅北傲立着著名的"留园三峰"——冠云、岫云、瑞云三峰,其中冠云峰相传为宋朝"花石纲"的遗物,该峰高6.5米,耸立在土山之上,玲珑剔透,形态奇伟,没有人工斧凿痕迹,兼具瘦、漏、透、皱的特点,为江南园林湖石之最。西部是山林风光,土山红枫,石林凉亭,透着山林野趣。北部是田园风光。

网师园,地处葑门内阔家头巷,全

陈敏《沧浪图》:荒湾野水气象古,高林翠阜相回环

园占地约八亩余，不及拙政园的1/6，但小中见大，布局严谨，主次分明，又富于变化，园内有园，景外有景，精巧幽深之至。建筑虽多却不显拥塞，山池虽小却不觉局促，因此被认为是苏州古典园林中以少胜多的典范。中部是园林景区，以池水为中心，彩霞池池水明净，犹如大块明镜；天光山色、亭阁花木的倒影清晰地从中映现出来，形成了虚实对称的美景。各类建筑以小、低、透为特色，舒展开朗，居息两宜；小山丛桂轩是中心，每逢仲秋"香风满轩花满树"，由于轩前轩后是山，产生了香气似积发于簃山凹的意趣，从而表达出"桂树丛生山之阿"的独特景观。陈从周先生《苏州网师园》评曰："网师园清新有韵味，以文学作品拟之，正北宋晏几道《小山词》之'淡语皆有味，浅语皆有致'，建筑无多，山石有限，其奴役风月，左右游人，若非造园家'匠心'独到，不可臻此。足证园林非'土木'、'绿化'之事，故称'构园'。王国维《人间词话》指出'境界'二字，园以有'境界'为上，网师园差堪似之。"

怡园，地处人民路中段。在苏州园林中建造最晚，得以博采诸园之长，形成其集锦式的特点，如复廊取自沧浪亭，假山来自环秀山庄，荷池仿自网师园。由于其布局紧凑，手法得宜，有较高的观赏价值。全园面积约九亩，东西狭长。园景分为东西两部，中以复廊相隔，廊壁花窗，沟通东西景色，得以增加景深，廊东为轩馆，以庭院建筑为主，曲廊环绕亭院，缀以花木石峰，从曲廊空窗望去，皆成意蕴丰富的国画。廊西以山水为主，为全园主景区，池水居中，环以假山、花木及建筑。中部水面聚集，东西两端狭长，并建曲桥、水门，以示池水回环、涓涓不尽之意。池北假山，全用优美湖石堆叠，山虽不高而有峰峦洞谷，与树木山亭相映。

沧浪亭位于人民路，始建于五代，为吴越广陵郡王元璙的池馆，或云为其近戚吴军节度使孙承祐所造，北宋诗人苏子美重建，是苏州现存最古老的园林。沧浪亭的布局别具一格。从园外看，建筑都面水布置，俨然是个水面园；在园内看，轩亭堂馆又环山而筑，与山顶"沧浪亭"遥相呼应，以山为主。山水截然两分。"游者渡平桥入门，则山严林肃，瞿然岑寂，转眼之间，感觉为之一变。园周以复廊，廊间以花墙，两面可行。园外景色，自漏窗中投入，最逗游人。园内园外，似隔非隔，山崖水际，欲断还连。此沧浪亭构思之着眼处。若无一水萦带，则园中一丘一壑，平淡原无足观，不能与他园争胜。园外一笔，妙手得之，对比之运

用，'不着一字，尽得风流'。"（陈从周《苏州沧浪亭》）

苏州园林的书卷气、文人气为人所公认，最后，我们还是来看一下现代文人叶圣陶印象中的苏州园林。其《苏州园林序》以洋溢着浓厚感情的文笔如是写道："倘若要我说说总的印象，我觉得苏州园林是我国各地园林的标本，各地园林或多或少都受到苏州园林的影响。……设计者和匠师们因地制宜，自出心裁，修建成功的园林当然各各不同。可是苏州各个园林在不同之中有个共同点，似乎设计者和匠师们一致追求的是：务必使游览者无论站在哪个点上，眼前总是一幅完美的图画。为了达到这个目的，他们讲究亭台轩榭的布局，讲究假山池沼的配合，讲究花草树木的映衬，讲究近景远景的层次。总之，一切都要为构成完美的图画而存在，决不容许有欠美伤美的败笔。他们惟愿游览者得到'如在图画中'的实感，而他们的成绩实现了他们的愿望，游览者来到园里，没有一个不心里想着口头说着'如在图画中'的。苏州园林里都有假山和池沼。假山的堆叠可以说是一项艺术而不仅是技术。或者是重峦叠嶂，或者是几座小山配合着竹子花木，全在乎设计者和匠师们生平多阅历，胸中有丘壑，才能使游览者远

望的时候仿佛观赏宋元工笔云山或者倪云林的小品，攀登的时候忘却苏州城市，只觉得在山间。至于池沼，大多引用活水。有些园林池沼宽敞，就把池沼作为全园的中心，其他景物配合着布置。水面假如成河道模样，往往安排桥梁。假如安排两座以上的桥梁，那就一座一个样，决不雷同。池沼或河道的边沿很少砌齐整的石岸，总是高低屈曲任其自然。还在那儿布置几块玲珑的石头，或者种些花草：这也是为了取得从各个角度看都成一幅画的效果。池沼里养着金鱼或各色鲤鱼，夏秋季节荷花或睡莲开放。游览者看'鱼戏莲叶间'，又是入画的一景。苏州园林栽种和修剪树木也着眼在画意。高树与低树俯仰生姿。落叶树与常绿树相间，花时不同的多种花树相间，这就一年四季不感到寂寞。没有修剪得像宝塔那样的松柏，没有阅兵式似的道旁树：因为依据中国画的审美观点看，这是不足取的。有几个园里有古老的藤萝，盘曲嶙峋的枝干就是一幅好画。开花的时候满眼的珠光宝气，使游览者只感到无限的繁华和欢悦，可是没法细说。游览苏州园林必然会注意到花墙和廊子。有墙壁隔着，有廊子界着，层次多了，景致就见得深了。可是墙壁上有砖砌的各式镂空图案，廊子大多是两边无所依

傍的，实际是隔而不隔，界而未界，因而更增加了景致的深度。有几个园林还在适当的位置装上一面大镜子，层次就更多了，几乎可以说把整个园林翻了一番。游览者必然也不会忽略另外一点，就是苏州园林在每一个角落都注意图画美。阶砌旁边栽几丛书带草，墙上蔓延着爬山虎或者蔷薇木香。如果开窗正对着白色墙壁，太单调了，给补上几竿竹子或几棵芭蕉。诸如此类，无非要游览者即使就极小范围的局部看，也能得到美的享受。苏州园林里的门和窗，图案设计和雕镂琢磨功夫都是工艺美术的上品。大致说来，那些门和窗尽量工细而决不庸俗，即使简朴而别具匠心，四扇，八扇，十二扇，综合起来看，谁都要赞叹这是高度的图案美。摄影家挺喜欢这些门和窗，他们斟酌着光和影，摄成称心满意的照片。 苏州园林与北京的园林不同，极少使用彩绘。梁和柱子以及门窗阑干大多漆广漆，那是不刺眼的颜色。墙壁白色。有些室内墙壁下半截铺水磨方砖，淡灰色和白色对衬。屋瓦和檐漏一律淡灰色。这些颜色与草木的绿色配合，引起人们安静闲适的感觉。而到各种花开的时节，却更显得各种花明艳照眼。"（《叶圣陶散文乙集》）

"上有天堂，下有苏杭"，杭州被比为天堂，与她拥有西子湖有关；那么苏州呢？恐怕主要的原因，是因为她拥有如此之多的美轮美奂的充满诗情画意的园林。如诗如画的苏州园林，曾经让多少到过的人流连忘返，也让未曾到过的人魂牵梦绕！

太

湖

■ 洪 亮

太湖古名震泽、笠泽、具区，本是长江、钱塘江下游泥沙淤塞海湾而形成的泻湖，由于浙江、江苏山地一百多条河流输入淡水，才使此湖逐渐演变而成淡水湖。湖水经浏河、吴淞江、黄浦江等水道入海。北宋罗处约的《舟泊太湖》，写出了太湖的浩瀚：

三万六千顷，湖浸海内田。
逢山方得地，见月始知天。
南国吞将尽，东溟势欲连。
何当洒为雨，无处不丰年。

其中"逢山"句，生动地写出了山为水淹、杳不能辨、驶近方见的特色。"湖浸海内田"，则描绘了太湖流域农田水利的发达。而"南国"一联，真不让孟浩然的"气蒸云梦泽，波撼岳阳城"。

今天的太湖，地跨苏浙两省，北临无锡，南濒湖州，西接宜兴、长兴，东近苏州、吴县、吴江，面积近2 500平方公里，是除鄱阳湖、洞庭湖之外的中国第三大淡水湖。虽排位第三，而景色之优美、古迹之富集、周围名城之繁华，又当为五湖之冠（另两湖为洪泽湖、巢湖）。

秋游太湖，不仅风光可人，且可大饱口福。唐代白居易就在《宿湖中》一诗中写道：

水天向晚碧沉沉，树影霞光重叠深。

浸水冷波千顷练，苞霜新橘万株金。

幸无案牍何妨醉，纵有笙歌不废吟。

十只画船何处宿？洞庭山脚太湖心。

诗中提到的洞庭山，为东西两山。西洞庭山是湖中最大的岛屿，周遭80余里，主峰缥缈峰为太湖72峰之最，奇云往来，变幻莫测。宋人苏舜钦描写西山："每秋高霜余，丹苞朱实，与长松茂树相参差，间于岩壑间，望之若图绘金翠之可爱。"（《苏州洞庭山水月禅院记》）清人潘朱曾比较说："洞庭、鄱阳湖水大矣，中无奇山。""君山、大小孤山虽在水中，而荒瘠无居人。"只有洞庭西山山水凑集，居民稠密，花果茂盛，为"人寰之绝境"。

东洞庭山由于泥沙冲积，现已成为半岛，为全国十大名茶之一碧螺春的故乡，所产"洞庭红"蜜橘、白沙枇杷、乌紫杨梅等，久享盛名。我曾登上东山宾馆后山的山顶，眺望"太湖夕照"，澄波千顷，浮光耀金，风帆点点，水鸟回翔，渔歌唱晚。真想躺在那一片草坪上，什么也不想，直到永远……暮色渐

新烟赤岸暝，融雪太湖春

扰，只好快快下山。至于月夜的太湖，因故未能亲睹，只得吟诵范仲淹的《太湖》诗："有浪即山高，无风还练静。秋宵谁与期，月华三万顷。"我还十分神往清人洪亮吉的《初九乘月自东山放舟至西山消夏湾，晚宿荷花间》诗："荷花碍月舟不前，花气熏客宵难眠。三更一棹破花出，客梦尚结花香边。东山荷花十里长，千枝万枝送客忙，花朵露滴波心凉。西山荷花一湾好，千枝万枝迎客早，曙色上波花愈娇。"真想借唐人吴融的诗句，对洪亮吉大呼："我欲振袂从公游，分我南溪半风月。"

消夏湾与西山明月湾一样，相传为吴王夫差避暑玩月之处。蓦然，清人朱彭的《消夏湾》诗，又兜上心头："湖面凉风漾绿苹，吴王消夏舣舟倾。谁知于越深宫里，偏有炎天握火

人。""握火"典出《吴越春秋》中勾践卧薪尝胆一节，"夏还握火"。

于是想到无锡鼋头渚，想到蠡园。《锡山景物略》载："更有一巨石，直瞰湖中，如鼋头状，因呼为鼋头渚。"郭沫若诗云："太湖佳绝处，毕竟在鼋头。"登渚而望，三万六千顷烟波，奔来眼底；湖中远峰，螺髻隐隐，一派山外有山、湖中有湖的天然画图。陡壁上刻有"云横"和"包孕吴越"六个大字。"包孕吴越"是对太湖最好的概括。

所谓"湖中有湖"，指的便是太湖伸入无锡的内湖五里湖，又名蠡湖。相传范蠡定下美人计，送西施入吴宫，荒其国政，以助勾践伐吴。吴灭，越成东南大国。范蠡以勾践多疑，可共患难，不可共安乐，便功成身退，带西施西出姑苏，由外太湖来到五里湖，流连

范蠡像

忘返。后人为了纪念，便将五里湖改名蠡湖。湖水稍深于太湖，轻风淡霭，一片如梦的水波。

范蠡自号鸱夷子皮，很怪。颜师古注《汉书·货殖传》："自号鸱夷者，言若盛酒之鸱夷，多所容受，而不卷怀，与时张弛也。鸱夷，皮之所为，故曰子皮。"如此说来，范蠡是看得很透的，登庙堂、处市贾，进退自如。太史公实录其言："居家则致千金，居官则至卿相，此布衣之极也。久受尊名，不祥。"足为后人垂鉴。

再说一段历史。西山石公山为石灰岩青石山，主要成分是碳酸钙，因此产生了中国古代园林史上具有重

"包孕吴越"是对太湖最好的概括

要地位的太湖石。明人王鏊《石记》云："石出西洞庭山，因波涛激荡而为，嵌空浸濯而为光莹，……好事者数之以充花囿庭院之玩，此所谓太湖石也。"上品有绉（凹凸多姿）、漏（不积雨水）、透（剔透玲珑）、瘦（纤秀挺拔）四大特点，尤以水生者为贵，水痕重，弹窝多。《石记》中提到的"好事者"，最大的该是宋徽宗了。为了将太湖石用来妆点汴京（今河南开封）的皇家园林，他不仅下令大规模采石，还特设运输专线，名为"花石纲"，由苏州人朱勔督办其事，骚动天下，民怨沸腾。只要一石一木被他们看中，便立即贴上黄封，表示已为"御前之物"。稍不顺意，即以对皇上"大不恭"的罪名，"枷项送狱"，诬为盗贼，横加惩治。"及发行，必彻屋拆墙以出。"工匠或爬上陡峭的悬崖凿山采石，或潜入江湖深水捞取湖石，跌死淹死者不计其数。一次，朱勔在西洞庭山的鼋山发现一块巨大的太湖石，长约四丈，重达万斤，遍体玲珑剔透。获取之后，特造一条巨船，强迫几千民工沿途护送。路过的时候，有的凿开城墙水门，有的拆除桥梁民房，历经数月，才抵达京城，放置在艮岳之中。有一年冬天，运河水浅，笨重的花石船难以运送，改道海上，结果遇上大风大浪，许多船只沉没，役夫民丁，淹死无数。《水浒传》

里的青面兽杨志，曾在太湖搬运"花石纲"，途中风打船翻，沉没在黄河里，绝非杜撰，当为艺术的真实。

"花石纲"前后折腾了20年，使北宋国力空虚，激起民变，导致金兵攻陷汴京，徽宗、钦宗被掳北上。刘子翚《汴京纪事》诗云：

> 内苑珍林蔚绛霄，围城不复禁刍荛。
>
> 舳舻岁岁衔清汴，才足都人几炬烧。

内苑指艮岳，又称万岁山，是宋徽宗的御花园。绛霄楼又是其中最壮丽的建筑。刍荛指打柴。由于京城被围，官家自身难保，不能再禁止百姓进入艮岳，将奇珍异木当木柴烧。三句则直斥朱勔年年向艮岳运送"花石纲"。

至今我们所能看到的江南五大名石，均产自鼋山一带，即：上海豫园的玉玲珑，苏州十中的瑞云峰和留园冠云峰，杭州湖滨公园的绉云峰和南京瞻园的仙人峰。

历史的风烟终于消散，太湖仍向

烟江叠嶂太湖石，也鳞次重复巧出

我们展开荡涤尘襟的水天一碧。近人范烟桥的一联诗语，也浮上心头：

> 山分浓淡天然画，浪有高低自在心。

唐伯虎

■ 王玉琴

一上一上又一上，一上直到高山上。举头红日白云低，五湖四海皆一望。

这是身着破烂衣衫化身乞丐的唐伯虎为讨酒而作的即兴戏谑之诗，诗句造语新奇，气魄宏大而又意境深远。如此信口拈来通俗易懂而又境界迭出的奇思妙文在唐伯虎的诗文中有很多。正因为唐伯虎自恃才高潇洒江湖，一生跌宕起伏而又玩世自放，身前

风流才子唐伯虎

身后留下了无数奇闻轶事，才使他有了风流才子的美名。后人识得唐伯虎皆因他三笑点秋香的故事，但在新编电影《唐伯虎点秋香》中，唐伯虎不再是白白净净的一介书生，而是一个幽默风趣、武艺高强的武林高手兼书画名家，故事的起因不再是秋香的三笑，而是唐伯虎以"大无畏"的精神，在秋香的冷嘲热讽当中，矢志不渝，宜将剩勇追秋香。今人开始以自己的审美需要对风流才子进行新的阐释了。事实上，在唐伯虎生活的特定年代，唐伯虎本身就是一个喜欢反其道而行之的佯狂自放的江南才子，不容于统治阶级却深受市民阶层的喜爱。"桃花坞中有狂生唐伯虎。狂生自谓我非狂，直是牢骚不堪吐。"对唐伯虎的故事新编，倒是和唐伯虎天生的浪荡不羁喜欢出其不意不谋而合。

历史上的唐伯虎名寅，字子畏，号伯虎，出生于"不出城郭而获山水之怡，身居闹市而有林泉之致"的风水宝地——苏州。唐伯虎以画名世，通书法、善诗文，16岁参加秀才考试高中苏州第一名，29岁参加在南京应天府的乡试考中头名解元，一时间春风得意声名鹊起。"红绫敢望明年饼，黄绢深惭此日书。三策举场非古赋，上天何以得吹嘘。"但孰料转年赴京参加会试准备蟾宫折桂时，祸从天降，牵连

进科场舞弊案，落得个"天子震赫，召捕治狱"的下场。唐伯虎虽未身陷囹圄，但也铸成"一失足成千古恨"的大错，精神打击之大，不啻是从扶摇直上的云头掉进烂泥淖中，往日明星般的人物转眼间成了"墙倒众人推，鼓破滥人捶"的对象。"文章憎命达，魑魅喜人过。"（杜甫）命运之神就这样和这位风流才子开了一个玩笑，唐伯虎下一步会怎样设计自己的人生之旅呢？

唐伯虎也自称"龙虎榜中名第一，烟花队里醉千场"

中国的士人从"礼崩乐坏"的春秋战国时期登上历史舞台，借助时代风云，他们以道自任、上下腾挪、纵横捭阖，以"修身齐家治国平天下"为己任。商人出身又寄希望于科举光耀门楣的唐伯虎毫无疑问也有这种立德立功立言的儒家入世思想。可自秦以来，汉黜百家，唐举罗织，宋起党争，元废科举，明清大兴文字狱，钳文心于一统，文人处于这种"一封朝奏九重天，夕贬潮州路八千"（韩愈）、福祸难测的生存状况。有鉴于此，士人们不得不作出各种各样的人生选择，

入世者坚持学优则仕甚至屈身就世；愤世者矢志抗争，甚至以身殉道，遁世者无道则隐、独善其身；而玩世者既无力直面抗争又不愿隐迹山林，于是采取玩世不恭、放荡人生的态度，唐伯虎选取的就是这后一条路。他科场遭厄后如同柳永一样，仕途的晦气并没有窒息他对生活的眷恋，而是决定在烟花巷陌中寻求精神慰藉。"幸有意中人，堪寻访。且恁偎红翠，风流事，平生畅。青春都一晌，忍把浮名，换了浅斟低唱。"（柳永）

开始了游戏人生浪荡江湖的生活之后，唐伯虎非常适宜，并自刻一枚"江南第一风流才子"的印章，他快意地写道："不炼金丹不坐禅，饥来吃饭倦来眠。生涯画笔兼诗笔，踪迹花边与柳边。镜里形骸春共老，灯前夫妇月同圆。万场快乐千场醉，世上闲人地上仙。"表面看来他已淡泊功名利禄，醉心于自在轻狂、放荡不羁的风流人生。实际上，在他的佯狂自污中，掩饰着过人的聪明和机智，也蕴含着更为执著的自尊和自爱。风流才子并没有"破罐子破摔"，他还在做着不甘沉沦的挣扎，所以南昌宁王朱宸濠来征聘他时，他再度出山。但投奔宁王的唐伯虎没想到宁王心怀二志、图谋不轨，唐伯虎再次运用他才子的机智摆脱了杀身之祸，但其后怕之心是可

想而知的。自此之后,唐伯虎彻底断了仕进之心,主张"有伸脚处且伸脚,得缩头时且缩头",认为人生的最大幸福就是做一个与世无争、悠闲自在的"太平人"。于是筑室桃花坞,聚朋召友,益发放浪,每日沉湎于诗酒,寄情于书画,曾作《桃花庵歌》表明自己安贫守志,不慕富贵的人生操守:

桃花坞里桃花庵,桃花庵里桃花仙。桃花仙人种桃树,又摘桃花换酒钱。酒醒只在花前坐,酒醉还来花下眠。半醒半醉日复日,花开花落年复年。但愿老死花酒间,不愿鞠躬车马前。车尘马足贵者趣,酒盏花枝贫者缘。若将富贵比贫者,一在平地一在天;若将贫贱比车马,他得驱驰我得闲。别人笑我忒疯颠,我笑他人看不穿:不见五陵豪杰墓,无花无酒锄作田。

唐伯虎是一个想得开的"才子",他没有像屈原那样非要向长天找一个说法,而只是通过讥斜和调侃寻求心理上的平衡。因为天不变道亦不变,他不可能寻找到开启天国之门使大道畅行的"金钥匙",只能在自己的精神家园里去营构自己的绿洲。他狂诞的行举使大明王朝的廊庙中又少了一位肱股之材,而在文人画的创作队伍中却又多了一个"风流才子"。最终他唱着

唐寅《桃花庵》手迹。表明了安贫守志的人生追求

他的《莲花落》走向了生命的终点:

生在阳间有散场,死归地府又何妨?阳间地府俱相似,只当漂流到异乡。

透过这噙着泪水的洒脱,我们不难聆听到发自内心的无比沉重的人生之叹。在这洒脱中,分明隐含着人生的大失落,理想的大幻灭,命运的大悲哀!折射出漫长的封建社会所以能延续了两千多年,乃是以扭曲和泯灭个人的存在价值以体现社会的总体价值的。在"正统"中失意的唐伯虎无奈中走向民间,他顺应李贽的童心之说,大唱"异端",揭发道学的虚伪,所以唐伯虎的诗文大多是对个人生存价值的肯定和对世俗生活的描绘和赞扬。和"文

必秦汉诗必盛唐"的前后七子的封建复古意识相比，唐伯虎带来的是一股清新的现代之风，后人喜爱唐伯虎也是和他的抒发自由心灵、注重当下的市民意识密切相关。在唐伯虎的笔下，高雅的趣味开始让位于世俗的真实，"极摹人情世态之歧，备写悲欢离合之致"。他认为"性""食"一样是人的天性，一个真实的人应该心口相应、言行一致。他在《焚香默坐歌》云：

头插花枝手把杯，听罢歌童看舞女。食色性也古人言，今人乃以为羞耻。乃至心中与口中，多少欺人没天理。

唐伯虎用琅琅上口的群众语言极写文人雅士不敢冲破的世俗生活的禁区，在视封建道德为正统的明代社会，唐伯虎的"离经叛道"实是难能可贵。唐伯虎的笔下不仅有男欢女爱的描写，还有对妓女三寸金莲的赞誉，更有哭妓、悼妓的悲歌，而画的女儿娇、美人图更是言于表、动于情的真实描绘和赞颂。当然这些诗画和唐伯虎放情纵欲、浪荡江湖的生活有关，只要读一读一些作于春图上的题画诗，就能知道这些佳作的来源：

春来憔悴欲眠身，尔也温存，我也温存。纤纤玉手往来频，左也消魂，右

唐伯虎寄情风月，任意潇洒。他这幅《桐阴清梦图》正是他"适志"生活的生动写照

也消魂。

米桑采得一篮春，大又难分，小又难分。惟贪缫茧合缫纶，吃不尽愁恨，放不下愁恨。

才子越坎坷，也就越风流。唐伯虎的诗文绘画虽然题材狭窄单调，描写内容平淡无奇，但却体现着自由表达的愿望。这种一泻千里地抒发情感、描写和肯定世俗生活的浪漫方式，带来了新的时代气息。唐伯虎以风流解元的文艺全才明显体现了那个时代普通市民的心意，体现了他禀性疏朗、狂放不羁的生活、观念和情感。他敢于用非常通俗的语言说出心里的欲望："我爱菜！我爱菜！……菜之味兮不可轻，从无此味将何行？……橱中有碗黄荠粥，三生自有清闲福。""君不见，东家暴富十头牛，又不见，西家暴贵万户侯。"从这些"以十头牛对万户侯"的漫性诗歌之中可以看出唐伯虎把什么都不放在眼里的放肆与轻狂。

唐伯虎放荡不羁的思想、轻艳潇洒聊以自娱的诗文绘画正好适应了人们浪漫的思想和市民阶层的口味，是对封建意识和传统的儒家学说的反抗，是具有生命活力的新生意识。除了"人的自觉时代"的魏晋时代的阮籍、嵇康有过落拓不羁的举止外，在程朱理学的"存天理、灭人欲"禁锢之下的文人，从唐伯虎、祝允明始，才开始从理性的人变成有感情的人。唐伯虎才气奔放却终生不仕，激起普通人们的深切同情，而他佯狂自放及时行乐的思想，体现着人们向往自由追求个人独立价值的集体无意识，体现着"人为万物之灵"、"人与天地相参"的个性解放的思想。后人根据他的传奇人生给他附会了许多风流韵事，实际是对他追求纯真爱情的颂扬，可见，公道自在人心。

唐伯虎是那个时代的俊才，是风流才子，不遵世俗观念，不守清规戒律，寄情风月，任意潇洒，崇尚自由自在的"适志"生活。后人过滤掉他内心的痛苦，而取其目空一切个性极度张扬的风流才子的核心意蕴，通过电影、电视、戏曲反反复复演绎唐伯虎，甚至把他想象得武艺高强、侠骨柔肠。他注重当下笑傲江湖的自由生活，不也正是当代人内心深处梦寐以求的吗？

江南多佳处。曲园在苏州的地图中只是小得不能再小的一点，而在文化地图上却是浓墨重彩的一笔。可惜世人游惯拙政园，几乎无人识得曲园意了。

曲园是百年来德清俞氏家族悲欢聚散中若隐若现的背景，在这座小小的曲园里，德清俞氏家族文脉不断，星辉交错。春在堂前，俞樾先生闭门著书，五百卷"春在堂全书"，声名远播海外；小竹里馆中，戊戌探花俞陛云先生拥灯夜诵，浅说诗境；"培植阶前玉，重探天上花"，曲园老人寄语重孙俞平伯先生再题新鼎甲。

在这里，承载了俞氏家族的多少悲欢，俞樾老人在这里魂归净土，仍不忘叮咛后人，以德传家，爱惜文脉，"儿孙倘念先人泽，莫乱书城旧部居"；俞陛云先生在此降生、读书直至探花及第、北上仕游，并在曲园中与夫人彭氏"樱桃同采树头鲜"，情深意切；俞平伯

在曲园这个小院落里，文化底蕴远远胜过此景

先生在曾祖曲园老人的盼望中降生，亲自指导，"口占文字课重孙"。

在这座小小寻常院落中，自在花开花落，却总让人不由得涌起几分文化幽情，也许它的不寻常就在于，在"家"的含义背后，有"文化"的底蕴，有"历史"的时代印记，人的文化个性、家族群体、时代文化，在这里都留下了痕迹。"云烟过眼总无痕，爪印居然处处存。"当年俞樾先生自撰的寿联"三多以外有三多，多德多才多觉悟；四美之先标四美，美名美寿美儿孙"，对其俞氏一脉文化世家的描述何其传神。于今读来，真如一场繁华的文化梦境。

在我国的文化版图上，江南是一块神奇的区域，能不忆江南？山温水软，春来江水绿如蓝。江南作为一种文化的烙印，潜移默化，似乎融入了每一个江南人的血脉，乃至于深入到每一种外来文化之中；杨柳岸晓风残月，作为一种文化的底蕴，已深入骨髓。地域对文化的影响是一种综合性的影响，决不仅止于地形、气候等自然条件，更包括历史形成的人文环境的种种因素，例如该地区特定的历史沿革、民族关系、人口迁徙，教育状况、风俗民情、语言乡音等等。江南是我国古代家族制度最为发达的地区之一，也是家族功能，尤其是家族文化功能发

挥得最充分的地区之一。所以在江南文化研究中，更值得关注的是，作为江南文化的创造者、负载者、传播者的人、家族和社会。从文化世家角度切入江南文化，为我们开拓了崭新的思考领域。

文化世家成为当时社会广泛关注、认可的力量，成为公众舆论的焦点，也为当时的社会所承认和推崇。那么，什么样的家族被公认为文化世家呢？江南的文化世家有何文化上的特质呢？首先，悠久的家族历史，家族的人口、规模，在一个时期内具有相对的稳定性是作为世家的基本标准，而

俞樾（中）、俞陛云（右）、俞平伯（左）三人合影

在科举仕宦、文化素质、道德规范等方面表现突出，才能成为被广泛认可与称道的文化世家。

吴江薛凤昌曾经提出过"世家"的三个标准："一世其官，二世其科，三世其学。"这在一定程度上也充分表明了江南文化世家的价值取向与文化特质。江南的很多家族或者世家本质上是一种文化型家族，不仅世系绵长，而且文脉相传，对于江南文化的形成与发展都起了不可估量的作用。

江南的文化世家在明清时期达到鼎盛。这一时期的许多家族积累了丰富的社会经验，也具备了相当的经济实力，具有了一定的文化基础，在科举、学业、仕宦上都取得了相当的成绩。江南地区，尤其是苏锡常地区，在语言、习俗、受教育程度乃至人的心理素质方面都比较接近，更主要的是家族在这个地区发展得最为完备，文化影响特别突出，最具典型性。优越的自然条件、安定的社会环境、和谐的人际关系和良好的文化传统，使得生活在这一地区的家族不断发展。此外，湖山环碧，花木繁茂的秀美风光，人文古迹星罗棋布，不仅为家族提供了良好的物质生存条件，而且丰富了人们的精神世界，提供了一种诗化的生活场景。

文化性是江南世家所追求的理想目标。长洲《彭氏宗谱条例》说：

"宗人生业，以读书习礼为上，次则训徒学医务农，次则商贾贸迁。"这一排列明确地表明了这些文化世家对于读书传统的推崇，对于后人的人生选择有着重要的影响。"儒"这一文化性职业成为家族的传统，读书、藏书、著书这种方式渗透到家族成员的生活当中，也造就了不少学术昌盛、诗文流布海内外、累世不绝的"文献"故族。不管一个家族在某一方面的成就有多大，他们总希望用文化的标准来衡量自己，以文化型家族的形象出现在世人面前。

"笔耕舌种，固吾家世业。"这是明清时期常州地区最大、最有影响力的家族之一恽氏给自己家族的定位。很多江南的文化世家不约而同地选择了"耕读并重"、"平安度日"的生活理想。这是一种自给自足，自得其乐，并且存在着相当多可能性的生存模式。"耕"能保证生活富足，能够提供宽松的物质环境，而在"读"中，既可以寻到"栽花煮茗拥书眠"的诗意，又能通向仕途，有世代"簪缨"的可能。"进"可以科举仕宦，"退"可以读书种田，这无疑是一种理想的生活方式。

他们留给子孙的也往往不是能够计数的物质或者货币，而是手批的各种书籍和以书为伴的读书精神。这些带有先人遗泽的书籍，这种经过不断强化的读书传统，深深影响着这些江南文化世家的成员，规范着后人的思想与道德、举止，形成了"忠孝持家久，诗书处世长"的家风，并进而使家族文化链更为完整。读书、教化对于道德规范方面的重要作用也不容低估，一个无道德可言的家族，无论仕宦文章取得多大成就，人们仍难以将它作为偶像的。"八叶青衫绵旧泽"，从而形成了数百年诗礼相传的绵长家族文化史。"夫族世则望，而诗书相继"，江南文化世家这些鲜明的文化特征，反映在诸多方面，比如注重家庭文化教育，积极参与科举竞争，加强对外文化交流，增加图书储备，整理家族文献等等，形成了良好的家族文化传统，也促使后人维护并延续这种家族文化世系的完整性、连续性。

"世间几百年旧家，无非积德；天下第一件好事，还是读书。"江南文化世家"文化"特征延续并且强化着"读书"传统，如特别重视教育，注重家学，在家族教育上有大量投入，具有丰富的图书收藏，为家族子弟就读提供了切实的基础，尤以在科举上的成功特别突出，所出进士、状元为全国之冠。

科举仕宦无疑成为文化世家的一个重要的评判标准。科举人才的多少反映一个家族素质的高下，同时仕宦是家族政治地位的标志,也为未来家族的绵延发展起到重要的作用。江南文事兴盛,明清时代富庶之地的江浙两省状元之多,足以说明江南文化世家对于科举仕宦的重视。明代状元共89名,其中浙江20名,江苏16名,两省占40%强。清代状元114名,其中浙江20名,江苏49名,两省占60.5%。出身世家的大家、雅士、文人更是普遍。这些官员也往往体现出一种"文化官吏"的特色,对于为官当地大力推行文教,有力地推动了地方文化事业,并且带去了江南文人崇尚风雅的生活情趣,这也可以说是江南文化世家对于地方文化的一种意外之功了。

同时,由于对家族文化链、家族文化世系的格外重视,江南文化世家特别注重家族文献的收集与整理,其规模和质量都是其他地区的家族所无法比拟的。数量之多,种类之繁、规模之大,收集整理之认真细致,都是其他地区所罕见的。这些文献不仅是记录有知识的载体,更是一种历史,是宗族源远流长的见证,是家族光荣与地位的象征。同时这也是先人与子孙之间的一座"精神桥梁",形成了一种抛却时空限制的精神沟通。并不是单纯地停留在对先人的思慕、追念上,更重要的是从家族的历史中找到道德上的、观念上以及行为上的准则,成为家族精神的纽带,负载着家族的荣誉感和使命感。

作为一种文化型家族,江南文化世家所表现出来的基本特征为:家族以实现本家族的文化性为自己的追求目标,家族成员具有强烈的文化意识,他们所从事的职业也以文化型为主,或具有文化特征;家族具有相当的文化积累,并有一定的文献储存;家族内部进行着广泛的文化交流,并对地方文化形成积极的影响作用。

江南文化世家的这些文化特征深

俞樾书法

深地影响着本家族成员的发展，同时也深刻地影响着江南社会的发展。文化世家重视藏书、刻书、文化交往，家族整体的文化品位、素质较高，饱含书卷气。在这些家族中，出现了大批文化型的人才，显示了人才密度的优势，并进而形成了区域文化中心。藏书、刻书在江南蔚为风气，使得江南的图书文献大量积存，士子文人云集，是该地区始终能保持人文荟萃、书香盈邑重要因素之一。家族与江南文化的形成、发展有着千丝万缕、密不可分的关系，并强化了江南文化的家族特色。

关于江南文化世家还存在相当多的研究线索。如江南文化世家与家族教育，与科举仕宦之间的关系，江南文化世家的藏书、刻书活动，家族之间的文化交往，家族与地方文化建设之间的关系、世家中的女性研究等等。江南地区也存在着大量为人忽视的家谱、方志和文集以及相关史料，都为全方位地解读江南文化世家提供了进一步的可能性。

"一生得饮酒赋诗，儿辈能读书立命，我愿足矣。"

在江南佳丽地，读书、吟诗、交友、游乐，成为很多江南文化世家的基本生活模式，也是一种理想的生存状态。他们向往的是"出则为士，居则为农"，在文化需求中"赋诗饮酒谈方

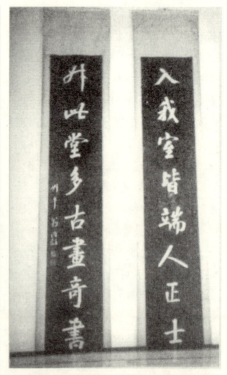

"以德传家、爱惜文脉"是江南文化世家的立足之本

技，听曲弹棋观异书"。与其说是一种生活形态，更不如说是一种生活理想，是一种无暴力、祥和度日的社会理想，一种柔弱但坚韧的文化纽带，维系着社会的安定。

如果抛却了对于读书的功利要求，这种闲适的生存方式与文化理想又何尝不是中国文人，包括现代知识分子的理想生存状态呢？"春秋佳日，园花盛开，怀旧会友，陈书几上，相与考证经史，评说古今，此足以乐而忘

老"。居室山水、自然人文、书斋生活，在江南达到了一种完美的和谐，构成了一个理想的个人空间。"老屋三间傍水滨，摊书却喜绝嚣尘。"读书能使自己杜绝世间一切无谓的应酬，而在遇到烦恼时，"隐几垂帘似坐禅，遣愁聊复阅残编"，读书又成了安定心灵的良药。江南杨柳烟雨中，"一盏书灯数十年"，成了人们心目中不可磨灭的文化记忆。

文徵明说："诗书之泽，衣冠之望，非积不可。"到今天，世家名族，旧时王、谢，已成烟尘，惟有乌衣巷口的野花，依然自在。所幸文化的血脉代代相承，江南的读书声仍旧琅琅。关于江南，仍然存在着很多尚未被认真解读的文化符码，期待着我们回溯文化的源流，追寻文化的本真。

家族的血脉如同绵延的河流，文化上的认同与承继远远超出遗传因素的作用。"五湖烟水三江月，一叶蓬窗数卷书。"这些一生都在书籍里旅行的人们，也同样漂流在这样一条书香氤氲的文化河流之上。

这些文献故族、文化世家骄傲地以精神的力量抵御着时光的侵袭与命运的刁难。他们是江南永恒的灵魂，江南的骄傲。

吴侬软语

■ 刘士林

吴侬软语是对吴方言的一个昵称，吴方言在古代也称吴音，在近代以来的白话中则叫江浙话或江南话。总之，是中国民族语言文化中一个最富有诗意的"地方语音"，也是那种最能勾起人们想象力和无限乡愁的动人的话语。

我最初对吴方言魅力的全部好感，是因为读了辛词中的"醉里吴音相媚好"，想一想那种茅檐低小、溪流淙淙的江南农村风光，这声音就如同自己的祖父祖母一样的亲切与温润。但由于在此后很长的一段时间内，一直生活在说话声音冲冲的中原，所以对吴侬软语也就逐渐淡忘了下来。人生的遗忘有时就像一个沉沉的梦境，所以在我从湛江到吴地谋食几年之后，那种早年留在心头的梦寐般的江南声音仍一直沉睡着，直到有一天偶然读到这样的一段文字：

吴音，自古称为"吴侬软语"，一向有"软、糯、甜、媚"之称，说起来婉转动听，尤其是姑娘们讲话时的发音，一波三折，珠圆玉润。据外地人说，即使她话已讲完，而仍有余音袅袅之感。因此流传着"宁可与苏州人相骂，不愿与宁波人讲话"的说法。（尤玉琪《三生花草梦苏州》）

于是才带着满怀的歉意、重新思念起那飘忽的、语速快快的，好像疾走的少女面影一样的，一不留神就会永远从眼前消失的吴侬软语，才想到要翻翻自己并不熟悉的文献和书籍，以便能够更多地去了解一下这种美丽声音的来龙去脉。

而稍一涉猎这方面的知识，原来想象中的许多东西马上就被解构了。

首先，对吴方言最初的一个感觉是它应该很小，分布有限，就像每天都在说着它的苏州一带的女子一样，而稍微了解了一点方言知识后，就知道实际上完全不是这样的。按照传统的分类框架，中国语言地图主要分作北

《韵语阳秋》书影

方、吴、湘、客、赣、闽、粤七区，这感觉就好像是战国七雄一样，谁敢说吴方言是个弱小的语言共同体呢。即使在中华书局版《汉语方言大辞典》的18分区法——即官话、东北官话、北京官话、冀鲁官话、胶辽官话、中原官话、晋语、兰银官话、江淮官话、西南官话、徽语、吴语、湘语、赣语、客家话、粤语、闽语、平话——中，它的一席之地也是不容忽视的。

其次则是有点像传统地理叙事中的"地大物博，人口众多"，吴方言分布范围的广泛和使用人口的众多，也是令人有些吃惊的。有方言学者根据1982年人口普查数字统计，从各县市总人口中减去非吴语乡镇的人口，最后得到的吴语人口数字为：江苏23市县约2万平方公里，人口1 677万；上海市的各市辖区及10县6 300平方公里，人口1 185万；浙江74市县，9.1万平方公里，人口3 657万；江西5市县，5 400平方公里，人口185万；福建一县，浦城北部2 300平方公里，人口27万；皖南14市县1.3万平方公里，人口261万。吴语全部分布面积约13.75万平方公里，人口6 992万。而据詹伯慧的《吴方言》统计，吴方言通行于江苏南部、上海、浙江、江西东北部、福建西北角和安徽南部的一部分地区，大约有110多个县市，使用人口7 000万左右。两个数字应该是相差不大的。这么多人口，这么大的地区，应该是吴方言具有生命力的一个最好证明。

再次则是所谓的源远流长。从《吴方言》一文中，大约可以找出这样几个关键词。一是原始吴语系由古楚语分化而来；二是自汉代以来的人口流动极大地促进了吴方言的传播；三是六朝晋宋之"江东"方言与吴方言的产生和形成关系最密切；四是在有唐一代吴语的地位逐渐巩固下来；五是今天吴语方言南北各片的基本状况在宋代已经很巩固了。由是可以得出这样一个吴方言发展的结论，即吴语的祖语上限可以追溯到汉以至东吴时代，中间经过在南朝以降脱离江东方言的独立发展过程，而其形成的下限至少应该不晚于唐代。而宋代的吴语分布与今天已经没有什么大的差别了。如果由此再想一想，我们今天在江南的某个小镇，还可以重新听到当年辛弃疾十分欣赏的吴音，这真是一种十分美妙的感受呀。

除此之外，吴语中最动人的内涵则是它的美感和文化感。从听知觉的角度看，据说它的美感的语言学基础在于：

苏州话被称为"吴侬软语"、"吴侬细语"，听觉上的美感"细嗲软糯"

尖	前	前	前	前	後	後	後	(齒唇)	(唇兩及葉舌)	(唇兩及葉舌)	的舌位部	單韵	（1）單韵
升	半降	半降	升	升	之與半間降降	半升	升	升	升	升	的舌降升		
不	圓	不	圓	不	不	圓	圓	不	圓	不	的唇否圓		
ʅ	œ	ɛ	y	i	ɒ	o	u	ɤ	ʐˀ	Z	標音		

a+ə	ø+ɤ	y+œ	i+aə	i+øɤ	i+e	ə+u	u+œ	u+ɛ	u+ɒ	結合的音素	複韵	（2）複韵
aə	øɤ	ɤœ	iaə	iøɤ	ie	əu	uœ	uɛ	uɒ	標音		

吴语韵母表

大致由以下几个语音特点造成。

一、声母分尖团。古音"精"组字，今读ts、tsʰ、s、z；古音"见"组字，细音今读tɕ、tɕʰ、ɕ，洪音读k、kʰ、h。如："焦、酒"是尖音，"骄、九"是团音。团音的粗钝衬托了尖音的细嗲。

二、前元音丰富，如ɿ、ʮ、i、ɤ、y、φ、E、æ。"包"，普通话读ɑu，而苏州话读æ；"山"，普通话读an，而苏州话读E(没有鼻韵尾)。苏州话中圆唇元音丰富，如：ʮ、ɤ、o、φ、u。特别是前圆唇之音ʮ、φ，嘴唇圆撮，声音圆润，由此造成了苏州话听感上的"软糯"。

三、声母有清浊。许多方言只有清声母或零星的浊声母，而苏州话清浊相配整齐。浊声母的存在反衬了清声母的清雅。

四、声调多变。苏州话七个声调，有舒有促，有平有曲，有升有降，声调的舒促、平曲、升降变化增添了苏州话的轻柔委婉。(李葆嘉:《苏南吴方言文化》)

这里面的专业符号是一般人搞不懂的，而我的意见是不懂最好，试想，如果一听到美丽的吴音，脑子里总是要想到这些乱七八糟的符号，那不是有点太煞风景了吗？所以还是让我们赶快脱离语言科学而去吧。

从小生活在苏州的施蛰存先生，在《浮生杂咏》中有一首诗曾记下一段关于吴方言的有趣故事。

苏州语软出声娇，奉泖伧言近"雪"苕。生小吴侬难改口，经年犹不别毛苗。

诗下自注：松江虽属南吴，方言已近浙西。语音重浊、无吴语之软媚。昔机云入洛、中原人士呼为伧父、或亦语言鄙野之故。"猫"字苏州人读如毛之上声、松人读苗之上声。我亦坚不欲改、以为松人不识毛也。

施蛰存由儿时伙伴因为方言而闹矛盾，一直联想当年陆机陆云兄弟在洛中的遭遇，而陆机之所以被当时的洛阳人士称为"吴儿"、"伧父"，实际上也表明当时的吴音在中原一带的地位低下，或者说在语音的深层结构中所存在的正是一种激烈的政治学内涵。由于语音不同而相互攻击，可以说是一件极普遍的事情。由施蛰存先生的诗句，我也想到自己小时候的一些事。小时候父母单位中的工人主要来自东

"楚歌美语娇不成，似能未能最有情。"苏州评弹又何尝不如此呢

北，所以我们一出生就说"普通话"。而父母每到一地，当地的老百姓一听我们说话就以"铁三局的"相称，而我们则把他们称为"老地方的"，相互都有看不起的意思。而反应最激烈的是血气方刚的青少年，有时两拨毛头小伙子或者是小学生相遇，一听说话，二话不说就打得头破血流。一句话，全是语音不同惹的祸。但很显然，生活在江南一带的施先生，他和语音不同的伙伴们的冲突方式要文明得多。这大概也可为南北文化之不同作一个注脚罢。

"醉里吴音相媚好"这句诗写得多么好呀。它的意思可以解说为，吴音本身就是一种最具音乐性的话语，以至于它的鼾声都是可以用来当作柔美的江南音乐来欣赏的。这与北方大汉惊天动地的呼呼大睡显然是不可相提并论的。吴音这种骨子里特别适合演唱的音乐天赋，从很早的时代就被人们发现了。从南北朝乐府中各种柔美的爱情小调，到李渔在《闲情偶寄》中刻意强调的："选女乐者，必自吴门。……乡音一转而即和昆调者，惟姑苏一郡。"《渔矶漫钞》亦谓："吴歌惟苏州为佳，往往得诗人之体。"（顾颉刚《吴歌笔记辑录》）在这种最美丽的中国江南话语中，也就直接生长出中国古典说唱艺术中的昆曲

和评弹。对这样两种美不胜收的江南艺术，可以说怎么说都不算过分，而即使一言不发实际上也不影响它的魅力。昆曲与吴语的关系大家都很熟悉了，这里就选一段谈吴语与评弹的论述来应付罢。

评弹是语言的艺术，评弹艺术家们对评弹语言、也就是吴语文学做出了无与伦比的杰出创造。说书人吸收了大量鲜活的生活语言，吴方言所特具的幽默、轻松、微妙、传情，被评弹艺人运用得出神入化。深深庭院、浅街小巷、茶馆酒楼、闹市码头，各种人物口头有着鲜活独特的吴方言语言。艺人们熟悉这些吴语语言的特殊的意蕴与丰富的表现力，组成书中的表与白，表白、官白、私白、咕白、衬白、托白。苏州评弹"六白"融合成评弹的叙述语言。评弹的叙述方式，不仅是如布莱希特所说的演员与角色之间的跳进跳出，在演员与角色之间还有不同的空间，还有种种已跳未跳的叙述地带与角度。评弹的语言叙述系统是灵活多变的，有各种不同的叙述方式、不同的叙述视角。如果说书人只用一种叙述方式讲故事，势必使整部书单调平板。正是各种表与白的交替穿插，使叙述方式不断变化，就很好地讲述了故事，也很好地塑造了人物。传统的长篇小说中很少有这样多种叙述

方式灵活交织的。像严雪亭《毕氏翻案》中用官白与私白交叉叙述两位问官的心理，许多弹词名家对咕白、衬白、托白的灵活运用，都是评弹独有的叙述方式。而那些自成一派的艺术家，又形成自创一格的叙述特色。徐云志的优雅从容、轻松幽默的说表，恰好烘托出《三笑》的喜剧性风格。周玉泉的醇厚自然，使《玉蜻蜓》人与事更生活化，富有人情味。杨振雄的儒雅潇洒的说表，正是《西厢记》的风雅幽默风格的最佳叙述方式。（朱栋霖《苏州评弹杰出的文学价值——读〈苏州评弹书目选〉》

正在准备写这个条目的时候，有朋友告知说网上正有人在谈张爱玲的吴语，于是请人帮忙找到发来一阅。

《江都方言辑要》书影

但由于平时不喜张爱玲，所以看了半天也不知她的吴语妙在何处，只是在文章的结尾发现一段文字，觉得很有意思，这里就摘下来，特别是供北方或其他方言区的读者玩味：

一次在银行，听到柜外一男子，与柜内一女子调侃，大概他们是熟识的。那女子有姿色，嘴也很厉害，说："你在我面前是老三老四，当心回去在老婆面前踞搓板。"我莞尔一笑，因为我记得张爱玲在《有女同车》里，也用到这个"踞"字，"定规要俓踞。踞呀！踞呀！"在吴方言中，这个"踞"字，不读ji这一普通话中的音，而是读如ju（音局）。要是换成北方话中的"跪"字，意思是相似的，韵味却没有了。

而实际上，这一点小小的当代人的机智与快感，怎么可以和昆曲中的美丽声音相提并论呢，所以最后我还是选几段唱词来听一听吧：

碧云天，黄花地，西风紧，北雁南飞。晓来谁染霜林醉？总是离人泪。（《西厢记·长亭送别》）

老天何苦困英雄？二十年一场春梦。不能够奋云程万里，只落得沸尘海数千里。（《义侠记·打虎》）

迢迢前路愁难罄，厌看水绿与青山，伤尽千秋万古情。（《长生殿·闻铃》）

收拾起，大地山河一担装，四大皆空相。（《千钟禄·惨睹》）

原来姹紫嫣红开遍，似这般都付与断井残垣，良辰美景奈何天，赏心乐事谁家院……朝飞暮卷，云霞翠轩，雨丝风片，烟波画船，锦屏人忒看的这韶光贱。（《牡丹亭·游园惊梦》）

这些美丽到每一寸肌肤都熠熠生辉的美丽声音，当她们用媚人到骨子里的吴声轻轻地吐出，那就真是叫人有点"不知今夕何夕"了。而如果是在苏州拙政园的三十六鸳鸯馆内，"笛声摇曳出翠微间，而涧瀑自墙外来，应节相和"，那该是一种什么样的意境呢，对此也就只有曾经沧海的古人才能略知其一二吧。

■ 刘士林

五亭包子

五亭包子是扬州的一种速冻食品，在南京的超市中，主要可以购到荠菜包、三丁包、青菜包、瘦肉包和萝卜丝包几种，是我们家经常食用的早点。虽然价格比街上的要贵许多，但它的味道和做工证明它值。在五亭包子中，我最喜欢荠菜包，想大约是受了周作人、叶灵凤等人关于江南野菜的说项，因而总是可从中吃到一种江南春天特有的大自然气息。而女儿则最喜欢三丁包。三丁包以鸡丁、肉丁、笋丁为素材，正如李渔把山中之笋看作是蔬食中的第一品一样，三丁包最大的特点就是它的鲜美。特别是在"非典"的日子里，街上的馒头、油条、面包都不敢吃了，就整天以五亭包子为主要食品。当时给友人推荐的一个理由则是，这些包子是在"非典"前制作的，绝对安全。但正如古人说凡事不能过头，大约是在此期间吃多了，所以最近这段时间已很少动五亭包子的念头了。但转念又想，现在的功利心最小，所以来谈它大约是最适合的吧。

与北方的大肉包不同，五亭包子完全是江南饮食文化的产物。江南自古是中国最富庶的地方，特别是近古以来商贾阶层的兴起，追求别致乃至奢华、糜烂的生活风尚，一直是这里日常生活的主旋律。江南饮食大约有三个总体特征：一是特别重视吃，肯在吃

扬州糕点有一种不同于北方糕点的精致细腻

喝上投入巨额资产。自古就有"肆筵设席，吴下向来丰盛"的说法。在《武林旧事》中，曾详细记载了一次盛大的宴会，仅菜肴就有200多种，其中鱼虾禽肉为41种，水果和蜜饯为42种，蔬菜20道，干鱼29道。此外还有17种饮料、19种糕饼和59种点心。也不只是在请客送礼时才饕餮一回，江南人在一年四季的日常生活中大都如此。清代的苏州人顾禄写有一部《清嘉录》，记载了当时当地一年到头的饮食习俗，它完全可以用来证明古代江南的吃喝是多么的丰富和美好。

二是江南人也十分会吃，肯在吃喝上投入巨大的精力和脑力。这其中的客观条件在于江南人物质基础的雄厚，因而可以尽享天下的美食美物。关于这一点，张岱在《陶庵梦忆》中有一则笔记：

越中清馋无过余者，喜啖方物。

北京则苹婆果、黄鼠、马牙松；山东则羊肚菜、秋白梨、文官果、甜子；福建则福橘、福橘饼、牛皮糖、红腐乳；江西则青根、丰城脯；山西则天花菜，苏州则带骨鲍螺、山楂丁、山楂糕、松子糖、白圆、橄榄脯；嘉兴则马交鱼脯、陶庄黄雀；南京则套樱桃、桃门枣、地粟团、窝笋团、山楂糖；杭州则西瓜、鸡豆子、花下藕、韭芽、玄笋、塘栖蜜橘；萧山则杨梅、莼菜、鸠鸟、青鲫、方柿；诸暨则香狸、樱桃、虎栗；嵊则蕨粉、细榧、龙游糖；临海则枕头瓜；台州则瓦楞蚶、江瑶柱；浦江则火肉；东阳则南枣；山阴则破塘笋、谢橘、独山菱、河蟹、三江屯蛏、白蛤、江鱼、鲥鱼、里河鲢。远则岁致之，近则月致之，日致之。耽耽逐逐，日为口腹谋……

而主观条件则在于他们肯在吃喝这些儒家士大夫不齿的小事上下工夫。由于不是一脸严肃的"肉食者鄙"神情，所以江南的饮食充满了可口而轻松的享受性质。在熙熙攘攘的市井中吃小吃，与政治家在餐桌上精神紧张的就餐方式，其味道与感觉当然是完全不一样的。例如关于南宋杭州的市井吃食，至今读来仍令人向往和感慨不已。

向者杭城市肆名家有名者，如中瓦前豆儿水，杂货场前甘豆汤，戈家蜜枣儿，官巷口光家羹，大瓦子水果子，寿慈宫前熟肉，钱塘门外宋五嫂鱼羹，涌金门灌肺，中瓦前职家羊饭……自淳祐年有名相传者，如猫儿桥魏大刀熟肉……五间楼前周五郎蜜煎铺……（《梦粱录》卷十三）

三是最关键的要有文化和品位，它一方面不同于商人暴发户的山吃海喝，另一方面，也是对士大夫精英文化的一种校正，因为这些东西基本上不是从圣贤书中得来的，而是来自民间的聪明智慧和对生活世界的观察和研究。因而像李渔的《闲情偶寄》一类的吃喝玩乐教科书，也只能是江南文化的产物，它的主题思想就是：有条件要吃喝，没有条件创造条件也要吃喝。正是在这样一种文化范围中，才能使吃喝二字获得它的本体论内涵：即一方面由于投入较多因而可以生产出各种精美食物，而另一方面则由于主体对吃喝享受的重视则可品味出食物的至味。这两个条件是缺一不可的，缺少前者就只能是一种"抽象的满足"，而缺少了后者则正所谓"茶饭不思"或"吃着没劲"。

以饮食文化著称的中华民族，许多食品总是和特殊的历史文化事件联系在一起的。而江南的吃食则尤其如此，一边吃着具有江南风味的美食，一边笑谈着和美食相关的人文旧事，这当然是对肉体和精神的一种整体性满足。在江南的种种名吃中，南京的板鸭是很有代表性的：

烤鸭和烤鹅当时是南京各王府和酒楼中的名菜，后来由于都城北迁而传到北京。至于有口皆碑的南京板鸭，此时更已风靡古城。南京板鸭历史悠久，最早可上溯至六朝时期，当时两军对垒，作战激烈，无暇顾及饮食，便炊米煮鸭，用荷叶裹之，作为军粮，称作"荷叶裹鸭"，这就是最早的板鸭了。后来传入民间，成为金陵人喜爱之物，为了便于保存，又经过腌制成为今日之板鸭。明朝南京就已有专制板鸭出售者，当时的民谣："古书院，琉璃塔，玄色缎子，咸板鸭。"将板鸭与国子监、报恩寺塔、玄色缎子并称为南京"四美"，引为骄傲。至清朝，板鸭更为向皇室进贡之物，官宦之间，也常以此物互赠，所以又有"贡鸭"和"官礼板鸭"之称，被誉为"六朝风味"、"白门佳品"。（高树森等：《金陵十朝帝王州》南京卷）

而五亭包子也是如此。在新浪扬州网上，我查到一条关于三丁包子的介绍：

扬州三丁包子的馅心，以鸡丁、肉

扬州三丁包子和其它小点心

丁、笋丁制成，故名"三丁"。鸡丁选用隔年母鸡，既肥且嫩；肉丁选用五花肋条，膘头适中；笋丁根据季节选用鲜笋。鸡丁、肉丁、笋丁按1：2：1的搭配，三鲜一体，津津有味，清晨果腹，至午不饥。据传，当年日本天皇吃到空运去东京的扬州三丁包子，赞誉它为天下一品。扬州"五丁包子"是在"三丁包子"基础上的一种创新。它是选用参丁、鸡丁、肉丁、笋丁、虾丁作馅制成。相传乾隆有一次巡游扬州时，说到御膳早点的备办，要做到这么五句话：即"滋养而不过补，美味而不过鲜，油香而不过腻，松脆而不过硬，细嫩而不过软"。扬州名厨丁师傅领旨照办，他想：海参滋养，少而不过补；鸡肉味美，少而不过鲜；猪肉油香，少而不过腻；冬笋松脆，少而不过硬；虾仁细嫩，少而不过软。这五味合掺，则补、鲜、香、脆、嫩皆俱，如各味用料量少一点，那就可达到"五不过"的要旨。于是众厨师按照丁师傅的设计，将参丁、鸡丁、肉丁、笋丁、虾丁加工成馅，制成包子。乾隆尝后，问及包子的名称，随员答道，这叫五包子。后来当地的百姓想到这种包子的馅心用的是五丁，首创厨师又姓丁，便叫它"五丁包子"。

这种简化当然是出于大众化的需要。由五丁到三丁，使我想到昆曲发展史上的"花雅之争"，曲调和唱词非常高雅的昆曲自命正宗，所以称为"雅部"。而各地花样繁多的地方戏曲则被统称为"花部"，或者被贬斥为"乱弹"。为了迎合最高统治者的垂青，以及为了争夺正宗地位，昆曲和地方戏曾进行过殊死搏斗，但昆曲最终让位于京戏，其最根本的原因就在于它过于精美，不适合大众以及品味越来越差的上等人的口味。这大约也可看作是许多属于江南家族的事物固有的悲剧命运吧。

和五亭包子一同为我所喜欢的，则是扬州菜中的大煮干丝。扬州干丝吃法有二：一曰"煮干丝"，二曰"烫干丝"。煮干丝最精细的是乾隆时期的"九丝汤"，在干丝中要加火腿丝、笋丝、口蘑丝、木耳丝、银鱼丝、紫菜丝、蛋皮丝、鸡丝，最高档的还要加海参丝或燕窝丝。

"丝丝缕缕韵味长"的鸡汤煮干丝

而烫干丝则是用洁白大干劈成细丝，用开水烫泡装盘，然后用芽姜切成细丝，覆于盘顶，干丝洁白，姜丝金黄，另加一小撮虾米，浇上黄豆酱油和纯香小磨麻油，一经拌和，黄白相间，一碟食毕，齿颊留香。为此有人赋诗云："菽乳淮南是故乡，乾嘉传世九丝汤。清清淡淡天资美，丝丝缕缕韵味长。"

在江南的菜系中，最具地方色彩

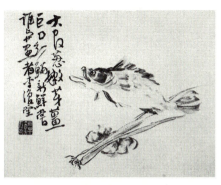

李鱓《鳜鱼葱姜图》
且食鳜鱼肥，莫问鲈鱼美

而又走向世界的当然杭州菜。我所生活的南京不行，它不仅没有任何特色，而且无论做菜的技术和服务质量都是差极了的。有时我常想这其中的原因，最后得出两点：一是大约是杭州本身不是一座政治中心城市，因而它在日常生活的细部可更多地保留江南的细腻传统。二是因为杭州人对饮食要求严格，而不像南京的"大萝卜"那么粗糙，因而才使得杭州的做菜技术和服务质量有了天然的监督体系。在杭州菜中有一道宋嫂鱼羹，是我女儿特别喜欢的。有一段时间，无论到什么饭店，两三岁的女儿张口就是要宋嫂鱼羹。宋嫂鱼羹的主料是鲜鳜鱼和鸡蛋，据说此菜原来出自南宋民间妇女宋五嫂之手。她在一次制作时不慎碰翻酒瓶醋瓶，酒醋倾入锅中，鱼蛋也煮成糊状，一次失误却意外生产出一道美食。这道歪打正着的杭州菜，据说曾受到害死岳飞的赵构的赏识，因而自南宋以来一直风靡至今。本来南京的华侨路有一家咸亨酒店，这道菜做得很好，但是后来再去几次，如同南京的其他饭店一样，是一次不如一次，最后连女儿都不再喜欢了。

有很多江南的小吃，特别是南京的鸭血汤，也是我很喜欢的。这种喜欢可以说一半是因为食物而多半却是因为记忆。当年我在开封工作时，经常吃的一种小吃是鸡血汤。每到冬天的寒夜里，晚上看书看乏了、饿了，就一个人或约两三知己，踱上街头的拐角，要上一块烧饼，一碗鸡血汤，吃得暖暖的回去睡觉，那真是一种十分美好的青春岁月以及十分美好的回忆。而鸭血汤和鸡血汤在技术和味道上相差不多，在鸡血、鸭血中辅以心、肝等杂碎以及粉丝制成。以鸭血替代鸡血，应该是由于江南产鸭的缘故吧。鸭血汤的好处在于十分可口，据说李鸿章当年在设宴款待外宾时，席间总少不了要一碗鸭血汤。此外，经常和江南小吃在一起的，则是扬州的三泰或四美酱菜，那也是我最爱的江南美味之一。用这些颜色、味道俱佳的小菜一碟佐餐，特别是和北方的粗制滥造的腌菜相比较，会使人更珍惜在江南的这一种可口又悦目的普普通通日子。

还有苏州的糕点，那也纯是细腻的江南文化的特产。苏州的好吃的糕点历史悠久、品类众多，这里权且以《苏州风物志》中的一条记载来了却吧：

宋代苏州，吴人称作糕粉的一种食品，即将糕粉做就环状，放入膏油中煎成。到了明代，苏式糕点品种日趋丰富，有雪糕、衣糕、生糖糕、糖松糕、苏州的小吃也是十分诱人的，关键是在这里还可以提供一种最佳的就餐环境与氛围。以往那些叫人眼馋耳热的盛宴我们是赶不上了，但幸而有心人记下了许多动人的苏州旧事，可以使人想一想当年的岁月和风物。就是细节也太多了，遥远一些的就不必再提，这里转述两段20世纪人的文字，以便为这个据说已"麦当劳化"的当代社会，再保留一些江南前现代时期的诗性记忆吧：

苏州旧时的小吃担特多，豆腐花担、线粉血汤油豆腐担、排骨年糕担、余臭豆腐干担、酒酿担、还有孩子们常围着转"老爷"的转糖担……但是，其中最令人神往的，是秋风起后，那卖热白果的小担。

中秋节后，每到傍晚时候，总有叫卖热白果的小担，穿巷而来，停在我家后门旁的墙角边。小小担子的两头，各悬着一只古黝黝的木筒，在前肩的木筒上，放着只木盘，盘内盛着一只红泥小炭炉，炉面上搁着只预备炒白果的小铁锅，有生意时，用一片大跛壳代替铲刀，在这盛放着十来颗白果的小铁镬内，不急不慢地有节奏地翻弄着，一面用缠绵的吴音唱着："烫手炉来——热白果，香是香来——糯是糯……"悠长的声调飘

重阳须食重阳糕，此乃江南风俗也

焦热糕、甑儿糕、蜂糕等。《红楼梦》第十一回中写到的枣泥山药糕，即清代苏州糕点名点之一。

苏式糕点的特色是：甜、松、糯、韧，香软肥润，细腻酥脆，并且注重色彩。如清代就有青色的荸荠饼，后来又发展成为五色团子，除本色外，"和以南瓜则黄，荸叶则青，胭脂则红，赤豆则紫"。

荡在这斜阳巷陌的秋风里,使人凭添无限苍凉的思古之幽情。接着暮霭也渐渐加浓,幽巷的四周慢慢地暗沉下去,而那只小炭风炉的炽炭,却更显得火红火红,而此时锅内热白果的甜焦香味,更显得浓烈了。

……

五香豆、金花菜、果肉、脆梅等,用甘草、五香粉一拌,真如现在电视广告上常用的:"味道好极了。"记得那一年,周作人不远千里,赶到吴苑来吃茶,就是为了吃这些小吃与生煎馒头。(尤玉淇:《三生花草梦苏州》)

幸运的是,今天还能够吃到五亭包子……

■ 孙爱月　西湖

"东南形胜，三吴都会，钱塘自古繁华。"北宋著名词作家柳永在《望海潮》里如此描述杭州。长期以来，杭州就是东南经济、文化和政治中心，有"人间天堂"的美誉。西湖位于浙江省省会杭州市西面。美丽的西湖和名城杭州相得益彰。

西湖，古称武林水，传说曾有金牛出没，所以也称为金牛湖。在唐朝，西湖在钱塘县境内，故名钱塘湖，又因在城西，名西湖。宋朝大文豪苏东坡在杭州做官时写下脍炙人口的诗句："水光潋滟晴方好，山色空濛雨亦奇。欲把西湖比西子，淡妆浓抹总相宜。"诗人把西湖比作了古代越国的美女西施，西湖又多了一个芳名，叫西子湖。

"西湖天下景"，西湖的美丽景色曾让无数文人墨客为之倾倒。尽管"意态由来画不成"，但是，还是有许多人把西湖的美景诉之丹青。有关西湖的山水画中，我最喜欢宋人的水墨画《西湖十景》。王维曾说过："夫画道之中，水墨为最上——肇自然之性，成造化之功。"水墨画是中国人色彩观的最高表现，乃是一个无色的色彩之美——即所谓"洗尽铅华"的超越色彩之美。看水墨画时，澄明而玄远的心灵就会取代世俗的大红大紫。西湖的水墨画给人的印象尤其如此。湖水比之于海水、河水，本身就有恬淡的味道，看西湖水墨山水画，如修禅，能进入无我之境。

西湖的景色，晴湖不如雨湖。细雨如丝，鸟藏人静，雾锁杨堤，清漪的水波，静到极处，也使我们的灵魂安闲到极处。此情此景，和水墨山水画有异曲同工之妙。

南宋时，杭州作为临时都城，这种特殊的政治背景给西湖带来了畸形的繁华，出现了名传千载的"西湖十景"。

"西湖十景"源于南宋画院的山水画题名。画院的著名画家马远曾画过水墨西湖十景，僧人若芬也画了西湖风景图十幅。和他们同时代的祝穆在《方舆胜览》书中说："西湖在洲西，周围三十里。山川秀发，四面画舫遨游，歌鼓之声不绝。好事者尝命十题，有曰：平湖秋月、苏堤春晓、断桥残雪、雷峰落照、南屏晚钟、曲院荷风、花港观鱼、柳浪闻莺、三潭映月、两峰插云。"同时，王洖题了湖山十景诗，将西湖十景景名中"雷峰落照"改为"雷峰夕照"。至此，十景的题名就广为流传，成了西湖风景的代表。

康熙二十八年，康熙皇帝出巡到杭州，将西湖十景的景名作了一些修改，将"两峰插云"改为"双峰插云"，将"雷峰夕照"改为"雷峰西照"，将"南屏晚钟"改为"南屏晓钟"，后两处修改，没有被人们接受。

印象中的西湖就像线条画那么干净

在西湖十景中，最容易引起人们思念的，大概是"雷峰夕照"中的雷峰塔了。雷峰塔的旧址在西湖南岸夕照山上。它建于公元975年，是当年吴越王钱俶因庆贺贵妃得子而建，取名"黄妃塔"。后人因塔建在名为雷峰的小山上，改称"雷峰塔"。夕阳西照时，塔影横空，金碧辉煌。元人尹廷高曾有诗赞曰："湖上画船归欲尽，孤峰犹带夕阳红。"

尽管雷峰塔已经倾塌多年，但仍然令人时常想起，因为它是和一个家喻户晓的神话故事——《白蛇传》连在一起的。美丽坚贞的白娘子，因为追求爱情自由而被法海永镇雷峰塔下。在对白娘子寄予深切同情的同时，人们也深切痛恨法海和尚。雷峰塔倒掉时，鲁迅先生曾写了著名的《论雷峰塔的倒掉》，表达他的爱憎。著名文学家邓拓也曾题了一首《望雷峰》："映波桥上望雷峰，千古奇情有

此幅雷峰夕照，令人想起的也许是白娘子与许仙惊天动地的爱情故事

所钟。莫怪世人倾此塔，不教佛道呈凶锋。"据说法海和尚是因为嫉妒白蛇比他先成仙得道，进而破坏白娘子和许仙美满姻缘的。常言道："善有善报，恶有恶报，不是不报，时候未到。"这个和佛家讲的因果报应是相通的，法海真是白做了一回和尚，连这一点都没参透。

与法海和尚相比较，济公和尚却是个受人敬仰的人物。济公法名道济，18岁父母双亡，后来立志修行，到杭州灵隐寺出家。他"不饬细行，饮酒食肉，与市井沉浮。人以为颠也，故称济颠"。虎跑寺济公亭原来有一副对联，上联是"一把破蕉扇，一领污垢衣，终日嘻嘻哈哈，人笑痴和尚，和尚笑人痴，你看怎么样？"下联是"奔来豁虎跳，趿去翻斛斗，到处忙忙碌碌，我为渡众生，众生不我渡，佛意可奈何！"活脱地刻画了济公不修边幅、诙谐正义的形象。

济公法力无边，为人们做了许多好事。传说一年六月二十三日火神生日那天，济公发现火神装成一个穿红衣服的姑娘挤进了净慈寺的大雄宝殿。他用竹棒东挡西挡，可是方丈却喝令他走开。霎时，一只红蜘蛛燃起了一场大火，大殿顿时化为灰烬。济公劝方丈重修大殿，而且不记前嫌，自告奋勇去募化木头。他只向老方丈要

一坛老酒、两只狗腿，便许诺在三天内把木头运来。方丈无奈只好答应。第三日，工匠们果然从井内扯出一根根大木头。当工匠们说够用时，济公说："够了。"井中刚冒出的一根木头就再也扯不上来了。这就是著名的"古井运木"的故事。

"我为渡众生，众生不我渡，佛意可奈何！"济公对世人的偏见往往报之以仰天大笑，然后扬长而去。在我看来，人们如今似乎已知道了"佛意"，不然的话，济公的故事也不可能流传至今。

济公和法海的故事只是传说，给美丽的西湖平添了一层浪漫的色彩。西湖吸引成千上万的游人的不仅有古老的神话传说，而且还有很多佛教名胜。杭州西湖是个佛地，水平如镜、群山环绕，很适合修禅。在宋朝，杭州就有三百六十寺，圣因寺、净慈寺、昭庆寺、灵隐寺，被人们成为佛教"四大丛林"。东湖居士徐俯说过，"自湖水而入恬淡"，这或许是西湖边寺庙众多的原因之一吧。

西湖的众多寺庙中，最著名的就是灵隐寺了。灵隐寺最初创建于东晋咸和元年，至今已有1 000多年的历史了。据说灵隐寺初建时，创始人慧理见这里山川秀丽，以为是"仙灵所隐"，故名之为"灵隐"。灵隐寺还

有一个名字叫"云林寺",据说是康熙二十八年（1689年），康熙帝南巡至灵隐。他登上北高峰览胜的时候，看见眼前云林漠漠，寺庙被掩映在一片薄薄的晨雾中，归来后就赐名"云林禅寺"。如今，这块匾额还高高地挂在灵隐寺天王殿的大门上。但是，几百年来，人们从来没有承认过康熙的改名。只有在人们游览灵隐寺看见这块匾的时候，才会从导游那儿知道康熙题匾的故事。灵隐寺的香火几百年来依旧，但当年那位皇帝的千秋霸业却早已灰飞烟灭。

虎跑寺是西湖的又一大名胜。它

弘一大师是为数不多的集禅境、艺境于一身的人

是以寺中的虎跑泉著称于世的。虎跑泉历来被誉为西湖诸泉之首。而"龙茶虎水"则被历代文人雅士称为西湖"双绝"。虎跑泉甜美清凉，质地稠厚，是"杭之圣水"之一。龙井茶更是天下独绝。虎跑泉煮开的龙井茶斟入洁白如玉的茶碗中，片片嫩绿的茶芽犹如雀舌，茶汤清碧，幽香阵阵。元代著名诗人虞集曾写诗赞道："烹煎黄金芽，不取谷雨后。同来二三子，三咽不忍漱。"清代陆次云有记龙井茶的文字说："龙井茶真者，饮而不冽，啜之淡然，似乎无味，饮过之后觉得一种太和之气弥于齿颊间，此无味之味，乃至味也，为益于人不浅。"

自古以来，皆言禅味与茶味是同一兴味，因而有"茶味禅味，味味一味"的说法广为流传。更简明的说法，则是茶禅一味了。茶的那种冲淡温和的味道，以及在茶中蕴含的沉静的智慧，非到饮茶的人自己成熟的时候，是不能领悟的。难怪赵州和尚每教人三字皆曰："吃茶去。"或是此意吧。

虎跑寺是弘一法师李叔同披剃出家的地方。提起他，我们总能想起那首凄凉悲怆、缠绵悱恻的《送别》："长亭外，古道边，芳草碧连天。晚风拂柳笛声残，夕阳山外山；天之涯，地之角，知交半零落，一斛浊酒尽余欢，

到西湖一定要品尝"西湖双绝"之一的虎跑泉

今宵别梦寒。"弘一法师精音律书画，工诗词篆刻，是一位多才多艺的艺术家。先前，他曾以"二十文章惊海内"自许，也曾以"度群生哪惜心肝剖？是祖国，忍辜负"等诗句慷慨激昂过。但他却看破红尘，于1918年在虎跑寺出家。一代才子抛妻别子、遁入空门，伴黄卷青灯度过余生，许多人曾为此唏嘘不已。事实上，他的出家与西湖有着很深的关系。亨颐先生在提到李叔同与西湖的关系时，说过一段话："上人性本淡泊，却他处厚聘，乐居杭，一半留是此湖；而其出家之想，亦一半是此湖也。"西湖独特的佛教氛围成就了它与弘一法师的因缘。

傍晚，西湖边的群山慢慢地被黑暗包围的时候，净慈寺的钟声响了，声音在苍烟暮霭中回荡，此情此景让人不禁想起"玉屏青嶂暮烟飞，绀殿钟声落翠微"这两句诗。耳听回响不绝

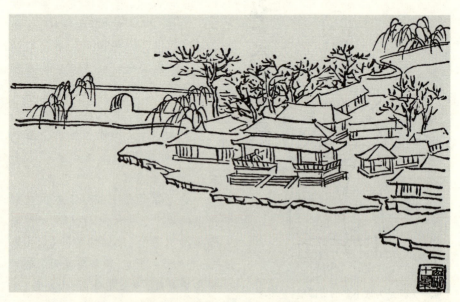

这种线条画初看简单，仔细看越看越有味道，就像品西湖的禅味

的钟声，面对一汪风平浪静的湖水，会觉得那一刹那就像永恒，所有的凡心杂念都无影无踪了。难道这就是佛家所谓的"空"的境界吗？香山居士诗云："未能抛得杭州去，一半勾留是此湖。"他没有说出勾留西湖的原因。就我而言，勾留西湖一半是因为这发人深省的钟声。

东坡先生认为西湖"淡妆浓抹总相宜"我只赞同一半。真正欣赏西湖的游客对那些大红大绿的、人工雕琢的、车水马龙的浓丽景色未必多么感兴趣。反之，西湖的细雨、微风、船影、淡雾，像一幅淡淡的水墨画，更能让人回味许久，就像西湖的禅味。禅，说到底，其实就是淡。西湖淡淡的景色我喜欢，西湖淡淡的禅味，我更喜欢。

■ 施依秀

西塞山前白鹭飞

西塞山前白鹭飞，桃花流水鳜鱼肥。青箬笠、绿蓑衣，斜风细雨不须归。

暮春二月，桃花盛开，春水盛涨，鳜鱼正肥；雨中青山，江上渔舟，天空白鹭，两岸桃红。张志和《渔歌子》正是展现了一幅江南秀丽的山水画和渔翁捕鱼的理想生活图景。"西塞山"地处长江边，位于浙江湖州，自从张志和的词作赋予它生命以来，"西塞山"在唐诗中的位置以及文化上的意义可称得"千古风流"。"白鹭"是一种温顺安静、美丽高贵的鸟。它以捕鱼为生，

"尚恨有世累，不及垂钓翁。"也许只有在江南才如此诗情画意

栖息在沼塘河湖附近。白鹭三三两两时而自在地盘旋飞翔在水面之上，象征了以打鱼为生、以渔船为家的江南闲适的渔人生活呢。河湖、渔夫和渔船构成江南水乡不同于北方耕作文化的第一象征。可以说，是"船"使得江南水乡的"水文化"尽显风流。首先看看江南丰富多姿的船文化吧。

古老的中华民族从距今8000年历史"刳木为舟"的独木舟，至明代郑和下西洋时的海船，只要有江河湖海的地方，无论是南是北，都广泛存在着各式各样材料、结构、用途的船只。然而惟有江南，在这水连水、墩连墩的水乡泽国，在河道纵横交错、村庄在绿水清波的包围中，家家赶集、探亲、采桑、婚娶均靠"咿呀、咿呀"的小船……所有这些日常生活都是独独属于江南的。

其一，渔船。江南水乡是鱼稻文化，不同于北方的旱作文化，它自古就有发达的渔业水平，各类渔船、渔具、渔歌数不胜数。比如渔船有蚱蜢船、撒网船、轻钩船、丝网船等等。特别有趣的是"鸬鹚捕鱼船"。鸬鹚是一种健壮的水鸟，善于水中潜游。江南一带利用鸬鹚捕鱼是较为普遍的方式。渔夫操纵小船，凭积累的经验寻找水下的鱼群，船边上停满了鸬鹚。只要渔夫手中的竹竿在空中一扬，一群鸬鹚

日暮一笛起，扁舟垂钓归

就窜入水中。一会工夫，渔夫边撑船边吆喝，同时用竹竿把浮出水面的鸬鹚赶到船边，然后将它们嘴里的鲜鱼捋入鱼篓里。有时可以几条船同时捕捉，等到一处水域的鱼捕得差不多了，船儿就驾着鸬鹚，迎着落日的余晖棹桨而去。

渔人的水上烟波生活成为了历代文人极为关注和向往的自由境界。上面提到那首唐代张志和的词作《渔歌子》就是其中最为著名的一篇。其中诗意的江南图画中也积淀了、寄托着古代士大夫们悠然脱俗、宁静自由的生活理想，人文江南的渔人生涯也就成为文人们的精神意象之一。

其二，画舫。如果说渔船反映的是普通江南百姓生活或归隐士大夫们的生活方式和心灵状态，那画舫则是较多地属于江南大族聚居、商贾云集、文人荟萃的繁华都市。著名诗作《泊秦淮》："烟笼寒水月笼沙，夜泊秦淮近酒家。商女不知亡国恨，隔江犹唱后庭花。"就是晚唐诗人杜牧在南京文化的渊源之地秦淮河上一艘名叫"夜未归"的画舫上，饮酒赏月时写下的。

明万历年间，秦淮河画舫（俗称灯船）盛极一时，文学家钟惺在《秦淮灯船赋》中这样记述其规模："小舫可四五十只，周以雕栏，覆以翠幕。每舫载二十许人，人习鼓吹，皆少年场中也，悬羊角灯于两旁，略如舫中人数，流苏缀之。用绳联舟，令其衔尾，有若一舫。火举伎作，如独龙焉，已散之，又如凫雁……"登上这样气派非凡的画舫，想必真的感觉进入了精致的庭院。

金碧辉煌的画舫作为身份和情趣的象征，自然是倾倒了无数的文人骚客和官宦商贾。据说，明景泰年间，有一位做丝绸生意发迹的富商，在西湖置有画舫八艘，各取精致的雅号"团瓢"、"观叶"、"雨丝风片"、"随喜庵"、"缕金舸"、"媚曼"……最名贵的是"不系园"。主人极为珍爱，定下"九忌"、"十二宜"，须为名流、高僧、知己、美人四类人才能登船。相传江南名妓柳如是嫁给清初文人钱谦益，就是在"不系园"上订的婚，后来在秦淮河"芙蓉号"画舫上举行的婚礼呢。

其三，航船。航船也叫"夜航船"。它傍晚从甲地开船，次日早晨抵达乙地，路程较远，过去遍布江、浙、

春光浓里夏江行，画舫分明显水亭

沪一带。"明朝有物充君信，榰酒三瓶寄夜航。"这首《古夜航船》就是唐代诗人皮日休在苏州码头上为即将去湖州的好友陆龟蒙写的唱和诗。

千年悠悠岁月，航船可以算是江南苦旅的象征。虽然现在夜航船已经消失了，但是昔日那里可是大千世界的缩影。它像酒肆、茶坊、客栈一样，三教九流、形形色色的人汇集在一起，演绎幕幕人间戏剧。每当傍晚，乘客们从四面八方进入船舱，等候离埠开航。当夜幕弥漫河面的时候，舱里哼喊声不绝于耳。当夜幕沉沉、渔火点点，人们就闭目养神。一觉醒来刚好靠岸，大家就各奔前程。

历代文人墨客也用大量笔墨描绘过航船。明末清初文学家张岱还写作

了一部书脊显豁的《夜航船》。大概张岱是夜航船里的常客，船客们都是萍水相逢，不会有深入的交谈，但是这里有各行各业的人，大家喜欢通过谈论一些历史知识、文化典章来消遣，并借此炫示自己学问。久而久之，夜航船里的话题列数了中国文化常识的哪怕琐碎的点点滴滴。最后，张岱以惊人的博学，凭一人之力编成一部百科全书式的《夜航船》。这大概也只是在民间文化气息浓重的江南才会发生的事情。猜想得知成书的缘由之后，翻阅时，耳边似能响起了欸乃的橹声吧。

其四，乌篷脚划船。古越乘船往来是很普遍的事，据《越绝书》记载："勾践喟然叹曰:夫越性脆而愚，水行而山处以船为车，以楫为马。"八百年前，陆游在山阴，写到他功名不能成就，隐居家乡的闲逸生活时的一首诗中说:"轻舟八尺，低篷三扇，占断苹洲烟雨。"这"轻舟八尺，低篷三扇"，指的就是此种绍兴特称作"脚划船"或者"躅桨船"的小船。

乌篷脚划船比较小，不用摇橹和撑篙，只用手划楫，或用脚躅桨。(顺

乌篷船承载着江南记忆

便说一句,在绍兴,船上的"楫"用手划,"桨"用脚划,"橹"用手摇。同一只船,可以是楫、桨并用或橹、桨并用,但没有同时用手划楫和手摇橹的。)小船是载客的,船篷油漆成黑色。船长一丈五尺左右,分作三个舱,客人席地而坐,中舱最多坐四人,两两相向,前舱最多坐两人。后舱坐船工。它的动力是靠脚蹑桨,船的航向是用手划楫(或夹在腋下当舵使用)来控制的。船行进时,船工脚手并用,船随着双脚的踩动,窜窜前行;若要赶路,手中的楫同时划动,一划一踩,船头微微向上昂起,船体轻盈地飘逸在水乡泽国的自然景色中。如果途经狭小而

水浅的河道,就收起桨,只用手划楫,可以畅行无阻。

由于船身窄,船篷低,乘船的人坐在舱席上稳妥而舒适,还可以拨开乌篷,将手伸出船舷外拍打流水。一面听着船头潺潺的流水声和蹑桨发出的"嘎吱嘎吱"的声音,一面领略两岸的山光水色,真有"山阴道上行,如在镜中游"的感觉。古人云:"驾一叶扁舟,举匏樽以相属。"现在,要随波荡漾在河湖水面上,仰视千仞石壁,穿行于水潭石洞之中,乘此"一叶扁舟"是最理想的了。

其五,乌篷船。乌篷船是绍兴闻名的交通工具。它的船篷用竹编成,中间夹着竹箬,呈半圆形,用烟煤和桐油漆成黑色。乌篷船不同于小巧的"脚划船"。它的船身较为高大,篷高可容人直立,舱宽可以置放桌椅,船尾至少备有两支橹,航速较快。它的内部构造也十分精致。船舷与着水部分左右两侧都雕刻着花纹、图案。而船头上雕刻着似虎头形象的东西,它的形象似在微笑,但又有些怕人,这种动物叫"鹢",是传说中古代的一种鸟。民间传说,古越在塘闸未建之前,河湖与海直接相连,"鹢"居海上,性嗜龙,龙见而避之,所以古代船头上都画有"鹢"像,使龙不敢兴风作浪,行船就可安全。

一般的船总有三个舱，中舱有三扇定篷，定篷间有两道明瓦的船就叫"梭飞"。如果后舱再有一道明瓦，就叫"三明瓦"，如果有四个船舱，中间两舱有四道明瓦的就叫"四明瓦"，后舱再加一道明瓦的则叫"五明瓦"，最大的乌篷船有"六明瓦"。"明瓦"的意思是，在船的两扇定篷之间装一扇半圆形的遮阳篷，三扇篷的木格子上，嵌着一片片一寸见方的薄蛎壳片，就如现在的半透明的毛玻璃，既避雨，又透光。

从前只有大户、官宦之家才有自家的乌篷船，是为做客、游览、扫墓、迎亲、看戏时使用的。船头的"遮头"上会用金字写明"××堂×"或"××第×"字样。鲁迅家的乌篷船就写有"德寿堂周"字样。他小时候就是坐着这种有"三道明瓦窗的大船"到东关去看五猖会的。而如今绍兴特指的那些用橹摇的"梭飞"和"三明瓦"之类的乌篷船早已经绝迹了，随处可见的乌篷船其实都是载客的"脚划船"。

说完了江南的几种船文化的代表，回到题旨"西塞山前白鹭飞"。张志和从20余岁就开始归隐的生活，自号"烟波钓徒"，寄情山水、萍踪不定。在远离唐代中期的繁华喧动的笙歌楼台之后，桃花流水、斜风细雨、蓑衣笠帽、白鹭鳜鱼，不正是桃花源一般的生活图景吗？

不夸张地说，中国古代士大夫要是受到现实生活的打击，就会选择乘舟遁世隐逸于山水之间，而且乐于作一渔夫。东晋大隐士陶渊明就有"实迷途其未远，觉今是而昨非，舟摇摇以轻飏，风飘飘而吹衣"的吟唱。唐代诗人李白也说过："人生在世不称意，明朝散发弄扁舟。"可以说，古代士大夫将自己对社会、仕途的失望和对山水林泉的向往全部化作对舟船生活的憧憬。这也就是这描写江南景色、渔夫生活的《渔歌子》的首句："西塞山前白鹭飞"也被苏轼引用于词作《浣溪沙》："西塞山前白鹭飞，散花洲外片帆微。"并且成为了传唱千古的名句的深层缘由吧。

咸亨酒家

■ 施依秀

当年鲁迅家族经济困窘，由各家出资合营，在绍兴都昌坊东头首开了一爿酒店，取名"咸亨酒店"。"咸亨"二字源出于《易经·坤卦》："品物咸亨"，"咸"意为全、都；"亨"，即美好、亨通。大家当时公推鲁迅的叔辈周仲翔出任掌柜。这店名虽然大吉大利，但周仲翔是举人的儿子，热衷于功名，不谙酒店经营之道。结果，咸亨酒店从光绪甲午年前后开张营业，只开两三年便关门大吉了。如今只要提起咸亨酒家，人人立即联想出的是鲁迅笔下那个穿着长衫，排出几文大钱，温两碗酒和要一碟茴香豆的孔乙己。进而可以说，绍兴这座江南小城不仅作为水乡、桥乡，而且作为酒乡，其独特人文气质就化身做一家家酒店，一碗碗老酒，和一个个文人典故。

先说说绍兴老酒。绍兴老酒是绍兴酒的俗称，它是用精白糯米、麦曲和水酿制的一种黄酒，主要品种有元红、加饭、善酿、香雪等四种。元红酒，旧称"状元红"，是因为在坛壁外涂朱红色而得名，是绍兴酒的代表品种，它色液橙黄清亮，具特有的芳香，味甘爽微苦，深受饮酒者普遍喜爱。加饭酒，是以元红酒为基础，在原配料比中减少配水量，增加饭量，由于饭多水少，故酒质特醇，色液橙黄带红，美如琥珀般透明晶莹，浓香馥郁，醇厚甘鲜。善酿酒，是以贮存1至3年的陈元红酒代水

酿成的双套酒，以酒制酒，色液深黄清亮，其香芳郁，质地特浓，口味甜美，不善饮酒者比较喜爱。香雪酒，是以陈年糟烧代水酿成的双套酒，属甜型酒，色液淡黄清亮，芳香幽雅，味醇浓甜。

喜爱饮酒的人对于这种味甘、色清、气香、力醇之酒中上品肯定不会错过。清代饮食名著《调鼎集》中，把绍兴酒与其他地方酒相比认为："像天下酒，有灰者甚多，饮之令人发渴，而绍酒独无；天下酒甜者居多，饮之令人体中满闷，而绍酒之性芳香醇烈，走而不守，故嗜之者为上品，非私评也。"

首先，由于绍酒的发酵作用较其他酒强，所以香气更为浓郁，特别是刚开坛，芳香扑鼻，绍兴人称"有三间屋可香"。其次，一般喝惯了北方烈酒的人一开始喝绍兴老酒，觉得味道苦涩非常难喝，戏称其"马尿"，可是过了一两天便会喜欢上绍酒，品出其中滋味。其三，绍兴酒除了热天之外，酒都要用热水温了喝，绍兴人叫"温酒"，如当年孔乙己到咸亨酒店对柜里说"温两碗酒"。据说酒温热之后，酒的香气更为浓郁，不伤脾胃，较快地发挥酒力，使绍酒对人体更有利。其四，喝绍兴老酒不像北方人喝酒用小盅，一口一盅，他们是一碗一碗地盛酒，一口一口地啜，讲究浅斟慢饮，每啜一口，沁人心脾，回味无穷。他们不酗酒，不像北方的凛凛大汉

那样开怀豪饮，一醉方休。绍兴人喝酒是为了滋补身体，助助兴致。其五，绍酒的酒精含量适度，既不像白酒那样过高，刺激性太强，又不像啤酒那样太低，不足过瘾。绍兴人除了暑天，有人喝点白酒或啤酒以解暑，多数人一年到头都喜爱喝本地的黄酒。然而绍酒也要醉人的，只是酒力发作较慢，一些外地客人来绍兴，以为原有一斤酒量就喝一斤，喝时感到能胜任，但喝完后，却渐渐感到醉不能支了，这种现象当地叫"后翻塘"。而且绍酒醉了人后不易醒过来，一睡就是几天或者一直迷迷糊糊。其六，酿制绍酒的方法不复杂，农家几乎家家都会，可外地人即使完全照搬酿酒的技艺，也酿不出真正的绍兴酒。因为绍酒除了技术之外，还要采用水质极好的鉴湖水来制酒。那是源自会稽山脉，碧绿清澄、甘冽可口的天然造化。唐代诗人贺知章就曾驾舟鉴湖之上，写下一直被传诵的诗篇："少小离

绍兴黄酒的酿造工艺

家老大回，乡音无改鬓毛衰。儿童相见不相识，笑问客从何处来?"南宋诗人陆游的故居"快阁"也位于鉴湖之畔，那是放翁晚年饮酒赋诗的地方。

正如俄罗斯人的性格与伏特加，法兰西人的性格与白兰地，我国北方人的性格与北方白酒不无关系一样，江南小城绍兴的性格如绍兴酒。它是敦厚温和的，又是刚烈坚韧的。绍兴酒要浅酌慢饮、细细品尝，由口感舒坦、内心柔和以至通体温软的感觉，再品出其滋味。绍兴酒后劲十足，越陈越红，越陈越香，越陈越醇，年代越久，更称上品。它的不张扬，它的内涵，它的醉人，它的独一无二，它的温柔与强劲，精细与奋进，似乎又与中国传统文化中温柔谦和、中庸调和的哲学相吻合。清代诗人袁枚，自称性不近酒，但深知酒味。他认为绍兴酒堪称"名士"。他说："绍兴酒如清官廉吏，不掺一毫假，而其味方真;又如名士者英长留人间，阅尽世故而其质愈厚……"

再说绍兴城乡大大小小的酒店。按陆游诗中所说，南宋时绍兴城中已有"酒垆千百所"。绍兴较大的酒店大多设在闹市区，宽敞明亮，布置风雅，四壁装有字画对屏，书写着"醉里乾坤大，壶中日月长"、"猛虎一杯山中醉，蛟龙两盏海底眠"一类进酒词，山水人物画的内容也多与饮酒有关。不

鲁迅笔下的咸亨酒家

过绍兴更多的、更具文化底蕴的，却是那些像咸亨酒店一般由夫妻经营或兄弟合营的单开店面的小酒店，大多设在街头巷尾、桥塅埠头。漫步绍兴街巷，可闻到酒香四溢。在一间临街临河曲尺柜台的小酒店，找个靠门的位置坐下，要一碗老酒、一盘茴香豆、一盘花生、一盘豆腐干便可喝将起来，会生出隐于江南小城的兴致和情趣。

绍兴的酒店格局别具特色，拿咸亨酒店为例，仍然是乌瓦粉墙，店外临街的墙上书有斗大的"酒"字。走进酒香扑鼻的店内，堂里是黑漆的条桌长凳、古色古香，有一个临街安放并与之平行的曲尺形柜台，上置木棚，内中摆着下

酒的菜肴——绍兴话叫"过酒坯"。与街面垂直的柜台主要用来做买卖，也可以供鲁迅笔下的孔乙己和"短衣帮"站着喝酒。直柜台下，放着酒坛。柜台里都备有温酒用的酒具。这柜台靠店堂里面的一端竖有青龙牌，书"太白遗风"四个金字。店堂内挂有一幅国画，题款曰："鱼米之乡绍兴游，文豪笔下咸亨酒。胜似春光今日里，赏菊沽酒茴香豆。"堂口的一副对联："小店名气大，老酒醉人多。"另一副联为："上大人，孔乙己，高朋满座；化三千，七十二，玉壶生香。"如今的店门外的空地上多有个真人大小的铁铸孔乙己塑像，长衫褴褛，瘦骨嶙峋，一碗水酒一碟茴香豆，但由此也失去了一分古韵，多了一分策划的痕迹。

当人们长时间住惯了高楼大厦，一旦进入茅屋幽僻之所，便有一种恬淡的乐趣，在那里品尝绍兴美酒，真是胜过都市里的盛席华宴。就像西湖一家茅店沽酒处的一副酒联说的："华屋杂茅庐，于西子湖边另开胜境；停桡来把盏，在刘伶庄畔应集酒仙。"即使对于素不饮酒的外行来说，也有超凡脱俗、飘飘欲仙的自在境界了。

又说关于绍酒的文化遗存。追溯绍兴酒的酿造历史，距今五六千年的河姆渡文化遗址发掘出厚积的积谷层，河姆渡旧属绍兴，就是说在久远的原始时代就有了为酿酒提供原料准备的可

能。之后相传春秋战国时期，勾践出师伐吴，越中父老把美酒献给勾践，勾践受酒后却不自饮，而是把它倒在一条小河里，和出征的将士一起分享，将士们士气大振，誓师灭吴雪耻，留下了"一壶解遗三军醉"的千古美谈。可以说在旧时的绍兴，无论官宦之家、缙绅达士，还是市井小民、山野村夫，都与酒结缘，与酒为朋，更不用说有多少文人名士，留下过多少酒典、酒俗、酒诗。

书上记载，东晋穆帝永和九年阴历三月初三那天，王羲之邀请他的挚友谢安等42人，在四周环山的兰亭举行了一次名为"曲水流觞"的活动。他们传承古俗，在清河两旁席地而坐，将盛了酒的觞放入溪流中，由上游浮水而下，经过弯弯曲曲的流水，在石块上磕磕碰碰，若觞在谁面前打转或停下，谁就要即兴赋诗，作不出诗就要罚酒三觥。王羲之把此次获得的37首诗汇集成《兰亭集》，并乘着酒兴，秉笔立就了散文名篇《兰亭集序》。后来"曲水流觞"饮酒作诗的雅俗一直流传下来。元代诗人杨维桢在绍兴卧龙山西园建立"龙山诗巢"，明代徐渭和沈青霞等"越中十子"都效仿过前人举行曲水流觞活动。可见，文人饮酒追求的不是热闹，而是幽雅的境界、脱俗的风度。吴彬《酒政》写饮酒的理想季节是：春郊、花时、清秋、兰亭、新绿、雨雾、积雪、新月、晚凉。饮酒的胜

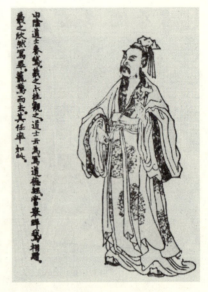

王羲之首创饮酒作诗之雅俗

地是：花下、竹林、高阁、画舫、幽馆、曲硐、平畴、花亭。事到如今，苛刻的酒习中大概比较容易做到的只是找几位知己、故交作为同饮的理想对象了吧。

回到绍兴古朴的民风中来。旧时谁家生了女孩，父母便要酿造几坛酒，用彩绘花雕坛窖在地下，待女儿出嫁时，掘出来畅饮，这酒称作"女儿红"。如果是富户生了儿子，也将一坛酒窖入地下，留待男儿考取状元时取出庆贺，称作"状元红"。如今时光流转，人们有许多考究、排场的方式庆贺孩子的诞生、女儿的出嫁，可是哪一种金碧辉煌能比得上一坛亲手绘制、粗糙简朴、经历二十几个春秋加倍醇厚的"儿女红"呢？

■ 刘士林

「闲情偶寄」

如果要真正了解一下古典江南的生活世界，特别是想清理在中国历史上一直蔓延不绝的、针对江南文化的种种带有明显北方意识形态口吻的误读和批判，或者说，如果想要从正面去为江南文化找一种哲学基础，以便使这一方水土上的生存、创造与绵延得到有效的辩护，那么我想，再没有比李渔的《闲情偶寄》更适合充当一个读者的入门读物甚至是改造思想的理论资源了。

从根本上讲，南北文化差异主要表现为审美主义和实用主义生活方式的对立。具体说来，北方文化的价值观主要来自墨子，它的最高理念是"先质而后文"，或者说"食必常饱，然

后求美；衣必常暖，然后求丽；居必常安，然后求乐"。马克思说"忧心忡忡的穷人对再美的景色也不会注意"，鲁迅先生也讲到"贾府的焦大也是不会爱上林妹妹的"。它们都可用来说明北方文化和北方人的生活观念，由于自然环境和生产条件的相对恶劣，生活本身已经够艰辛了，在灾凶之年，甚至倾尽全部生命力还不够做到"免于死亡"，因而也就不可能再有剩余时间和精力来关心非实用的东西。因而在北方人看来，人生最重要的是艰苦奋斗，至少也要在有了足够丰富的物质基础之后，才能再考虑"求美、求丽和求乐"等方面的超越问题。但另一方面，一旦把这个"从物质到精神"的"发展理论"绝对化，它的直接后果则必然是使人自身成为一种"只知道吃坏马铃薯的爱尔兰人"。这正如"何年何王不战争"的道理一样，什么时候才能永远没有战乱、灾凶而太平无事，或者说什么时候才能把北方式享受所需要的资本积累够、条件置办齐呢？而由于资本和条件实际上是永远不可能彻底解决的，因而这种克勤克俭的生活观念和风尚一旦走向极端，那也就等于一笔勾销了有限的生命个体在尘世间享受的可能。这对于百年光阴易逝的烦恼人生来说，当然是一种十分残酷的剥夺和异化。这也

《闲情偶寄》是李渔的生活哲学

正是庄子批评墨子"其道大觳,使人忧,使人悲"、"反天下之心"、使"天下不堪"(《庄子·天下》)的原因。

与北方文化相比,充满了精明意识的江南人似乎看得更透彻。这里可以李渔对衣饰的一个观点为对象加以详细解读。法国作家莫泊桑有一篇小说叫《项链》,讲的是追求虚荣如何害人不浅。尽管这个故事是走极端的,但由于它非常投合中华民族的传统文化心理,因而也是现代中国人最喜闻乐见的西方故事之一。但在李渔看来,事情似乎没有那么绝对,而且也不应该把事情做得那么绝。即使没有金屋可以藏娇,也应该鼓励妇女创造条件来打扮自己。这和"寒素之家"当在屋旁隙地上"种树栽花"的道理一样。正如李渔所指出的:"妇人青春几何?男子遇色为难。"在李渔看来,许多公侯将相和富室大家,由于缘分不够或者是"中宫之妒",一生都无法接近真正的美色,而对一个交上"桃花运"的普通人来说,如果由于自己的吝啬而"不得一二事娱悦其心,不得一二物妆点其貌",那么这和所谓的"暴殄天物"也是没有什么区别的。更何况普通妇人的修饰实际上也多费不了几文钱,只不过是男人平时少饮一杯酒的花费罢了。而它的结果却是"既悦妇人之心,复娱男子之目",这难道不是非常合算吗?由此可知,江南本身不仅是富庶的象征,它的深义更在于一种有精神品位的日常生活方式。许多方面的记载都表明,在大体相同的物质条件之上,甚至是在北方人看来最应该节衣缩食的情况下,江南人仍然可以把生活搞得有声有色,而不是每天皱着眉头想生计。这正如《菜根谭》中的这一段名言:"贫家净扫地,贫女净梢头,景色虽不艳丽,气度自是风雅。士君子一当穷愁寥落,奈何辄自废弛哉!"江南人的这种生活哲学,也可以使人想到康德关于道德主体的看法,他说不管出于什么原因,如果一个人违背了道德原则,那么受责备的都是人本身而不是环境和条件。而江南人在衣着和卫生方面与此有些类似,就是无论怎样贫穷潦倒,一种追求干净、整洁和有精神品位的生活态度都不能丢。这与北方人常见的"破罐子破摔"是截然不同的。

生活当然不同于艺术,这句话本身是不错的,但具体到中国南北文化的不同语境中,却往往要导致两种完全不同的结果。在以"先质而后文"的北方意识中,一个反应往往是把生活和艺术完全对立起来,甚至是尽量压低一切非实用的艺术性开支,以便能够使有限的生活资料获得更大的利用价值。与之相对,尽管江南人也懂得生活和艺术的不同,但由于在他们

清时江南女子服饰,华美又韵味十足

的心目中生活应该向艺术看齐,因而不是为了生活而牺牲艺术需要,所以尽量创造条件使生活艺术化,才是一个江南人最重要的人生理想和奋斗目标。在某种意义上讲,江南人的生活理念类似于功利主义伦理学,充满了一种在既有条件下追求"更大的善"的精明意识,尽管它没有过于炫目的精神主张和理想色彩,但对于个体生命在日常世界中的实践和享受来说,仍然不失为一种别具一格的选择。

"看缸下饭,量体裁衣。"这是老百姓的一句家常话,在我看来,它的精义无疑在于"适度"两字。以李渔对盖房子的态度为例,他既不一味赞美过于俭朴和狭小的穷巷陋室,因为它"适于主

而不适于宾"。同时对阔人的高屋华堂也投了反对票,因为后者是"宜于夏而不宜于冬"。对于日常生活来说,最重要的就是如何把握住消费的分寸。"吃的是鸡鸭鱼肉,穿的是绫罗绸缎。"这在旧戏文中经常被用来表示生活的质量,但是很显然,只有鸡鸭鱼肉这些原料和素材,而没有一种赋予它们形式和味道的高超技术,也是不可能品尝到真正的美味的。也就是说,有了食物如何吃如何去享受,实际上也仍然是一个十分重要的问题,而且它同样需要的是技术和思想。在某种意义上讲,这里面就涉及到一种关于生活的工艺美术或技术美学的原理,它们本质上都是用美学思想来指导具体的生产实践,从而使物

质对象不仅实现它最直接的实用功能，同时实现的还有包含在它内部的更高的审美价值。

如果说工艺美术理念的落实和表现，不仅需要有足够的关于对象的知识，而且更需要有一种审美的眼光在，那么李渔关于饮食的很多想法和设计，都够得上一个工艺美术大师的水准。这里可以对《闲情偶寄》中精彩之处略举几例，相信它们不仅对了解古代江南社会的日常生活，而且对于今人提高生活质量也有积极的启示。

第一，李渔对食物的知识可谓所知甚多，以他对如何吃鱼的讲究为例。在鱼类的选择上，李渔说："食鱼者首重在鲜，次则及肥。"而最高的境界则是"肥而且鲜"。但在不能两全其美的条件下，则可以在两者中择一而用之。而且还要熟悉不同鱼类的品性，如"皆以鲜胜"的鲟、鳇、鲫等"宜清煮作汤"；而如"皆以肥胜"的鳊、白、鲥、鲢则"宜厚烹作脍"。而在鱼类的烹煮技术上，最重要的则在于"火候得宜"，否则就容易出现"肉生"和"肉死"的问题。

第二，由于任何食物都有损益的两重性，因而如何趋利避害以达到养生的目的，也是李渔在日常饮食中特别注意悉心研究的。而这些理论至今仍有很高的养生学价值。例如一般人都知道羊肉大补，因而只要能吃得起，无不

江南人喜食鱼，以鲜、肥为胜

是要吃个天昏地暗痛快淋漓。但在李渔看来，像这样饿虎扑羊的暴饮暴食，无异于自己拿钱买罪受。一般人也许知道羊肉的折耗最重，几乎都是打对折的，即一个100斤的活羊，宰割以后最多就剩下50斤。如果把生羊肉烹煮成熟羊肉，最后也就只剩下25斤。但人们不知道的却是"熟羊易长"的道理，即在吃羊肉时总是不觉得饱，但进入胃部之后却会自动地扩张。因而，如果吃羊肉时不留余地"以俟其长"，那么"饭后必有胀而欲裂之形"，直至引发"伤脾坏胃"的结果。这也是见了好东西不能太饕餮的原因。

第三，作为一种工艺美术或技术美学思想，它的重要意义不仅体现在各种昂贵食物的烹制上，而且也和普通人的家常便饭有着直接的联系。这一点是尤其难得的。一般人家也有讲究的时候，但那多半是逢年过节或偶然得到了什么珍奇食物。而李渔则不

然，他的意思是完整地贯穿于人的一餐一饮的。在禅林中有一个故事，说一个求法的小和尚，一进寺门就急着问佛法大意，大和尚对此毫不理会，而是问"吃饭了么？"当得知小和尚尚未吃饭时，接着一句就是"且吃粥去"。人们一般把这个禅话理解为在讲一切自然的道理，因为吃饭喝粥本身就是日常生活中最普通的事情。但在李渔看来，问题绝没有那么简单，因为一顿简单的稀粥也不是可以轻易做好的。

饭之大病，在内生外熟，非烂即焦；粥之大病，在上清下淀，如糊如膏。此火候不均之故，惟最拙最笨者有之，稍能炊爨者必无是事。然亦有刚柔合道，燥湿得宜，而令人咀之嚼之，有粥饭之美形，无饮食之至味者。其病何在？曰：挹水无度，增减不常之为害也。其吃紧二语，则曰："粥水忌增，饭水忌减。"米用几何，则水用几何，宜有一定之度数。如医人用药，水一钟或钟半，煎至七分或八分，皆有定数。若以意为增减，则非药味不出，即药性不存，而服之无效矣。不善执爨者，用水不均，煮粥常患其少，煮饭常苦其多。多则逼而去之，少则增而入之，不知米之精液全在于水，逼去饭汤者，非去饭汤，实去饭汤之精液也。精液去则饭为渣滓，食之尚有味乎？粥之既熟，水米成交，犹米之酿而为酒矣。虑其太厚而入之以水，非入水于粥，犹入水于酒也。水入而酒成糟粕，其味尚可咀乎？

"道在日常饮食中"。尽管李渔所讲表面上都是壮夫不为的"雕虫小技"，但实际上这里面也有很深的人生哲理和处世学问。如强调好笋一定要出自山中，如以为越是有钱人家越难保"不食污秽"等。这些精神成分很高的问题，当然不是有"烙饼卷大葱"就能满足的北方人所关心的。

最后可以这样总结，如果说，由于肯在日常饮食上下工夫，因而南方的审美感觉无疑越来越精细和敏感，那么在只有酒足饭饱理想的北方人，则必然在审美趣味上出现严重的异化和退化。而长此以往，他们也不再有关心实际生活之外的事物的闲情和逸志。而北方人最大的悲剧则在于，一般人都想着奋斗成功之后再坐下来享受生活，但实际情况却往往是，一旦在奋斗过程中完全出卖了主体享受生命和创造生活的机能，最后的结果必然是"恰似暴富儿，颇为用钱苦"。这可以看作是古典江南生活启示录的一个要点。一种真正舒适而理想的生活，在本质上是超越节俭和奢华的二元论关系，它应该是殷实物质基础和高度的人文精神相统一的结果。

■朱逸宁

扬州八怪

18世纪的中国，风景如画的扬州。

有这样一群奇才正洋洋洒洒走来，他们的行止似乎与这个社会格格不入，他们个个精于书画，且自成一派，人们称他们作"扬州八怪"。之所以这样称呼，主要是由于"八怪"画风别具一格，与当时所谓的"正统"画派格格不入，加之他们社会地位低微，即使有的曾经为官，也不过县令而已，属于官吏的底层，而且又经常迫于生计而卖画，这就更为那些所谓"钟鸣鼎食之家"所不齿，因而这批书画家便得名曰"扬州八怪"。但偏偏就是这个带着些许贬义的称谓，日后却成了流传千古的希声雅乐。

至于"扬州八怪"究竟指哪八人，历来说法不一，曾被列于其中的总共有15人之多。丁家桐先生依生卒年排序，为陈撰、华嵒、高凤翰、边寿民、汪士慎、李鱓、金农、黄慎、高翔、李葂、郑燮、杨法、李方膺、闵贞、罗聘。一般人依李玉棻的说法，取罗聘、李方膺、李鱓、金农、黄慎、郑燮、高翔、汪士慎八人。

"八怪"聚于扬州而非他处，这看上去是一件奇妙的事情，好像艺术之神特别眷顾扬州，将她的灵气频频洒落于这座千年古城，造就了这一群灿烂星辰。不过要说起来，扬州确是一

"扬州八怪"的印章
其背后是个性张扬的艺术面孔

座中国文化史上值得书写一笔的重要城市，因它历来就是南北枢纽，北方中原文化和江南吴越文化在此交汇，许多文坛画苑的重要人物更云集于此处。隋唐时的扬州便已是个十分繁盛的所在，到清代康、乾年间，经过战后恢复的扬州城，商业发达，很多商人和官吏在富足之余便去结交书画界的人士，借以相互交流，抬高自己，商业与艺术的奇特融合使这里成为诗文书画荟萃之地。尤其是乾隆六下江南，往返共十二次驻跸扬州，这无疑又提高了扬州的政治文化地位。扬州文人，寄

梅花丛中，你可曾见到了一位孤寂的隐士

希望于圣德之君和文华之地能给他们带来仕途上的畅达。然而，命运似乎存心要和他们开一回玩笑，适逢盛世的"扬州八怪"大多命途坎坷，时运不齐。不是家事艰难，便是仕途不顺，满腹经纶却难以用来经国济民，这看上去是多么悲哀的事啊！不过，也许正是这些悲剧性的经历，激发了他们的创作灵感，于是，中国绘画史上的一朵朵奇葩开始怒放了。正是这些文人，他们跃跃欲试，以其崭新的气象，要向书画界的黄钟大吕来一番挑战。

"扬州八怪"，是多才多艺的一群寂寞隐士。他们风格各异，大多擅长花鸟。按王伯敏《中国美术通史》的说法："如高凤翰的奇致、汪士慎的秀俊、李鱓的奔放、金农的古质、黄慎的狂狷、高翔的清逸、罗聘的冷僻……无不各自以独特的面目出现。"李方膺尤喜画梅，他索性给画室起名曰"梅花楼"，在其笔下的《梅花图》中，隐隐如镜子般照出了自己的形象。"世人不

识古梅面，古梅那识世间人。寻旧梦，泪沾襟；神仙骨，古梅身。是一是二，谁主谁宾？言之津津有味，纵横写之恐不真。"（李方膺）他以梅自喻，似乎达到了物我不分的境界，这是一种孤寂，更透着一丝苍凉。少时兼济天下的雄心如同浮云一般已经遥不可及，只有画中孑然一身的自我。

文人作画，往往离不开山水，山水也因而成为中国绘画中的重要题材，"扬州八怪"的山水画画如其人，也是别有一番奇景。无论是华岩所追求的"离垢"，还是高翔笔下的清幽明远之景，他们无不着力在尺寸之间展现天工造物，风云舒卷。其用笔精到，浓淡有致，不仅继承了前辈们的艺术功力，更显示出自身的修养精神。于绘画之外，"扬州八怪"还精于书法和诗文题印，这些都与绘画相得益彰，构成了他们的艺术世界。当时谁能想到，弥漫着浓重官商气的扬州城中，竟诞生了这样一大批清新脱俗、不落窠臼的佳作。

"扬州八怪"中最为知名的，首推郑燮。据《板桥自序》载，郑燮早年在北京曾受到慎郡王礼遇，亲王为之执刀切肉并曰："昔太白御手调羹，今板桥亲王割肉，后先之际，何多让焉！"（转引自王同书《郑燮评传》）连远在北京的当朝亲王，也将板桥引为知己，

可见这位"难得糊涂"的板桥先生在当时的影响。"扬州八怪"得以独树一帜,板桥之功最矣。

板桥于兰竹情有独钟。他笔下的竹,富有万千气象。在他的心中,竹既是高洁品格与坚韧意志的象征,同时,竹更隐含着一种恬然之趣:"邻家种修竹,时复过墙来。一片青葱色,居然为我栽。"(郑燮)这是一幅多么可爱的图景呀。将自己的独立人格和向往平淡的心境以竹的形象表现出来,这不能不说是板桥的创造。板桥十二年官场生涯,或被墨吏排挤,或横遭诬陷,但是他却始终保持着自己的信念,人们常以"怒不同人"、"难得糊涂"来形容他,可是,有多少人能知晓他心中的寂寞呢?这些人生理想并不能为他带来实现抱负的机遇,而只能化作笔端的快意。远离官场后的他向往自然的悠远宁静,其《香兰图》可见一斑。诗曰:"兰花本是山中草,还向山中种此花;尘世纷纷植盆盎,不如留与伴烟霞。"这里正是蕴含了一种知识分子失意后落寞心境的写照。

正是由于八大山人、石涛、徐渭对"扬州八怪"的绘画产生了重要影响,所以他们与当时画坛上的主流(如"四王")有很大区别。而同时"八怪"们又继承了中国文人画传统中注重精神的特征,以墨彩变化来表

板桥笔下之竹也是他人格的象征

达自己的性情,于是在清代画坛便形成了一道独特的风景。"八怪"作品中体现出的古淡悠远和逸情禅意,与长久以来所形成的江南人文环境密切相关。自唐宋以来,富庶安定的江南地区已渐渐成为艺文荟萃之地,这里的文人更是饱经江南文风艺雨的沐浴。至清代初年,传统的艺术无论技

巧或是意韵，都已发挥到近乎极致，因此对前人的突破势在必行。于是，中国艺术一次新的流变悄悄地开始酝酿了，"扬州八怪"正是这种变化的代表。古人的成就在千百年间早已成为一种典范，而许多人在创作中经常会迷失于对经典的崇敬，"八怪"的作品之所以能在当时的大宗之外自成一家，正来源于他们对传统的超越，不拘于典范而成就其"怪"，这不仅需要胆识，更需要对艺术天才般的独特感悟，"扬州八怪"集此于一身，故而顺理成章地写就了一曲艺术雅韵，这也难怪后世许多画家的作品中，都可见到他们的影子。

"扬州八怪"的成就，与他们的人生阅历也是密不可分的。和前辈"竹林七贤"所不同的是，他们与统治阶层之间并无芥蒂，早先都曾积极谋取功名，比如李鲜曾向康熙皇帝献画，进而得以入宫廷创作。郑燮当过县令，还曾任乾隆皇帝东巡封禅时的书画史，这个官职虽然不算很高，但是能得近天颜，这对于郑板桥来说已是足以自豪了。不过，他们的仕途却大多坎坷，在政治上终究没有施展的机会。这些艰难困苦没有造就文治武功，倒成就了艺术史上另一种辉煌。

中国古代的文人与政治权力之间，似乎总有一种难以名状的复杂感情。他们在儒家思想的熏陶下，抱着"学成文武艺，货与帝王家"的一腔热望，循着科举考试的路径步入官场，继之以"上报国家，下安黎庶"，最后衣锦还乡，封妻荫子，彪炳史册，这似乎就是文人们传统的人生理想。然而，这种理想毕竟不是所有人都能实现的，特别是明清以来，读书人若想进入统治阶层，学识已不是惟一的因素，对人际关系的把握显得更为重要。清代的城市中商业气息浓厚，人们在交往中更加注重实际利益，生存的需要迫使这些文人不得不放下清高，周旋于商贾权贵之间。加上清代统治者对汉族文人的警惕，一字不慎便可招来灾祸，因此他们只有曲意逢迎。特立独行早已让位于谨小慎微，艺术有时也只能拿来换些银两，聊以度日。而这种道德与实际的严重对立同时也造成人格上的分裂，于是，文人们便只有寄情于花鸟山水来排遣这种痛苦，这样的境遇在"扬州八怪"的身上体现得尤为明显。像"八怪"中以博学闻名的金农，50岁参加考试却仍然落第，从此便投身于书画之境，我们可以想象，晚年的金农，寄居在扬州的一座寺庙之中，在雨后的早晨，只见他深深呼吸了一下湿润清新的空气，眼眸中带着几许澄澈，专注于笔墨丹青间写意

刘士林 万宇

中国凤——江南文化系列丛书

金农自画像
只有在书画中舒展自己的才情

人生。

"扬州八怪"都是典型的江南文人。虽然此时，魏晋以来形成的士族精神已经瓦解，但是，江南的书卷气却没有消散，而是凝聚于文人画之中。在中国的美术史上，不乏大师级的人物，他们早已将绘画中注重传神的传统稳定了下来，可是在这个传统的背景下，文人画中的文人人格形象，却只是在宋代以后才渐渐显露于作品中，对于这一点，已有国内学者指出。我想名家辈出的画坛，经历千年沉积总不免有些僵化，然而在清代，"扬州八怪"竟又扬起了一股清澈的泉流。正是在他们的笔下，在种种人物花鸟之间，彰显出独立的人格。应该说，这才是他们与当时所谓"正统"的差别。在经历了人生苦难的打击后，"八怪"们已不再执著于功名利禄，而是潜心于松竹花鸟。对他们而言，繁华落尽之后，方才企及艺术的真淳之境。他们虽无法成文天祥，但却希望能做一回陶渊明。于是乎，就在大运河与长江流经的扬州，在落日余辉映照的盛世之际，"扬州八怪"这一群艺坛怪才，抖落身上的尘土，潇洒而坚定地走进了艺术的圣殿。

■ 万 宇

扬州的雕版印刷

雕刻木版印刷术是中国古代印刷术最重要的印刷方法，也是先贤留给中华民族的精神瑰宝与物质典范。即使在今天，雕版木版印刷的美也仍然是其他印刷方式无法取代的。宣纸绵软柔白，木版雕刻的特殊韵味、手工刷印的浓淡相宜，再加上线装锦套，古朴典雅，至今仍被认为是中国细节中最美的回忆之一。

说到雕刻木版印刷，那么扬州的广陵刻印社就不得不提了。广陵古籍刻印社（现已经正式成立为扬州广陵书社）是具有木版古籍的保藏、整理、雕刻、印刷、装订全套生产工艺的单位，也是全国唯一具有雕版、印刷、装订全套生产工艺的古籍雕版刻印社，也是全国最大的线装书生产基地。

追溯其历史，扬州位于大运河中段，自古以来就是人文荟萃南北通衢的文化名城，雕版印刷业盛行。早在我国印刷术发明不久的中唐时期就已经开始书籍刻印。1100多年前，扬州以刻印元、白诗闻名于世。宋代扬州刻书业，在全国占有相当地位。沈括的不朽名著《梦溪笔谈》的最早刻本，就是扬州雕刻的。到了清代，扬州刻业空前繁盛。曹雪芹的祖父曹寅在扬州奉旨刻《全唐诗》，相当精美。《儒林外史》最早的刻本也是扬州刻出来的。清光绪时，江宁、苏州、扬州、杭州、武昌官书局合刻二十四史，扬州艺人在完成这部篇幅浩大的历史著作中做出了出色的贡献。太平军占领扬州后，曾在这儿刻印了大量的书籍、文件和三字经等通俗宣传读物。

当时，调到天京的刻书艺人也以扬州人为最多。民国初年陈恒和在扬州创办"陈恒和书林"，广收乡土文献、典籍名著刊刻梓行。陈恒和1937年去世后，其子陈履恒继承父业，直至1956年公私合营。1960年，国务院要求各地把散失的古籍雕版分点集中进行整理。江苏省出版部门批准在扬州成立"广陵古籍刻印社"，专事古籍发掘整理和雕版印刷。"文化大革命"使广陵刻印社关闭了12年，直至1978年才重建复业。

复业以后，为振兴传统雕版印刷，广泛罗致人才，聘请了许多流散在民间的雕版印刷老艺人，还培养了一批年轻新秀。复社以来，广陵社共出版雕印古籍近百种，其中大多数为旧版重印，或原版补刻重印，少量为重新校刊。像《暖红室汇刻传奇》《四明丛书》《礼记正义校勘记》《影元刊本楚辞集注》《咸同广陵史稿》《杜诗言志》等数十种具有较高文史学术价值的古籍，另外还整理出版了《本草经疏》《幼科铁镜》《铜人俞穴针灸图经》等一批古代中医药名著，这些古籍全部采用传统工艺,宣纸绫面,锦装函套,装帧古朴典雅。

　　下面我们可以欣赏一下由广陵刻印社印制的《御制耕织图》,清康熙年间的木刻版画册。这本画册由清朝宫廷画家焦秉贞所绘,他擅写中国传统线描并糅合了西洋透视画法。经扬州广陵古籍刻印社特殊的刷印工艺制作和

御制耕织图

精湛的传统手工装裱,还原出清康熙木刻版画的本来面貌。封面封底的装帧采用金黄色的真丝面料点缀而成,封皮的设计为清皇室的玉玺朱红大印"御制耕织图"五个篆字,以衬出古色古香的传统魅力和金碧辉煌的雍容华贵。

　　中国传统古文献与西方文献无论是在材质、外观还是在审美趣味上都存在着相当大的差异。虽然同样是纸张与印刷术的产物,但一开卷,便能明显感受到中西书籍之间的差别所产生的冲击。从纸张材料上看,西方文献纸张厚实,光滑平整,而中国的书则质感轻柔,轻如鸿毛,翻开有籁籁如雪落的声音。西方的书籍装订延续着羊皮书的传统,一开始就用皮革穿洞的方法,之后以钉子之类的金属物来发展装订的技术相承,装饰工艺牢固、华丽。也正是因为纸张材质的轻柔,中国书的装订往往注重保持原有材料的完整,主要使用浆糊与纸张来进行装订,从早期结合卷轴传统的"旋风装"(唐朝),到后来的"蝴蝶装"(宋朝)、"包背装"都是用裱糊、折叠的方法来处理纸张,明朝之后流行的"线装"打眼等处理方法用于装订和封面上,已经显得比较"粗鲁"了。在中国文献传统的处理当中,水、墨、丝线等纸张材质与形制装订元素的应用完全符合,并传递了中国古人的审美传统。这种对

我国古代雕刻木板的作坊

材质的尊重与技巧完美的结合，提供了传统的审美范本。

可惜，这种文献传统的美已经逐渐失落，我们今天所熟悉的书籍形制与样式，日常生活里所阅读、使用、陈列、展示的书，来到中国最多也不过一百五十年左右，而流传千年之久的传统中国书籍的形式与理念已被冲刷得几无印痕。而要再现这种美，在今天也需要格外的耐心与坚持，从写样、雕版、刷印、经叠书、撞书、齐栏、数书到包角、扣面、打眼、穿线，一本木版雕刻刷印的古籍要经过37道工序，全部采用古老的手工工艺完成。手工操作，80余名技工均以师徒承传的方式掌握传统技术。在开展雕版印刷的同时，近年来该社还研究恢复了古代活字印刷术中铜、锡、泥、瓷、木等多种材质活字的制作和印刷工艺，填补了国内在此方面的研究空白。因此他们所刻印的古籍因选料与制作精细、款式古朴典雅而被誉为"中华一绝"。

这是个时间停驻的时刻。上了年纪的陈义时师傅专心致志地在木板上雕刻插图，线条逐渐在刻刀下明晰，犹如逐渐清除岁月的尘埃。这一页的插图，要花费老陈一周的时间，老陈说一个雕工一天只能雕刻70个字。而一本书，就是由一片片雕版"摞"起来的。老陈的雕版技术是家传，传到他这里已是第三代。如今，令他欣慰的是女儿也学会了这门绝技。

19世纪西方近代印刷术传入中国以后，机械作业的铅印、石印、照相制版逐渐取代了手工操作的雕版印刷术。多年来，广陵书社已刻印出版各类古籍、线装图书累计5 000多种，其中有许多极具珍贵收藏价值与欣赏价值的古典著作和资料文献，如80函850册

的《毛泽东评点二十史》、历时20年刻印的数十万字的清代著作《里堂道听录》、用5种不同材质的活字糅合印刷的《唐诗三百首》以及四明丛书、楚辞集注、明代版刻综录、古逸丛书等等。更加难得的是，除了完整地保留着全套雕版刷印的工艺流程之外，扬州广陵古籍刻印社还收集、保存了全国几乎所有的雕版版片。经过数十年的广泛收集，社内珍藏有明清以来的各种古籍版片、佛经版片约30万片，其中不乏孤本、珍本。清理和修复后，利用这些版片刷印出来的古籍线装书，国内各大图书馆均

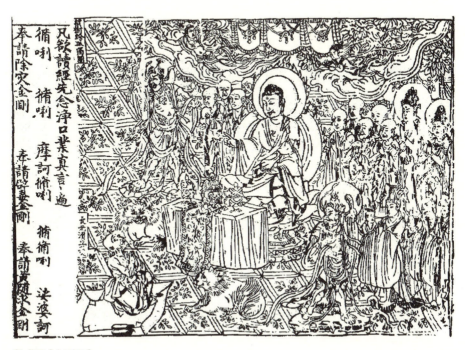

唐咸通《金刚经》

有收藏。

中国唯一的雕版专业博物馆——扬州雕版印刷博物馆也即将兴建一座新馆，向世界展示中国古代雕版印刷术的全套印刷工艺流程。尤为珍贵的是，该馆现有的全套传统工艺在国内绝无仅有，利用这种工艺，该馆修补、整理了大量的古代残片，印刷出版了大量的古籍雕版图书。

木版雕刻对木材的要求十分"苛刻"：用来雕刻的木板木纹要细、不能干燥开裂，只有野梨树才能满足这种要求。刷印之后，版片的保存也是一个巨大的工程。据介绍，原先保存在广陵古籍刻印社内的20万片古籍版片每隔3年就需要熏蒸一次，以驱除虫害……但是，没有恒温、恒湿设备的条件，不利于古籍版片的保存。同时，限于场地狭小，除了收藏之外，众多相关的内容一直不能充分展示。而即将落户扬州市西区的雕版博物馆，建筑面积达到5 000平方米以上。该馆建成后，将珍藏大量的古代版片和珍贵的古籍版本图书，征集、陈列中国古代雕版印刷各个历史时期的文物，全面展示整个中国古代的雕版印刷史。同时，致力于古代印刷术的科学研究，开发其他中国古代印刷工艺，使之成为全面展示整个中国古代雕版印随着规模化经营机制的形成，广陵书社的古

扬州中国雕版印刷博物馆之一

籍线装书年生产能力已达30多万册。新馆落成后，还将常年设雕版印刷的现场演示。

这里需要强调的是，中国文献作为"中国细节"，在确立世界文化格局中本土文化价值的重要性上所起到的特殊作用，强调"本土"，是为了重新认识与评价传统文化体系，促使我们眼光放远，在多元的现实和历史的回响中去寻找真正的"本土价值"。科学地、冷静地、非民族主义地、全方位地认识"中国细节"中所体现的"传统"，从某种意义上讲，这已经超越了书籍的出版范畴与文本价值。广陵古籍刻印社使古老的雕版印刷工艺焕发出新的生命力，同时也是学习中国文化史、图书史、雕版印刷史的最好课堂。如果能对专用名词进行准确而清晰的注释，适当配插相关的实物图片及示意性图片，给读者以直观的阐释，结合学术界相关的研究成果，把读者的认知引向了更加深入的层面，并注意普及性与审美性的结合，使我国古典文献传统中的美走进普通读者的视野与心田。

我们有责任去修补遗失在岁月中的中国古文献的手工传统，重新认识其审美价值与文化意义，不应局限在专业领域之中，而应志在普及，意在推广，使每一个中国读者能够重新感受这些细致真切的中国细节。

扬州中国雕版印刷博物馆之二

扬州盐商

■ 刘铁军

江山如旧，竹西歌吹古扬州。二分明月，十里红楼。……列一百二十行经商财货，润八万四千户人物风流。……马市街、米市街，如龙马聚；天宁寺、咸宁寺，似蚁人稠。茶房内泛松风，香酥凤髓；酒楼上歌桂月，檀板莺喉。……

这是元代人乔吉在他的杂剧《扬州梦》中借杜牧之口唱出了古扬州"春风十里扬州路，卷上珠帘总不如"的富庶与繁华。朱自清在《扬州的夏日》中说："特别是没去过扬州而念过些唐诗的人，在他心里，扬州真像蜃楼海市一般美丽；他如念过《扬州画舫录》一类书，那更了不得了。"如此的繁荣美丽

却与扬州盐商有着千丝万缕的联系。即便是扬州最出名的画舫最初也是运盐的驳船牵入瘦西湖内，架以枋柱顶棚改装而成。船内仿照厅房，彩绘人物故事，故名"画舫"。众多装饰华丽、如亭如榭的盐商灯船徜徉于瘦西湖内，成了扬州一大亮丽景观。"灯船乱点迎头照，水底霞光一丈长。"（孔尚任《清明红桥竹枝词》）它是太平盛世的点缀，是古人栖居的诗意象征。然到嘉庆年间，扬州"楼台倾毁，花木凋零"，道光间"荒芜更甚"。扬州的繁华衰落可以说与盐商兴败紧密相连。

扬州盐商兴起昌盛于清朝康乾年间。清初，两淮一带"其煮盐之场较多，食盐之口较重，销盐之界较广，

控制盐专卖权的扬州两淮盐运司

故日利最多也"。盐作为国家专利，它的生产与运销关系国计民生。清政府采取官督商引制度，紧紧控制盐的专卖权。在扬州，清政府设立了两淮巡盐御使、两淮盐运使，盐商在官府督办下才能经营盐业。即盐商每年必须都要向都转运盐使司购买盐引，凭盐引到指定盐场买一定数量的盐，然后运到指定的地区销售，在规定的范围内有专卖特权。因此，垄断盐源的两淮盐商可以左右盐价。一斤盐在当地只售十文钱，加上税银七文，其成本不过十七文，而运到销盐区则长至五六十文不等。淮扬盐商的销盐区是安徽、河南、湖南、湖北、江西等省份。这里是当时清朝在全国划分11个盐区中最大的一个，所以牟利甚厚。扬州盐商富可敌国，让平民百姓瞠目结舌。"富者以千万计"，"百万以下者皆谓之小商"。其挥霍奢侈是惊人的，仅从他们的平常生活就能窥其端倪。好马的盐商家中蓄养数百匹马，每匹马日费就要数十金；好兰者，从门口至内室遍地摆满兰花；又有盐商花三千金将苏州的不倒翁全部买尽，置于河中，河流都被堵塞了。每个盐商家中都有自己的"庖厨"，每一顿饭要备数十种菜。吃饭时，侍者端菜到主人面前，主人见菜的色泽选其食之，不被选用的要重新换上其他

汪士慎《梅竹石图》

画梅堪称一绝的汪士慎也得到过盐商的资助

类。而且选料、烹制一定要精。有一则故事说，一个穷书生娶了盐商的婢女为妻。书生要妻炒一盘寻常的韭黄

肉丝，妻子笑笑说，怕你这穷书生吃不起。原来按她看到的做法，要用十只猪的面肉切成丝方能做一盘韭黄肉丝，可见奢侈之极。而这种选料与烹饪构成了独特的淮扬菜系，至今还使人回味无穷。

扬州盐商多来自徽州，近人陈去病在《五石脂》中说："盖扬之胜，实徽商开之。" 徽州，一片古老而传奇的土地，重峦叠嶂，云雾缠绕，如一位深居闺房的姑娘拥有着江南所特有的灵气，秀丽而腼腆。散落在青山绿水间，宁静而优美。游徽州会被竹桥流水的平静悠闲所打动。行走在村落深巷小路上，斑驳的古屋与墙院透出无尽沧桑，但门楣上镌刻的对联仍不失其雍容典雅。步入院落，嗅到的只有儒家仁智礼仪的和谐，全无商人那种趾高气扬的味道。简单淳朴的民风更让人感到亲切温暖。从徽州出走的扬州盐商和他们的故乡一样不过分张扬，含蓄且风流儒雅。善结识文人雅士，谈吐不凡，被世人称赞"虽为贾人，而言论风旨雅有士人标格"（转引《徽商研究》）。以画梅独霸18世纪画坛，并与梅花一样清贫清高的扬州八怪之首汪士慎初来扬州时，落寞无奈、贫困潦倒，无安家之所。徽州盐商马秋玉和他的弟弟马曰璐热情款待了他，奉为上宾。两人特别安排他在刚刚修葺一

新的"七峰草堂"居住，显然是为了让已到中年的汪士慎有一个"安家"的感觉。可谓用心良苦。晚年汪士慎经过大半生的积淀，编辑了七卷自己的诗集，取名《巢林集》。因家贫而无力出版，此时马秋玉又一次帮了汪士慎的大忙。因折服汪氏诗中的超脱意境，感动于诗中那股浓浓读书人的情味，马秋玉决定资助出版，了却了汪士慎的最后一桩心愿。没有一定的文化品位和诗词功底的商人是不会这样做的。这也是徽州盐商共同的特点——亦贾亦儒，敬重文人雅士，流连诗词书画。在他们身上深深积淀着儒家文化精神，骨子里渗透着对"士"的向往羡慕。所以大多数扬州盐商都争相宴请名人雅士，鉴赏、观摩他们收藏的书画，抑或在一起喝茶、谈经、吟诗、作画、听琴。扬州盐商胡兆麟，又是当时仅次于范、施的著名棋手。时常约人下棋，弈林中人多惧他三分，真是雅趣得很。在酒宴之上吟诗作赋在当时也是一种风尚。扬州八怪的金农就曾在平山堂宴席上替一位盐商解过诗不精的尴尬。

古人评价杭、苏、扬三座繁华城市时曾说："杭州以湖山胜，苏州以市肆胜，扬州以园亭胜。三者鼎盛，不可轩轾。"（《扬州画舫录》卷六）"虽有人作，宛如天工"的扬州园林多数

文人与盐商相聚的马氏小玲珑山馆

是财力雄厚的盐商营造的。马秋玉在扬州东关街住宅对面，建造一处专门招待文人的"街南书屋"，实际上是一处有十二个景点的园林式住宅。书屋园内有一不加雕琢而具备透、绝、瘦三字之奇的太湖石，故取名为小玲珑山馆。园内景色幽深，藏书百橱，当世名家厉鹗、全祖望、杭世骏皆在此读书、校书、著书过。全祖望在这里完成了《困学纪闻三笺》，厉鹗在这里完成了《宋诗纪事》。此外盐商建造的园林，还有鲍志道的"西园曲

水"、乔国桢的"东园"、郑侠如的"休园"和陈静斋的"梅庄"以及黄应泰的"个园"。它们或居山临水、宏阔显敞，或轻盈多姿、空灵玉立，或板桥竹影、清丽常春。在这些园林泉石、修竹茂林间，盐商们常各设一案，上置笔二、墨一、笺纸四、诗韵一、茶壶一、果盒和茶食盒各一。邀请诗人画家作诗作画，诗成即发刻，几天后诗书出版发行于市肆中。正如李斗在《扬州画舫录》中说："扬州诗文会，以马氏小玲珑山馆、程氏篠园及郑氏休园为最胜。"这就是扬州盐商。相对于同时代的晋商而言，风流儒雅，品位自高。他们钟情于平常生活的闲逸情趣，洗涤荡尽了他们身上的市侩习气。而晋商却被讥笑为"高低镶鞋踩烂泥，羊头袍子脚跟齐，冲人一阵葱椒气，不待闻声识老西"，由于粗俗不堪而被世人所轻视。仅从晋商的住宅就可看出，它与盐商园林式住宅有着不同风格与气质。"先有复盛公，后有包头城"的复盛公就是赫赫有名的大晋商乔贵发。乔家大院曾是电影《大红灯笼高高挂》的拍摄场景，整体呈双"喜"字形，6个大院，12个小院313间房屋，院内触目皆是"招财进宝"、"麒麟送子"、"天官赐福"之类的砖雕或木刻。同样尽显奢侈考究，但缺乏园林那种雅味，而且处处体现了

夸耀、傲慢、为利而为的粗陋习气。

对书院的修建，扬州盐商也是不遗余力的支持。如乾隆初，汪应庚捐资五万金重修扬州府学，马氏出重金重修著名的梅花书院。当时广储门外的梅花书院、三元坊的安定书院、府东的资政书院、府西的维扬书院和仪征的乐仪书院均靠盐商财力支撑。学院教授的聘金是非常高的，地位也很高。大多都是进士出身，或是名望很高的文人。这也是初入扬州无奈卖画的郑板桥所羡慕的职业，只是当时的郑板桥毫无名望罢了。书院繁荣，文人荟萃。开清朝一代风气的学术、诗文名家皆来过扬州，浓厚的学术氛围逐渐形成了秩然可观的"扬州学派"。已故当代学者张舜徽评价说："清代学术，吴学最专，徽学最精，扬州之学最通。"这不能不说与扬州盐商雄厚的财力和招揽天下文人墨客的儒雅有关。而晋商则很少有雅兴与文人交往，更不愿将自己辛苦赚来的钱投资在毫无利润可捞的教育事业上。他们有一种特别"土"的理财方法，就是将大部分赚来的钱币窖藏起来，以备不测。这也许是以前晋商窖藏粮食的遗风所濡。总之"以末起家，以本守之"是山西商人恪守的信条。他们宁愿将钱币藏在窖里也不愿也懒得在赚钱存钱之外花费更大的精力。

盐商私家园林住宅——个园

可以说，扬州盐商的儒雅气质归功于他们生活的江南水乡和相处的氛围环境。江南自古有"千山千水千才子"之说，深厚的文化底蕴使"布衣韦带之士，皆能摛章染墨"（胡朴安编著《中华全国风俗志·苏州》）。生长于斯活动于此的盐商们浸染在这种氛围中，从小读圣人书长大，耳濡目染的是诗词书画，也就有了贾而好儒的品质特征。再者与盐商经常打交道的，不是那些奋勇趋利的商贾们，而是自命清高的封建士大夫。自古以来，士大夫就以"君子喻于义，小人喻于利"（《论语·里仁》）作为人生哲学，惟利是图的商人历来为他们所不齿。盐商如果想在官场、商场上游刃有余，获得更高利润和地位，也就必须拥有与封建士大夫相同趣味的儒雅气质。如红顶商人胡雪岩在攀附左宗棠时，其身上的儒雅气质帮了他的忙。左宗棠身为朝廷命官最痛恨江浙富商，胡雪岩初次拜访就被左宗棠拒千里之外。但谈吐风雅且讲义气的胡雪岩逐渐使左宗棠改变了"偏见"，两人谈话投机，后成为莫逆之交。胡雪岩也依靠左宗棠爬上了中国历史上第一位红顶子商人的位置。盐商的儒雅也得到了乾隆皇帝的赞赏，曾多次赐名给盐商的居家园林。

扬州盐商的巨富是利用清朝政府给予他们的特权——盐引制，通过垄断经营、贱买贵卖等手段取得的。他们兴盛于此，也败落于此。有特权庇护，他们是不折不扣的官商。盐商们的大量财富也成了清政府特殊用项的来源。两淮的盐税直接关涉到清政权的经济命脉，"损益盈虚，动关国计"。于是形成了上至皇帝，下至臣僚和扬州盐商在政治上、经济上的微妙关系。扬州盐商也无形中承担了许多封建义务。遇大灾大难时，大力支持清政府是他们报效朝廷的最好机遇。如台湾林爽文起义时，扬州盐商江广达主动捐银200万两，"以备

高大豪华的扬州盐商门楼

犒赏"。嘉庆年间，川楚陕白莲教起义，清政府军饷匮乏，扬州盐商鲍漱芳积极向清政府"输饷"，清政府为此赏给盐运使的头衔。清政府治河经费不足，扬州盐商"集众输银300万两以佐工需"。取宠皇帝也是他们维持特权的方法。乾隆于十八年(1753年)南巡时，扬州盐商捐银20万两修建行宫。为此乾隆特允许纲盐食盐每引增加10斤以示奖励。乾隆的几次南巡，盐商们都是巧思妙想，广造园林，争奇斗妍，以奉宸游，有"一路楼台直到山"之称。无怪乎乾隆惊叹说："扬州盐商，拥有厚资，其居室园囿，无不华丽崇焕。"然而好景不长，到乾隆中叶已出现衰败迹象。嘉庆道光年间，清政府频繁的查收勒索使扬州盐商无利可图，一蹶不振，于是纷纷走散。他们的衰亡就像他们的兴起那样，骤起骤落，似在倏忽之间。看看他们的命运，我们不得不佩服同时期江南洞庭商人的聪明和眼光。洞庭商人以经营米、棉为主，从不涉及牟利甚厚的盐业，这就与清政府保持了相当一段距离，不会有过多的封建义务和勒索，而米、棉又是政府鼓励流通的商品。所以他们财富的积累不像盐商那样一夜暴富，也不像盐商那样瞬间消亡。他们稳中求胜，步步为营，逐渐成为当时著名十大商帮之一，有着"钻天洞庭"之称。扬州，因盐商而出名繁华，也因盐商衰落而俱往矣。

鱼米之乡

■ 李正爱

苏州地处吴中，古即称吴、吴郡。苏州的"苏"字，繁体作"蘇"，意为水草丰美的地方，鱼、禾所自出。据考证"吴"即"鱼"或"吴"源于"鱼"，太湖畔的古吴族最早为捕鱼之部落。先秦时吴王阖闾名号意为船，指最尊贵的船；季札名字取船桨之意；徐眜其号之义为鱼之祭。苏州地名多与鱼有关，如鱼行桥、炙鱼桥、乘鲤坊等。现代汉语解释稻为一年生草本，子实叫稻谷，去壳为大米，通常指水稻。释禾为禾苗，特指水稻的植株。"蘇"字取禾说明这地方的稻米的丰赡。"食鱼与稻"（《吴县志》），古吴之俗也。

吴门青山外，渺渺湖荡波。在想象中古时吴人出入都是要借助舟楫的便利，人们依水筑屋垒室，门前屋檐下的一条条小河大渠四通八达贯穿江湖构成了水街。地理上在太湖的东面是苏州；苏州往下东南是美丽的江南水乡昆山、吴江和吴县。这里除太湖之外还有太湖上游的洮、涡湖群，下游的吴江湖群、淀泖湖群、阳澄湖群。据统计，太湖流域河网密度平均每平方公里为4.8条以上，昆山一带老河网区每平方公里可达7.2条。其中千亩以上的大湖有150多个，千亩以下的湖荡，仅吴江县就有3 000多个，大小河港5 000多条，水面积占了全县土地面积的38%。（杨晓东《灿烂的吴地鱼稻文化》）

太湖盛产白鱼、鲫鱼、太湖银鱼、刀鱼、白虾、鲈鱼……和菱角、莼菜、野鸭等水产。俗话说：靠山吃山，靠水吃水。鱼自然成了吴人饭桌当中主要内容之一了。《清稗类钞》说："苏人以讲求饮食闻于时，凡中流社会以上人家，正餐小食无不力求精美。"清人袁枚说："苏州沈观察煨黄雀，并骨如泥，不知如何制法。炒鱼片亦精，其厨馔之精，当推吴门第一。"虽是一般百姓的家常菜肴，也求精工细作。北宋范仲淹就非常好鱼，因此闹出过一段趣事。他上京赶考那年，因贪嘴误吃了渔民早已筌住的大鱼，最后为了想赔偿人家竟将自己行囊里一条大咸鱼钩到鱼钩上，权作弥补。渔翁取鱼时发现钩上竟是条大咸鱼，以为神怪，惊骇不已。

最具吴地特色的大概是太湖船家的船菜。船菜如清蒸鲥鱼、银鱼炒蛋、雪花蟹斗、太湖云块鱼、香酥鲜鸭等等，都以太湖水产为主料，辅以鹅鸭、鲜笋、香菇、蘑菇、海蜇等等，经过船妇巧手的炒、爆、炸、余、煎、炖、焖、煮、焯就做出了香郁鲜美而不油腻的佳肴了。传说康熙南巡到苏州，微服出游恰巧遇上太湖民间彩船会，肚子饿了登上一家渔船吃饭，渔妇给做了一道精致的太湖鱼。康熙觉得

农耕:渔作之外的又一种诗歌

那渔妇的菜乃人间美味,于是偷偷地叫太监暗中录下制法,驾銮回京后就命人仿制出来作为一道御膳,但康熙觉得原来的名字不够雅致,于是改名"龙舟鱼"。这"龙舟鱼"就好比中国古代士大夫由小民一朝登入天子堂,总要给自己取一个文雅、尊贵的名号一样,遽然间变得堂皇典雅起来,以往的狗蛋、二牛之类旧称也就不再被允许呼唤了。

　　对于食必精细的文化理解江南总是显得更能掌握其精要。江南小碟细盏,给人的是一种亲近温和的感觉,雅致而不失于亲近,明净又透着一种干练。犹如江南小巧纤碧的女子那样纤小细腻,文静而不张扬,宁静中深藏韵味。那种对吃的精雕细琢使北方大碗大盆的粗犷无法望其项背;使西部挥汗如雨般的爽快感到有些尴

尬;即使同是南方也一样在它的精雕细刻面前显得粗糙不堪。明人笔记记载了江南"蟹会"上的一段吃蟹经历:"食品不加盐醋而五味全者,为蚶、为河蟹。河蟹至十月与稻粱俱肥,壳如盘大,中坟起,而紫螯巨如拳,小脚肉出,油油如蚰蜒。掀其壳,膏腻堆积,如玉脂珀屑,团结不散,甘腴虽八珍不及。……"(明·张岱《陶庵梦忆》"蟹会"条)极有品食美名和文化修养的张岱吃起蟹来也自然与一般的文人小吏不同,更追求情趣。与几个友人、弟兄相约于午后赶蟹会,于人声僻静处的小船煮蟹食之,食不求多,恐怕冷后变腥膻,就一个一个地煮食,细细品味不急于饕餮天物;再佐以肥腊鸭、牛乳酪。晶莹的醉蚶,用鸭汁煮白菜成玉版状;以不腻口的谢桔、风栗、风菱精致小果做果脯;喝的酒叫"玉壶水",听起来都会让人有飘飘如仙的感觉,外加兵坑笋作菜、"新杭白"为饭。就是张岱本人也不免"由今思之,真如天厨仙贡"。一舟轻泛湖上,众人围坐船头,或拍板歌词,右手持酒杯,左手持蟹螯,拍浮酒船中,率然有"酌酒坐中流,高天月如镜。此际不放歌,何复乘兴"(吴桥《过太湖》)。最后再小酌以兰雪茶,轻啖芬香,细品悠长,不急不促,于热闹中独享一分宁静,情趣高远。酒足饭饱后竟不免要感叹

一声"惭愧惭愧",甚为有趣。比起先前人们那种悠闲自在的吃法,今天忙碌的人们怎么也找不到这样的心情。我很向往那种真正的江南日常的饮食方式和精馔的食品。一张小小的白木方桌,两三小凳放置在门槛下,用景德镇出产的青花细瓷碗碟盛几样精致小菜,再与家人一起不紧不慢地细嚼慢咽,说一些乡里乡亲的旧事现闻,体会一种娴静而从容的生活气息,一种清淡而悠远的诗意。

古谚有:"苏湖熟,天下足。"

江南水系发达,灌溉充分,气候温和而湿润,雨量充沛,日照时间长。太湖冲积平原堆积的湖泥的肥沃土质又是水稻生长的一个良好条件。生性好暖喜湿的水稻在江南的出现,就像古代一个文静贤淑的女子嫁与有很好的文化修养的士子一样适得其归。史载南宋孝宗淳熙七年(1180年)修建圩田数量,"江东(即江南东道)共

江南的物质追求与精神追求相和谐

修陂塘沟堰二万二千四百余所",而"淮东修治一千七百余所,浙西修治二千一百余所"(《宋史·食货志》)。每一所陂塘有水田五六百亩以上,相比之下江南的水田的发达足以令世人惊叹。因此,北宋吴中著名水利家郏亶指出:"天下之利,莫大于水田;水田之美,无过于苏州。""西塞山前白鹭飞,桃花流水鳜鱼肥。青箬笠,绿蓑衣,斜风细雨不需归。"(张志和《渔歌子》)是我能想到的最好的用来描绘、形容遍地明绿青翠禾稻的宁静江南水田的话语。披蓑衣戴斗笠的农人劳作在秀丽的小山和细水长河之间的一方方青绿水田中,或停或飞的水鸟在斜阳余辉里追逐嬉戏,那种清新而明净的诗意是江南才特有的一道风景。

江南稻种繁多,北宋朱长文编的《吴郡图经读记》说:"稻有早晚,其品名甚繁。农民随其力之所及,择土之所宜,以次种焉。"明清之际,吴人曾勉之《稻品》曾这样对吴地水稻进行分类:"以粘者谓之糯,亦曰秫。以不粘者谓之粳,亦谓之粳稻。……月令之秫稻糯也。糯无芒,粳有芒。粳小者谓之籼,籼之熟也早,故曰早稻。粳之熟也晚,故曰晚稻。……"实际上吴中有记载的稻品达数百种,有名的如香粳稻、箭子稻、大小乌芒、乌赤籼、小白籼、胭脂糯、水晶糯……不仅如此,

这些稻种中一些名称极具吴文化特色和情趣。如品位高又极其不耐风不耐水的小娘糯就像吴语中称作小娘的豆蔻年华的少女一样，十分娇宠柔弱，吴人以之相类而呼之；而不道糯则因品位低产量高，"粜之则价减"，卖不了大钱，吴人多以此代晚稻租，因为吴语中"不道"意思为"不能讲"，只可意会不可言传。

至明代，吴中已是名副其实的天下粮仓。明洪武二十六年（1393年），苏州府征收粮2 076 990石，占全国实际征收的秋粮的百分之1.11%，比四川、广东、广西、云南四省总和还要多。正如唐寅诗所咏："四百万粮充岁办，供输何处似吴民！"就当时产量来说已经是高得吓人了。

因为有江南水田之利才能成全范仲淹的一个心愿。范仲淹少年时曾在苏州天平山下的咒钵庵里专心读书。由于贫困他只能"断齑划粥"，每天烧一锅粥冻成绿豆糕一般，然后划成四块早晚各吃两块充饥。没有钱买书，除了借书只能跑到书摊边站在那儿看。有一次他在书摊上看到一本书里记载了一些人舍家捐田给寺庙的事迹后，颇有触动，想要是自己今后做了官也要置办一些田产来办个学馆帮助贫苦弟子读书。出仕入相后，他在家乡范庄前建了一所文正书院，书院原则对范氏贫苦弟子实行免费入学，又于宋皇祐元年（1049年）在家乡买下一千亩田地，首创范氏义田与范氏义庄，即由他出资"置义田里中，以赡族人"，作为本族的公益田庄。田庄的收入全部用于保证书院正常运转和让穷苦子弟免费读书，同时用于扶持救济范氏家族内的一些贫苦者。

范仲淹创办义庄的举动受到各地大族纷纷效仿，竞相资助教育，这种风气一直延续到明清，仅吴县等地就有60多处义田。这种风气对明清以来江南的教育文化水准的提高起

生活的理念存在于一种行为中

了很大的促进作用。明清科举考试江南的突出表现或多或少都与这一制度有些关联吧。明万历二十六年（1598年）至清康熙四十五年（1706年）科举录取的进士为11375人，前四名的状元、榜眼、探花和传胪各39人共有156名，出身于江南（包括苏浙赣）的有115名，占总数的74%。其中出于苏锡常三府的有40多人，占三省总数的近40%。（据朱保炯、谢沛霖《明清进士题名碑录索引》）那些从草堂乡野一步步走出来的士子们对这种义庄制度不知道要在内心里存有怎样的感激，庆幸自己能够有这样的机会之余，更要对范仲淹平添几分崇敬。

记得在一次江南水乡旅游，我看见一个富商老宅的厅堂有两壁以"渔樵耕读"为主题的精致木花雕，后门门楣上也刻着"耕读传家"的字样。"渔樵耕读"一贯被儒家看作农耕家庭的理想，一个商贾之家竟如此看重，不禁有几许感慨。在江南这样一个"渔"与"耕"都极为发达之地，所剩下来的似乎就是要把余下的"读"做好。明清江南人文迅速繁荣的前景，昭示着读书科举似乎是非常好的一种选择。而江南优越的经济条件为更好地举办书院、学塾提供有力的经济支持，使更多的人能读书，才能培养出一批批的冯梦龙、沈璟、黄宗羲、顾炎武、钱谦益、张惠言、李玉等等学者才俊。十七八世纪的江南实是一个人文荟萃令人神往的地方。

周庄

■万宇

对于一些期待与想象，身临其境是一件很残酷的事情。比如周庄。

我们认识一座城市，感受一种氛围，往往是通过别人的文字、感受与讲述开始。旅行的第一步由虚构开始，由想象开始，我们不知不觉地走进了一个虚构的美丽陷阱。这种虚构的力量足够强大，能够使我们完全相信那个悬设的周庄意向，而忽略亲眼所见的真实周庄，即使我们内心有不同的感受，我们也会首先怀疑自己的想法是否准确、真实。

在画家的画布与印刷精美的明信片上，为我们提供了一个江南的审美典范——周庄。对于这个被反复重复的意向，我们是如此熟悉，并且深信不疑。虚构中的江南水乡意境与现实中这个过度商业化的小镇之间的不协调，使得整个旅行显得如此地冒失。这种互相映照中的失落与怀疑感，在旅途中始终啃噬着我们的情绪，脚步似乎也因此而显得忐忑不安。

周庄镇，一名贞丰里。有三图，在南二十六都，一图严字圩，二图中江、南江字圩。三十六图下江字圩，向属长洲县，雍正四年，分为元和。镇西过一水为吴江县东垞，过东一水为松江府之青浦县。镇不及五千户，地不及三里许。界三县，跨两府，有司颇难为

理。(《贞丰拟乘》卷上"地界")

就是这样一个小小村落，原名贞丰里。北宋时期，因一位姓周的因信奉佛教将两百亩庄田赠给当地的全福寺作为庙产，为感其恩德将这片土地称为"周庄"，"贞丰里"的地名反而被逐渐淡忘了。"周庄向属村落。自金二十相公南渡来此，稍为开阔。至沈万三父沈佑，从南浔徙于东垞，始辟为镇。今街衢仿佛犹存。"南宋时期，跟随宋高宗南渡的金二十相公一

烟雨斜阳下的周庄石板路

行在周庄定居,周庄的居民开始稠密起来。元朝中叶,沈万三之父由南浔迁来,因经商而逐渐发迹,周庄出现繁荣景象,形成了南北市以富安桥为中心的集镇。到了清代,周庄已经衍变成江南大镇,但名字仍叫贞丰里,直到康熙初年才正式更名为周庄镇。

现在的周庄与往日的周庄"街衢仿佛犹存",但如今穿行在富安桥畔、沈厅院落当中的已非当年的商贾走卒、达官贵人了,换做了手持相机、背包里塞满胶卷,四处好奇张望的观光客。他们并非来体会自己的感受,而是来寻找画家的回忆,来一一对照明信片上的取景角度。而往日寻常巷陌中的百姓人家也换做了鳞次栉比的旅游纪念品商店了。

画家吴冠中说:"黄山集中国山川之美,周庄集中国水乡之美。"小巷深处,石板路古朴静谧,清清流水之上各式桥梁纵横,一派水乡味道。烟雨斜阳的秀美景色、河汊四出的水乡风貌、宁静简朴的休闲生活——这些都满足着人们对于江南生活的想象。这里是旅游者窥视江南水乡生活风情的场所,也是人们得以摆脱时光的束缚,追溯前人生活碎片的最好机会。这里成了摄影、绘画、电影等理想的创作基地,因为这些都是满足人们想象的观察方式。

当我一次又一次地徘徊在江南小镇的街头,这些江南小镇是何等地相似啊!西塘?乌镇?同里?周庄?何其神似,有着近乎相同的外观与风情。三步一桥,五步一拱,沿河廊屋,修直平远,水乡风光,萦回曲折,虚实交融,而白墙灰瓦,竹影荷香,恬静宜人。但这种太过相似的质朴而纯美,还能一次次地勾起我们的亲近、怀恋之情吗?

当然我们不应该,也不必要完全从真实的角度来计较艺术作品的精确性,艺术需要的是美的抽象,需要用情感对固有的对象进行过滤。但这种烟雨江南的迷蒙、恬淡与多情,这种太过熟悉的斑驳陆离的青砖古墙、那石缝间的青青苔痕,其中有多少是出于真诚的笔触,而不是商业化的模仿呢?

为什么人们留恋于这些江南小镇?他们在寻找些什么呢?

是不愿意告别古典的江南想象?还是不愿意接受现实的改变?

城市化进程使江南的城市已经渐渐淡出了古典的诗意,迅速呈现出国际化都市的风貌。而没有发生太多变化的乡镇生活似乎可以为现代人寻找江南提供了最佳的时光标本。听惯了节奏强劲的城市摇滚,久居繁嚣都市的人似乎更愿意聆听一曲清新可人的小曲——小城故事。于是周庄以其悠远的传统、淳朴的民风、古老的建筑、清澈的河水成为了江南的一个"关键词",迅速取得了商业胜利。

"上有天堂,下有苏杭,中间有一个周庄。"周庄的商业操作无疑是江南古镇中最为成功的,但也正因为如此而最遭人诟病。画家陈逸飞《故乡的回忆》成就了周庄,也糟蹋了周庄。在这个"出口"转"内销"的过程中不知负载多少人对于江南水乡的想象与虚构。置时光的流逝而不顾,人们对于周庄的印象永远停留在了《故乡的回忆》这一刹那。人们忽视了甚至根本就不想考虑周庄会有什么变化。

也许我们确实需要这样在时光中保持不动姿势的时光标本,用来印证时光的飞速流逝,用来满足我们的推测与想象。我们当然也可以赞许这样的无烟工业对于环境的保护。坐在家门口收票,靠祖宗的老房子吃饭也确实为当地居民带来了实惠。但注意请千万不要把这种商业性的表演当做是江南生活的真实场景。

值得注意的一个细节,周庄对记者免收门票。显然他们知道是这个美好的江南意象建立在文字与想象之上。

在如织的游人中,在周末逛商场般的摩肩接踵中,颇有几分"破帽遮

昔日的古朴静谧,今日已被川流的游人所取代

颜过闹市"的局促,更不乏"你在桥上看风景,看风景的人在楼上看你"的观看方式。唱民谣的小姑娘拿着歌名目录五元一首地做着生意,摇船的大爷向游客索要着五元、十元的小费。游客们争相购买着那些能够证明自己来过周庄的物品。这里似乎已经不再是安静的小镇,悠然自得的江南生活方式,而是一个巨大的集贸市场,人们在此购买他们虚荣心的"证明"。

已经没有了乡土气息,到处充斥着证明的味道。我们毕竟是过客啊,对于人生也好,对于水乡也好。故乡已经没有了回忆,而画廊里复制品仍然咿咿呀呀地吟唱着江南小调。

当然,我们在这里无意指责乡民。因为各自的目标不同,求一点额外的收入本也无可厚非。之间的分歧主要来自于一方面想要追寻的是一点江南旧梦,而另一方面是想增加一点收入来提高自己的生活水平。古典田园式的江南生活方式并不能像老房子、古老的河道一样经得起岁月的侵袭。任何一种文化在经济、文化、社会的多元影响下也不可能长期保持单一的纯洁性,各自的立场不同,思维方式不同,得到不同的多解答案也是情理中事。

写到湖山总寂寥。

那曲折回环的河道、吱呀作响的橹声、发出清脆跫音的青石街道依旧,

劳作归来的片刻休息

惟独缺少了江南生活方式的闲情与悠然。没有感动,没有惊讶,甚至没有一丝情感的波澜、心绪的曲折,失去了明净、恬淡和疏朗的气质,周庄就不成其为周庄,水乡也不成其为水乡。如同玻璃柜中陈设的标本或是文物,失去了活泼的内在生命力。

真正的生活是最简单不过的细节。如果一个小镇不是因为人们的生活需要而存在,而是满足其他人的想象而存在,那么也无异于一幅巨大的画布或是场景,缺乏最顽强的生命活力。这就是所谓的"最具江南美景"的周庄吗?这就是那被誉为"中国第一水乡"的小镇吗?

我努力在残存的记忆里搜寻心目中的周庄。水、桥、小船、浣纱淘米的身影,简洁的构图,淡淡晕染的墨迹。太熟悉的场景,太简单化的江南图景了。山水风貌、生活场景是我们的眼

晴最容易察觉差异的景象，也是我们最容易轻信与受欺骗的地方。

城市的发展使江南意向已经无处可寻，于是人们转向江南的村镇，在这里仍有未被城市化侵袭的剩余标本。但过多好奇的目光又使得这块未经打扰的家园迅速地商业化了。我们面临的就是这样一个尴尬的处境。当旅游与观光最终变成一种产业时，那些热切的寻梦自然会一次又一次地落空。在城市化进程不断地发展中，我们不断地付出代价，而且这一过程是无法逆转的。

这与罗大佑《鹿港小镇》歌中所描述的场景多么地相似：

听说他们挖走了家乡的红砖砌上了水泥墙
家乡的人们得到他们想要的
却又失去他们拥有的
门上的一块斑驳的木板刻着这么几句话
子子孙孙永保有　　世世代代传香火

罗大佑歌词中的元素，几乎都是我们所熟悉的：城市、工业、文明、命运、文化、人（我、你、他、她、他们）、家、社会甚至政治……无论人们是多么留恋小镇的质朴与美丽，但是"繁荣的都市、过渡的小镇与徘徊在文明中的人们"都是我们今天所面临的现实问题，这绝不仅仅是悲凉与叹息所能解决的问题。

在江南的旅行，这种对于历史、对于虚构、对于想象的观赏与消费尤其明显。身在周庄，你可以任意地寻找、拍摄着那些似曾相识的图片。作为游客，你尽可以无所顾忌地发呆、出神、问一些无法回答的问题、举着地图不断寻找、在陌生的街道游荡。每一个来到水乡周庄的游客大约都是如此吧，他们对小镇的现代化与商业化视而不见，任性地在自己的想象中梦游，自说自话地梦呓，并从现实中寻找着自以为是的贴片。旅行似乎成为现代的木马，悄悄地把旅行者带到异地的某个角落，而当地的人们毫无惊诧。人们的日常生活与往昔、诗句毫无关系，旅行者却将它们联系起来，用一种悠远的目光去打量，任何现代的文明都视若不见。历史已经成为历史，但并不妨碍后人在时光的废墟上寻梦，寻找虚拟或是虚构的痕迹。这些举动在当地人看来是何等的可笑，也许这正是作为游客的专有权利吧。

在旅行中，你需要时刻提防那种时空交错的迷惑感。你会一下子面对两个彼此交错的世界：一个是眼前矗

中国风——江南文化系列丛书

刘士林　万宇

立的真实世界，另一个则是浮在半空中的虚构世界。不再有真正陌生的地方，任何地方都像是旧地重游，在记忆与现时之间发生着复杂的感应。

　　江南水乡，这个时空交错、真伪难辨的周庄，成为旅行路线策划中的一个卖点，一个技术关键词，成为被刻意保留的商业化的场景布置。对着这样一种人工场景，人们除了像商品社会中的普通消费客一样漫不经心地 window shopping 之外，恐怕没有那么多的思古幽情需要抒发了。如果真的那样，也会显得多么矫情与拙劣，同时也没有任何价值。

　　电视里的风光片已经将我们变成了舒适沙发上的旅客，因为已经有人替我们去过了，而且注定比我们看得更细，更好。从这个意义上，我们确实可以理解，为什么众多的水乡游记中隐含着悠悠叹息了，那种试图从历史深层捡拾回诗意碎片的失落感，使笔下的文字终于无法欢畅起来。

周庄，集中国水乡之美

后记

待从头收拾旧山河

做一件本来应该像在茶馆喝茶一样的事情，竟会时常有一种悲壮感觉出没于心间，这实在是连我自己都感到异常吃惊的。尽管只是在文字中"纸上谈兵"，但每到激动与深微之处，就会陡然想到岳飞的"待从头收拾旧山河"。好像真的有一种美丽的江南，正在一种铁蹄的蹂躏下等待着我们去光复或报仇雪恨。这也是我时常会自己嘲笑自己的原因。

有时平心静气地想，这大约是因为早期经验中混杂了过多的英雄叙事吧。我是在刘兰芳的评书声音中开始个体的精神觉醒的。而最能打动少年之心的，则无疑是民族英雄岳飞。在关于岳飞的诸种叙事中，又以慷慨悲壮的《满江红》最为令人热血沸腾。但当时文本奇缺，所以到处都找不到这首词。记得最后还是在开封一个"小人书"摊上，冒着被抓住挨打的危险，把印有《满江红》的那一页撕下来，这才得以拜读了它的全貌。人到中年以后，眼看中国古典文化在当代全球化中的衰败，也就难怪要产生一种和许多年前的民族英雄有着家族类似的思想情感。这也算是一个命运注定的悖论吧，明明是想在江南叙事中找一种纯粹的中国美感，但找来找去，最终还是和基本上属于道德理想的东西搅作一团，或者说回到了自己很可能是已经无意识化了的心理经验之中。于是只能自己笑自己是不适合作审美中人之想的。

尽管觉得自己的那几篇做得不够纯，特别是在《莼鲈之思》中还挖掘出一种政治内涵来。但在这里还是想特别强调一下江南话语的审美意义。无论是回答中国诗人的"日暮乡关何处是？"还是深入体会海德格尔的"语言是存在之家"，实际上都是需要对蕴藏在中国话语深层的诗性智慧下苦功夫的。也可以说，无论是还原中国民族固有的诗性精神之魂，还是在现代条件之下向外创造它再生的机缘，实际上都是不可能脱离我们所瞩望的江南话语的。而惟一需要扪心自问的则是：我们所使用的话语及其所指称的对象，究竟是不是可以把人文江南澄明于当代世界之中？

最后，对各位参与本次精神漫游的诸位朋友表示深深的感谢，特别是为此做了大量实际工作的施依秀、刘铁军、李正爱、朱逸宁等同学。

刘士林

2003年9月18日薄阴之晨

于南京白云园寓所

修订后记

　　我们的江南文化研究和出版,始于2002年。当时我还在南京师范大学教书,洛秦也刚主持上海音乐学院出版社。大家在古都南京一见如故,遂决定携手阐释和传播江南文化,到今年正好是10周年的纪念。

　　10年来,工作一直没有停顿,大体分为三个阶段,略记如下:

　　在决定出版"江南话语"丛书后,我们首先于2003年8月推出了《江南的两张面孔》,当年的12月,又推出了《人文江南关键词》和《江南文化的诗性阐释》。这3种图文并茂、配有音乐碟片的小书,颇受读者青睐,先后几次重印。

　　2008年,在上海世博会来临之前,我们对全三册的《江南话语》丛书做了第一次大的修订,除了校订文字、重新设计版式、补充英文摘要,还增加了洪亮的《杭州的一泓碧影》和冯保善的《青峰遮不住的寂寞与徘徊》,使丛书规模从3种扩展到5种。

　　2012年开始,我们又酝酿做第二次大的修订,在原有5种的基础上,增加了《吴山越水海风里》《世间何物是江南》《诗性江南的道与怀》《春花秋月何时了》和《桃花三月望江南》,内容更加丰富,也记录了我们的新思考和新关切。在此,我们希望她能一如既往地得到读者朋友的喜爱。

　　最令人高兴的是,历经10年时光的考验,我们两个团队没有任何抵牾,而是情好日密、信任如初。在当今时代,这是很不容易做到的。仔细分析,原因大致有二:一是我们最初的想法不是用它赚钱,而是做一点自己喜欢的书;二是更重要的,10年来我们一起努力坚持了这个在常人看来颇有些浪漫和不切实际的约定。

　　记得在少年时代,第一次读到古人"倾盖如故,白发如新"一语时,我就为这句话久久不能平静。现在看来,"倾盖如故",我们在共同的书生事业里已经做到,放眼未来,"白发如新"也应该不是问题,因为我们在一起发现了江南的美,也都愿意做这种古典美的传播者和守护者。当然,我们也希望有更多的朋友参与这个过程,为中国文化的复兴和江南文化的现代转换贡献各自的力量和智慧。

刘士林

二〇一三年五月十七日于春江景庐薄阴细雨中

图书在版编目(CIP)数据

人文江南关键词 / 刘士林主编 . —上海：上海音乐
学院出版社，2013.6

（中国风：江南文化丛书）

ISBN 978-7-80692-877-6

Ⅰ.① 人… Ⅱ.① 刘… Ⅲ.① 文化史 –华东地区
Ⅳ.① K295

中国版本图书馆CIP数据核字（2013）第112486号

书　　　名：人文江南关键词
编　　　者：刘士林
责任编辑：夏　楠　鲍　晟
封面设计：孙洁涵
出版发行：上海音乐学院出版社
地　　　址：上海市汾阳路20号
印　　　刷：上海天华印刷厂
开　　　本：787×1092　1/16
字　　　数：178千字
印　　　张：18
版　　　次：2013年6月第1版　2013年6月第1次印刷
书　　　号：ISBN 978-7-80692-877-6/J.838
定　　　价：50.00元

本社图书可通过中国音乐学网站 http:// musicology.cn 购买